文化人生丛书

老人与书

李　辉　著

南京师范大学出版社

图书在版编目（ＣＩＰ）数据

老人与书／李辉著．— 南京：南京师范大学出版社，2013.5
（文化人生丛书）
ISBN 978-7-5651-1351-2

Ⅰ．①老… Ⅱ．①李… Ⅲ．①随笔－作品集－中国－当代 Ⅳ．①I267.1

中国版本图书馆CIP数据核字（2013）第065115号

书　　名	老人与书
作　　者	李　辉
责任编辑	王欲祥
出版发行	南京师范大学出版社
地　　址	江苏省南京市宁海路122号(邮编:210097)
电　　话	（025）83598919(传真)　83598412(营销部)
	83598297(邮购部)
网　　址	http://www.njnup.com
电子信箱	nspzbb@163.com
照　　排	南京理工大学印刷照排中心
印　　刷	江苏省高淳印刷股份有限公司
开　　本	787毫米×960毫米　1/16
印　　张	19.75
字　　数	248千
版　　次	2013年5月第1版　2013年5月第1次印刷
印　　数	1～4 000册
书　　号	ISBN 978-7-5651-1351-2
定　　价	46.00元

出 版 人　彭志斌

南京师大版图书若有印装问题请与销售商调换
版权所有　　侵犯必究

《老人与书》自序

我与不少文化老人的交往，总是离不开书——写书、借书、藏书、编书、品书……

二十多年来，在撰写传记等作品之余，我曾主编过多种丛书，因而也就成了一些老人作品的编者、促成者。

老人与书，本是说不完的话题。或一帆风顺，其乐无穷；或一波三折，阴阳晦明；或世态炎凉，困惑幻灭……

海明威有小说名篇，曰《老人与海》。一片孤云下，寂寞而倔强的老人穿行于浩淼烟波中。一切都将远去，惟独生命的守望与大海同在。喜欢这一诗意浓郁的意象，将之转换为"老人与书"。对于那些终生与书为伴的老人来说，人与书之间，书与历史之间，总有一些特别的意味久久留存。

诸事千变万化，难以改变的是书里书外那些色彩斑斓的情怀。

"老人与书"，借本书的编选，我打捞着温暖的记忆，让它们抚慰心中无法散去的隐痛。

李　辉

2012 年 8 月

《老人与书》自序 /001/

B
《巴金研究论稿》前记 /001/
德文版《巴金小说选》序 /004/
还原晚年冰心 /009/

C
小书房，大风景 /020/

D
《书生累——深酌浅饮"三家村"》序 /023/
《北京小事》/025/
在翻译中自由呼吸 /028/
留在纸上的苍凉 /034/

F
陪都迷离处 /044/
《悔余日录》整理说明 /054/

H
《胡风集团冤案始末》修订本自序 /056/
《胡风集团冤案始末》后记 /058/
《人在漩涡——黄苗子与郁风》自序 /060/

结缘《万历十五年》/065/

看那风流款款而行 /074/

《传奇黄永玉》自序 /082/

悠悠此情谁知 /086/

J

贾先生和他的家书 /095/

书　痴 /105/

L

《监狱阴影下的人生——刘尊棋传略》自序 /108/

"不回顾焉能前瞻" /111/

梁漱溟暮年读信记 /122/

灵魂在飞翔 /137/

M

马国亮与《良友忆旧》/144/

S

另一个邵洵美 /155/

长空万里，落叶萧萧 /165/

历史追寻的诱惑 /168/

从文家书 /172/

施蛰存的海外书简 /174/

思想者永不寂寞 /182/

T

"二流堂"堂主不了情 /196/

《依稀碧庐》编后记与《备忘录说明》/199/

W

自然天成汪曾祺 /203/

结缘《童年与故乡》/206/

画里画外 /218/

且看那电闪雷鸣时 /225/

X

《北京城杂忆》编后记 /236/

《书评面面观》编后记 /238/

《红毛长谈》的命运 /240/

萧乾与福斯特 /261/

《浪迹天涯——萧乾传》后记 /264/

Y

了不起的杨宪益 /267/

好一个"文坛新秀" /282/

了犹未了，此生悠悠 /287/

Z

为情而歌 /290/

用细节填补历史 /293/

《摇荡的秋千——是是非非说周扬》编后记 /299/

笔下春秋写信史 /301/

《巴金研究论稿》前记

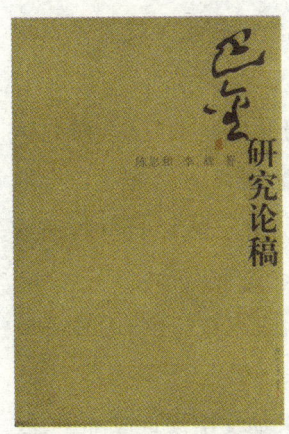

1978年春天,我们两位一起走进复旦校园。秋天,一次偶然的闲谈,产生了合作研究巴金的念头。年底,又幸运地结识了等待平反、尚在中文系资料室工作的贾植芳先生,从此,在他的关心和指导下,我们开始了巴金研究。我们眼前,一个新的天地跳跃而出。

三十年转瞬而过。

我们最初的研究合作成果结集为《巴金论稿》,由人民文学出版社1986年出版。这是我们两位出版的第一本著作。大学毕业后,陈思和在高校继续学术研究和教育,李辉则在新闻界做了记者和编辑,我们开始从事不同的工作,合作研究未能继续下去。尽管如此,最初的学术研究对象的选择与延伸,依然成为我们后来各自的关注点和不可缺少的文化背景、思想背景,并以各自的写作

《巴金论稿》书影

方式,与三十年前的起步,形成了一个自然的衔接。就这一点来说,三十年,漫长却又单纯。

如今,我们在《巴金论稿》基础上,编选出这本《巴金研究论稿》,使之既呈现出我们三十年间关注巴金、研究巴金、描述巴金的脉络,也借此追怀已经去世的巴金先生、贾植芳先生。同时,编选此书,也是我们挖掘三十年个人记忆的一个过程。

本书由三部分构成:巴金论稿、在写作《巴金论稿》的日子里(1979—1986)、巴金新论。

第一部分,基本为《巴金论稿》内容,未加文字修订或补正,以呈现历史原貌结构,使读者了解我们当初的研究状况、资料引证以及那一年代的文字表述与文风。为保持《巴金论稿》的大致完整,我们将贾植芳先生的序、我们的后记,均予以保留。《巴金年表》则进行补充,作为附录移至全书之后,以求本书的相对完整性。

第二部分,以"在写作《巴金论稿》(1979—1986)的日子里"为题,主要收录我们合作研究巴金期间的相关文章和史料。当年,《巴金论稿》结集出版时,侧重于思想和风格的综合论述,这些文章因主题或体例有所区别,故未选入。此次将之予以编选,主要考虑到它们记录着最初研究的思路,有着特殊的个人纪念意义;另外,如关于文化生活出版社的考察与梳理,应该说是研究巴金的自然延伸,希望它们能为读者提供更为广泛的文化背景。

在第二部分中,最值得我们珍惜的是贾先生在此期间分别写给我们的信件。如今再读先生来信,仿佛仍坐在先生当年简陋窄小黯淡的家里,与他一起饮酒,吃花生米,海阔天空闲聊。他的信,与巴金研究有关,更与情感有关,他带给我们的不只是学理、学术训练,更是人格的感召,亲情的温暖。我们愿意以收录他的来信的方式,表达永远的感激。同时,我们还编选了一部分我们两人之间的往来信件,以为这一期间的探讨、沟通和友谊,留下难得的记录。

第三部分,分别选入我们两位在《巴金论稿》出版之后各自撰写的关于巴金的文章。所谓"巴金新论",其实,也是最初研究的延续。这里每人各选两篇有代表性的文章,以反映出我们各自思考的重点和写作方式发生的变化,也可表明相互之间的关联与区别。在这些"新论"的"和而不同"中,我们可以看到研究巴金、论述巴金仍有着诸多新的话题和空间,有待于更多研究者的加入和拓展。

一九八五年,我们在《巴金论稿》"后记"中曾这样写道:

> 五月,北京西郊万寿寺。昔日的慈禧行宫,今天已变为中国现代文学馆。素来静寂的古行宫,在这春意正浓的季节,变得那样活泼。充满朝气的百余位青年研究者在这里度过了一个亢奋的、充满创新精神的星期。我们看到了熟悉的、陌生的面容,熟悉的、陌生的名字。比我们年幼的、年长的,都出现在我们面前,从他们那充满活力、富有开拓精神的言谈中,我们感受到一种春天的律动,感受到了一种以研究现代文学而自豪的情绪。"我们的现代文学研究",一位有成就的青年女研究者充满感情地说。她的情绪感染了参加"现代文学研究创新座谈会"的每一个人,自然也包括我们。

事过境迁,时光改变一切。参加过那次"现代文学研究创新座谈会"的诸多同行,是否还记得当年情景?那种兴奋与新奇,或许早已不复存在了。我们却珍爱这一感受。当把这本《巴金研究论稿》呈献给读者时,其实,我们也想把淡化了的激动打捞出来,为历史存一份记录,为我们各自新的研究和写作,再添一把薪火。

对于我们,人文探索与历史叙述,依然充满诱惑,有着更为广阔的空间。

写于 2008 年
(此文与陈思和合作)

德文版《巴金小说选》序

2004年11月25日,巴金将迎来百岁华诞。此时,由年轻的德国汉学家大春(Alexande)翻译的巴金小说集(包括《春天里的秋天》、《狗》、《鬼》)即将由外文出版社出版,这实在是送给巴金老人的最好祝贺。

这一个百年,堪称中国历史上变化最为迅疾的百年。一百年间,晚清、民国、共和国;辛亥革命、五四运动、抗日战争、思想改造、"文化大革命"、改革开放……朝代更迭,制度替换,思潮涌动,风云变幻。百岁巴金以他自己的个人姿态走在历史画卷中。

巴金热情而真诚。热情是心中永远燃烧的火,热情是他作品的力量。他热爱读者,他说要把心交给读者,他的热情和真诚打动一代代读者,影响一代代读者。

无情解剖自己,把说真话作为晚年反省的核心。人们说:他是知识分子的良知。

他坚韧而执著。一个瘦小的身躯,却充溢着巨大的生命力。生活坎坷也好,疾病折磨也好,从不会让他在命运前屈服。他的生命与思想同在,与文学同在。只要有可能,他一刻也不愿意停止思考和写作。他相信,作家的生命靠作品的力量来体现,而不是任何外在形式的打扮和炫耀。这是真正有价值的生命。

他敏感而忧郁。生活让他一次又一次陷入矛盾,感受痛苦,然而，痛苦是他的动力。没有痛苦，他就不会走上文学之路。忧郁、痛苦，把心中的激情烧得更旺，也是他的小说的感人之处。

巴金的文字很流畅，但生活中的本人却不健谈。他喜欢沉默着坐在众人之间，听别人侃侃而谈。在回答别人的问题时，他可以一口气讲许多话，但话一讲完，便又归于沉默。1981年，还在大学念书时，我第一次走进他的客厅，坐在他的面前，谈了一些有关他的研究方面的话题。他似乎是老老实实地回答，没有临场发挥，没有妙语连珠，如此而已，虽然那时他的身体远比现在要好。我顾不上捕捉当时的感觉，只是留下这样一个淡淡的印象：他并非言语不多，但绝不是那种很会谈话的人。他的表情一点儿也不丰富，甚至可以说显得过于严肃。

八十年代之后，每次到上海，我都会去看望他，听他讲一些往事。对他的理解也日益加深。

1997年，我到杭州去看望在那里疗养的巴金。我发现，尽管九十三岁已过，巴金思路之敏捷、记忆之清晰仍然让人吃惊。试试他的手劲，左手明显强过写字的右手，用力紧握，居然让人还有一种痛感。不过，他说他气不足，说话困难，很痛苦。他思想，他回忆，苦于气力不足，无法把内心里的话说出来，无法毫无障碍地与人们交流。交谈时，看得出来他的思维走得很快，他能敏锐抓住你所讲述的较为深入的问题，并很想表达出来。可是，只见他嘴唇颤动，想说的那句话却迟迟说不出来。对于一个一辈子愿意将心交给读者的作家来说，这恐怕是最无奈的痛苦。

我是在苏州大学参加第四届巴金国际学术研讨会之后专程来到杭州看望巴金的。苏州大学即过去的东吴大学，巴金的三哥李尧林曾在那里念过书。我告诉他，苏州大学将东吴大学的校园建筑保护得非常好，秀美而安静。他马上接过话说："我去过。"我问住了多久，他说住了两天。我又问：是什么时候？他说是在去法国之前。他去法国是在1927年。1927年到1997，整整七十年，但他却记得这样清楚。

去看望巴金的那天,我和两位朋友刚刚到烟霞洞喝过茶。我告诉他,胡适当年曾在那里住过几个月。他则说:"刘师复的墓……"只有这几个字,但我明白了他的意思,刘师复的墓也在烟霞洞。巴金曾在文章里写过,当年他第一次到杭州,便到烟霞洞祭扫过他所敬重的这位中国早期的无政府主义活动家。我又一次问他是什么时候到烟霞洞,是二十年代到法国之前吗?他明确地说:不是,是在1930年,从法国回来之后。

令人高兴的记忆力。一次难忘的交谈。

我将讨论会的情况向巴金做了介绍。自1989年以来,每两年举行一次的巴金国际学术讨论会,气氛越来越活跃,宣讲论文、讨论甚至辩论,真正开始了一种学术与心灵的交流。听了这些介绍,巴金没有说别的,只是说了一句:"要实事求是。"每次见到他时,他都讲这句话。我理解,正如他这些年反复强调的"讲真话"一样,他也希望对他的研究,立足于实事求是,不切实际的推崇或粗暴的批评,都是不可取的。

谈话中,我们提到了巴金在"文革"所写的交代。巴金的女儿小林说有很厚一摞。我便说,应该整理出来。的确,巴老一直为建立"文革"博物馆而疾呼,他把这作为反思历史的一个重要组成部分。在我看来,以后的人们大概会因为他提出这一建议而永远记住他。我想,类似于他的交代这样的历史文献,是应该加以收集与整理的,并且应该尽可能使之出版。我对巴老说:"其实可以将它整理出来,如果出一本书,会有很大价值的。"他马上反应说:"等我死了之后再出。"思维的敏捷顿时表现出来。我又说:等哪天精神好的时候,可以先为这些交代写几句话放在那里。他点点头,表示同意。

一年之后,我又向巴金提到他的"文革"交代。他还是说,等他死之后再发表。我说趁现在身体还好,写一个序,哪怕几句话也行。我和小林都这样试图说服他。他说:"我考虑考虑。"第二天去问他,他还是执意不允。他说我:"你性子怎么这么急?"我笑笑,说:"我哪有你的性子急?有时候你急起来可比我急得多。"他说:"下次你来再说吧!"

谁料想,随后不久他的病情便加重了。他再也不可能做这件事了。

生命在无奈中、痛苦中延续。

巴金不愿意这样躺在病床上经受痛苦的折磨。他不止一次要求停止抢救,他一度拒绝为他做喉管手术,甚至请求让他安乐死。然而,他已不能决定自己的命运。

躺在病床上的巴金,生命的延续该付出多少代价。不只是个人生理上的痛苦,更有精神上的痛苦。他既然无法辞去一个又一个社会职务,也就得继续由别人以他的名义发表并非属于他自己的声音,也就必然要承受由此而带来的某些误解甚至非议。

每当注目躺在病床上忍受病魔折磨的巴金,我心里真的有一种悲凉。

无法避免的现实。三十年代时,巴金就反复地说自己是一个矛盾的存在:"我的生活里是充满了矛盾的,感情与理智的冲突,思想与行为的冲突,理想与现实的冲突,爱与憎的冲突,这些就织成了一个网把我盖在里面……我没有一个时候停止过挣扎。我时时都想从那里面爬出来,然而我不能够突破那矛盾的网,那网把我束缚得太紧了。"七十年后,巴金还在重复着自己的过去,只不过如今他面对的是另外一张网,经受的是另一方式的束缚而已。

让我们用充分的理解来为病中痛苦的巴金祝福吧!

让我们以冷静的心态、思索的目光,凝望百年行程中用自己坚毅的步履艰难行走的巴金吧!

巴金属于百年中国。巴金也将属于未来。

大约七八年前,本书的译者大春从德国与我通信时,他刚刚进大学，如今已是博士。他自中学开始自学中文，中文之外，他还学习日语等东方语言，语言的天分令人钦佩。他在大学期间开始研究巴金，后又研究郁达夫，并开始翻译中国作品。短短几年，成就斐然。我很高兴也很荣幸地应他之邀为他的第一本译著写序。相信德国读者在欣赏巴金小说的同时，也会感谢这位德国青年所做的努力。

2004年9月8日

还原晚年冰心

一、最后的人生故事

认识冰心老人是在她的晚年。

1983年,我第一次走进她的家门,请她谈巴金印象,兼请她为我当时所在的《北京晚报》"五色土"副刊开设个人专栏"伏枥杂记"。自那之后几年里,她不时交给我一些新作发表。我很喜欢去和她聊天。现在想来,作为一个世纪老人,每次聊天,其实她是在为我讲述历史。从"五四"时期第一次投稿,到赴美轮船上和梁实秋等人一起办墙报(同条船上还有后来的名将孙立人);从"文革"中年过花甲仍被批斗、打扫马路、干校劳动,到暮年为教育、为知识分子待遇大声疾呼……关于自己,关于友人,她有讲不完的故事。

走进晚年的冰心,在写自己新的人生故事。她承认,她过去一段时间里,写过一些今天看来不太有保留价值的文章。五六十年代,她和许多作家一样,真诚地相信一切,把复杂的生活看得单纯而透明。她说她的有些文章是人云亦云,并没有自己真正的独立思考。在自省中她走进了晚年,从而,晚年的创作风格与过去相比,仿佛发生了突变。"我的文章人家说烫手。"她不止一次这样对我说。

晚年冰心正是因为大胆干预生活的勇气才赢得广大读者的敬

仰。1988年,在"冰心文学创作生涯七十年展览"的开幕式上,萧乾发表了这样的感言:"可以向冰心大姐学习的很多很多,但我认为最应学习的是她那植根于爱的恨。那些满足于现状、维护现状、利用现状自己发旺的人,就生怕有人对现状有所指摘。其实,这样的人心里所爱的,只是他自己:他的地位、权势和既得利益,因而对生活中不合理的现象那么处之泰然,那么熟视无睹。不能恨的,根本也不能爱。"

晚年冰心,对于如何总结"文革"教训,如何不忘历史,一直萦绕于心。1986年,我所在的"五色土"副刊举办过一次"难忘一事"征文,我将其中由当年的红卫兵、红小兵所写的回忆与忏悔文章,编选为《滴血的童心——孩子心中的文革》一书,请冰心写序。她欣然应允。开篇写道:"李辉同志送来十几篇《孩子心中的文革》要我作序。刚好前几天有位上海朋友给我寄来《新民晚报》上发表的巴金的《二十年前》,讲的也是文革十年中的个人经历。一位八十多岁的老人和一百个孩子笔下的'难忘一事'都记载着文化大革命中万民涂炭的惨状。"序的最后她写道:"孩子是中国的希望和未来,只要他们把自己的'难忘一事'永远铭刻在心,英国思想家孟德斯鸠的一段话'既无法律,又无规则,由单独一人按照一己的意志与反复无常的心情领导一切'的史无前例的怪事才不会重演!"写下这些文字时,老人已有八十六岁。

随后,冰心一直惦记着《滴血的童心》的出版,写给我的几封信均问及此书。历时两年,1989年夏天,此书终于由少年儿童出版社出版。我写信告诉冰心,她高兴地回信如下:

李辉同志:

  你信早收到了。不知遇过了什么麻烦?(这总难免!)

  《孩子心中的文革》终于出版,太好了!希望早日见到。我还好,吴青夫妇问你好。

问应红好。

问袁鹰他们好。我为《散文世界》写的一篇东西,他收到没有?能用么?

冰心,1989 年 8 月 20 日

冰心就是这样以不同于以往的另一种姿态,续写着最后的人生故事。

每次去看望冰心,她都会签名送上新书,但不爱题跋,只有一次例外。1988 年 6 月,她送我一本新出的《关于男人》,是刚拿到的样书,签名之后,她顺手补上:"这是现在我手里仅有的一本。"还开玩笑地说:"来得早,不如来得巧。"这一年,她八十八岁。

想到请冰心题跋,是在 1987 年。十月,北京举办《巴金文学创作生涯六十年展览》,请柬题签由冰心题写。展览过后,我去看她,特意带去请柬请她题跋。她在内页上写道:"说真话,干实事,做一个真诚的人。冰心,1987,十一,十六。"半年后,我去上海看望巴金,请他也在这份请柬上题跋。巴金在请柬封面上写道:"我不是一个艺术家。我写,只是因为我的感情之火在心里燃烧,不写我就无法得到安宁。巴金,八八年六月十三日。"时隔二十余年,这一份请柬虽薄,虽轻,却因有两位老人的题跋墨迹,而多了记忆的温暖,多了思想与文学的厚重。

两副题词相呼应,勾画出的恰是我心目中的晚年冰心。

二、《万般皆上品……》

从事副刊编辑已近三十年,我很少保留版面审校清样,但有两份却留存至今,它们均与冰心相关。一是 1987 年 7 月 25 日,《北京晚报》副刊发表冰心的小说《万般皆上品……》的审校清样;二是 1988 年 6 月,《人民日报》"大地"副刊发表冰心的随感《我感激》。

两篇作品,都涉及教育与知识分子地位问题。

1987 年 7 月,我收到冰心来信如下:

李辉同志：

　　信收入。《萧乾传》出版后，请寄我一本拜读。

　　附上讽刺小说一篇，晚报可用否？否则寄回，收到请电告898046，祝

　笔健

冰心，1987年7月13日

　　冰心寄来的即是千字文的小说《万般皆上品……》，副题为"一个副教授的独白"。篇末注明"1987年7月13日急就"，可见是当天写完即寄出。

　　小说以一位大学副教授的口气，自述其与经商同学、身边出租车司机等人的收入比较，感叹教师境况窘迫、教育不受重视的现状。古诗有云"万般皆下品，惟有读书高"，冰心反其义而用之，以"万般皆上品"作为小说篇名，可谓感慨万分，立意明确。冰心已多年不写小说，此次受所见所闻触动，重拾小说体裁，在其晚年写作高潮中，有着特殊的意义。

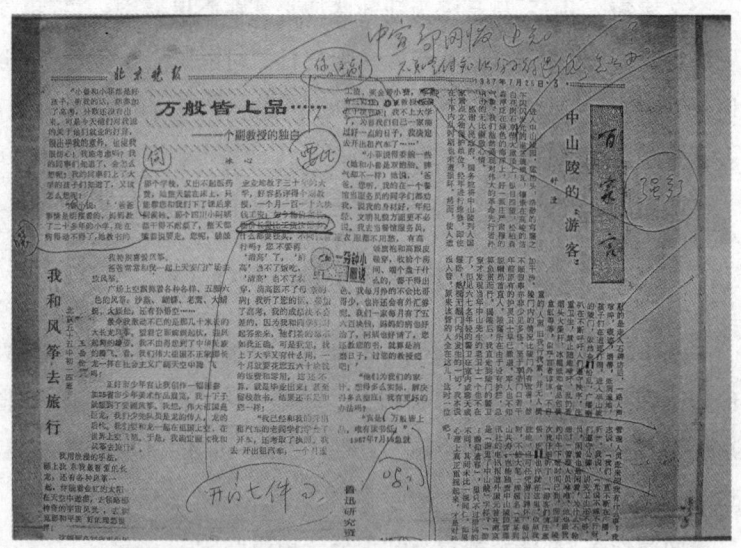

《万般皆上品……》清样

冰心想到把这篇小说寄来，原因有二。一，近五年时间里，她一直在"五色土"副刊开设个人专栏"伏枥杂记"；二，"五色土"副刊当时有一个微型小说栏目——"一分钟小说"，冰心新作正与这一栏目吻合。捧读《万般皆上品……》，不由得为这位老人关心教育的热忱和干预生活的勇气而感动，当即安排在7月25日副刊"一分钟小说"栏目中刊出。

排出清样后，送总编审读。时任总编是一位老编辑，敬业、坦诚而格外拘谨，他在退回的清样上写了这么一句："中宣部刚发通知，不让宣传知识分子待遇低，怎么办？"受这一思路影响，开始他曾想暂不发表，据理力争后，他同意放行，并将小说做了多处修改，其中，重要的几处修改如下：

1. "如今物价在长，物价长得比工资快得多"删去，改为"出门七件事"。

2. "一个月连工资、奖金带小费，可能有三百块，比正教授还多五十块呢！"一句，后面"可能有……"改为"要比您这副教授强多了"。

3. 结尾句："真是，万般皆上品，唯有读书低！"改为"真是万般皆上品，唯有读书低吗？"

总编的修改颇为不易。最后一句，叹号改为问号，语气顿时有了质的转变，力度虽有减弱，却也多少表达出冰心的初衷。冰心久不写小说，一篇新作却遭我们多处修改，于心不安，但毕竟能够发表出来，也算对老人的一个交代。

《万般皆上品……》如期刊登，我提前去信告知冰心，也将修改情况一一告知，并提及我即将调离《北京晚报》，前去《人民日报》"大地"副刊工作一事。随后，她写来一信如下：

李辉同志：

　　信收到。附上韩少华同志来信一封，你们的主编是谁？你到人民日报可能和姜德明同志同事，这位同志和我比较熟。你家的地址可以告诉我，有信不必从报社转了。

冰心

八，十

冰心给我的信，写在作家韩少华信的复印件上。韩少华告诉冰心，《万般皆上品……》刊发后在教育界引发了广泛影响，冰心将之复印寄来，当是想让我们对之有所了解。韩少华在信中这样写道：

> 那日同《人民教育》的同志去打扰您，十分不安。只是他们请您为全国的老师们题辞的心切，我不得不然就是了。而当时您提到的《万般皆上品……》，次晚即见报了。捧读之余，感慨似已不限于教育事了。其后二三日，凡遇教育界同志，几乎都提及此文。大家对您所执言的实情，除了都"于我心有戚戚焉"之外，对《北京晚报》此时有此举，也颇有些"刮目相看"的感觉。而一些搞文学的朋友，则进一层谈及您所选用的样式："一分钟小说"。这可是您很少动的样式呢。
>
> 人们有所感，有所动，还由于作家本人是一位原也尽可颐养天年而不必问人间疾苦的长者吧……

（韩少华致冰心）

为教育而忧，为知识分子鼓与呼，晚年冰心赢得了全社会的敬重与喜爱。

三、《我请求》与《我感激》

重写小说，《万般皆上品……》只是一个开始，随后，冰心又连续发表《空巢》、《外来的和尚》等小说，其主题仍关涉教育和知识分子。

冰心最后十年的作品中,社会影响最大的当然是她的随感。1988年11月,她写过一篇《无士则如何》一文,明确提出了重视知识分子的问题。她指出:

> 前几年,不少领导人常说:无农不稳,无工不富,无商不活。其后,又有人加了一句:无兵不安。这些话都对,概括得也非常准确。可惜尚缺一个重要方面——无士怎么样呢?
>
> 士,就是知识、文化、科学、教育,就是知识分子、人才。

(《无士则如何》)

"无士不兴"——这是冰心的结论。晚年的她,正是基于这一认识,才把对教育的关注放在思考与写作的最突出位置,在这一点上,随感《我请求》与《我感激》,堪称其代表作。

1987年11月14日,冰心在《人民日报》"大地"副刊发表《我请求》一文。此时,我刚从《北京晚报》调至"大地",自然又成了她的作品的第一读者。

《我请求》是冰心读《人民文学》发表的《神圣忧思录》之后而写的随感。她有感于作者与编者的勇气与见识,对教育现状的忧思,在她这里产生强烈共鸣。所谓"我请求",即是有着社会责任感、历史使命感的呼吁。

冰心在文章中,还提到了发表《万般皆上品……》的经过。她写道:

> 我一向关心着中小学教师的一切:如他们的任务之重,待遇之低,生活之苦,我曾根据我耳闻目睹的一点事实,写了一篇小说《万般皆上品……》。委婉地、间接地提到一位副教授的厄运,而这篇"急就章",差点被从印版上

撤了下来——这是我六十年创作生涯中所遇到的第一次"挫折"。据说是"上头"有通知下来,说是不许在报刊上讲这种问题。若不是因为组稿的编辑据理力争,说这是一篇小说,又不是报告文学,为什么登不得?此后又删了几句刺眼的句子,才勉强登上了。

(《我请求》)

《我请求》见报之后,我致信冰心,与她开玩笑说,她不该把在晚报之事公开,她当即回信如下:

李辉同志:

信都收到了。我怎么把你"卖"了?那些事,你不说,我知道吗?

至于其他附嘱的事,我一定不说。匆匆

冰心,1987年11月16日

次年五月,"大地"副刊约请冰心撰文,纪念《人民日报》创刊四十周年。她回信如下:

李辉同志:

我记得你有信说人民日报副刊什么纪念要我写文章,以及其他的事。这信找不到了,打电话给你,终日不通!请得信后即打电话来。

你家有无电话?

匆匆

冰心,1988年5月10日

《我感激》即为此而写。她在文中,谈自己与副刊三十多年的历史渊源,但落笔重点却是谈教育,谈提高教师地位和待遇的社会问题。与发表《万般皆上品……》时的情形类似,《我感激》一文先后经过了部主任、报社副总编辑等人的多处修改与删减,现根据保留下来的清样予以还原——

1."我感谢人民日报文艺部的诸位编辑同志:从袁鹰、姜德明……李辉,刘虔。"后面四个人名删去。

2."袁鹰同志回忆说"改为"编辑同志回忆说"。

3."我记得在1956年6月我还在人民日报上发表过一篇《一个母亲的建议》,这篇东西的内容我却不记得了,《冰心文集》里也没有收进去。"将后面"这篇东西……"删去。

4. 谈到1987年11月14日发表《我请求》一文的反响情况,删去后面一句:"当然,我也从'出口转内销'的消息中,知道'上头'有些人对这篇很不满意,这些事不说也罢了。"

5. 删去"我想读者手里一定都有《人民日报》,也一定都看过,都称赞过了,就不必重抄了。"

6."千家驹同志,你太乐观了,报复已经来了!我的大女儿吴冰前天给我看一张《文摘报》,是今年第524期(日子是5月29日),上面有《解放日报》5月22日的一篇文章,讲到发生在我父母之乡的福建省的一件事情:《闽东八百教师弃教 百余学校被迫关门》里面说'福建东部宁德地区……已有853名教师离职另谋出路……主要是待遇差。一位当代课的教师月收入仅33.5元……他弃师做茶叶买卖,3天就赚了300多元,等于一学期的工资……金涵地区一女教员辞职去摆鞋摊,比任教时的月收入增加近十倍。"全段删去。

7. 冰心引《制定教师法,提高教师地位和待遇》一文内容:"有人说我们只看到'冰激凌危机','雪糕危机',没有看到教育危机——用十三大精神统一我们的思想,加强对教育方面的危机感,挤一些钱来办教育不是不可能

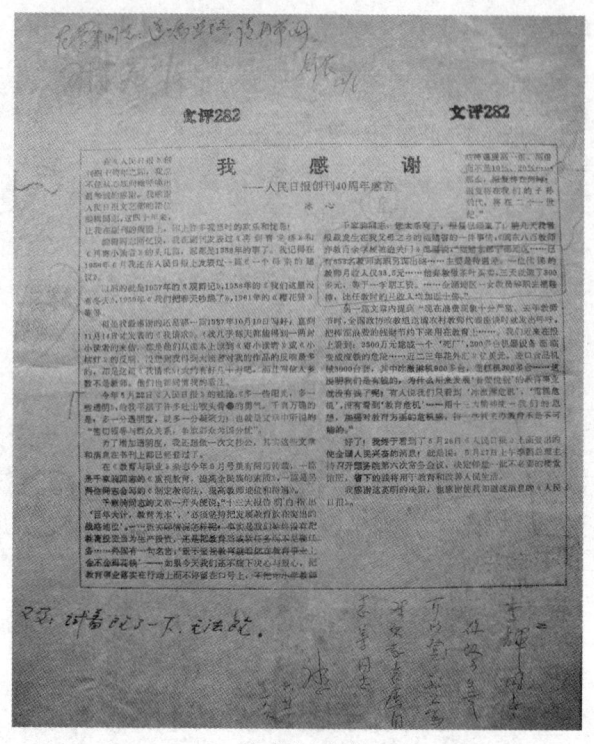

《我感谢》清样

的。"此处"用十三大……"后面部分,被改为冰心自己的话:"作者呼吁用十三大精神统一我们的思想,把发展教育放在突出的战略地位。"

《我感激》发表之前,我将最后改样寄冰心阅定,她在退回的清样上附笔如下:

李辉同志:

你改了文章可以登!我不写,对不起袁鹰等同志。

冰心,1988年6月21日

一份值得收藏的清样。

转眼二十三年过去,冰心如果健在,该是一百一十一岁的老人了。她在晚年为之忧虑和呼吁的教育等问题,随着时间推移,世纪替换，焦点与形态不断变化着。在历史行进的步履中，我们仍能听到晚年冰心鼓与呼的回响。我相信，如果冰心依然健在，面对现实生活出现的新的教育症结——教育资源是否公平、农村教育是否得到重视、贫困学生的处境、高考困局……她不会放下手中的笔，还会以博大的爱，发出"我请求"的呼喊。在这一点上，可以说，冰心永远与中国教育同在，与我们同在。

2011 年 10 月 3 日

小书房,大风景

这些日子,常拿出作家出版社新出的黄永玉先生《比我老的老头》的增订珍藏本欣赏。很喜欢他为此书特绘的藏书票。"借出的书,走失的狗,惟愿记得路回来。"适逢又一个狗年即将来临,俏皮的题跋,让在红墙旁边做出狗的常见动作的爱书人,平添了许多情趣。

爱书人大脑袋,胖乎乎的圆脸,一副小眼镜,架在大脑门上,痴情于书的样子。那天在看黄先生画这幅藏书票时,我悄悄对旁边的人说,这爱书人与陈原先生的模样倒有几分相似。近日,读到浙江文艺出版社新出陈原的《我的小屋,我的梦》一书,封面右上角用了一幅缩小了的陈原漫画肖像,印证了我的推测。我没有问过黄先生是否熟悉陈原,如是巧合,则颇有意味。一位出版家的形象,被一位艺术家幽默地再现在藏书票上,真可谓锦上添花。

一年前,陈原先生去世时,颇让人感到悲哀:又少了一个真正博学的文化老人!像他这样有学识、有修养、有点子的出版家,如今真的很难找到了。参与创办《读书》杂志且不说,仅他在商务印书馆提议出版的那套"汉译世界名著",就足以令业内后来者为之仰视而难以企及。我喜欢读他的谈书、谈语言的短文,有段时间,他的那本《在语词的密林里》曾是我的床头读物,如同周有光先生的《语文闲谈》一样。读这样的书,是享受。话题天南海北,知识的片言只语活跃而生动,亮闪闪的是智慧的星光。

曾走进陈原晚年最后居住的小屋,去取他的随笔集《黄昏人语》书稿,他答应将之放在我参与策划的一套丛书中。小屋真如他在书中所说,一间"环我皆书也"的斗室。我最羡慕的是大大小小的辞典,天上地下柜子里到处都是,所谓知识渊博者,陈原肯定可以名列其中。从科学知识到音乐、绘画,从世界语到多种外语,从语言学到翻译……我感到吃惊,一个在战乱颠沛和政治动荡中走过大半生的人,怎么可能读那么多的书,涉猎那么广泛的领域?相形之下,如今的一些所谓教授和学者,其知识面实在可怜得很。

小书房里,铺开的却是天地大风景。

陈原健谈,听他讲自己的故事让人很开心。苏联电影《列宁在1918》,从小看过许多遍,我意外得知,其文学脚本竟是陈原早在抗战期间的上海"孤岛"翻译的。不过,他后来说,"面包会有的,一切都会有的"电影中这句耳熟能详的对话,最初的脚本中并没有。在《我的小屋,我的梦》中,他还这样说:"也许我翻译这部脚本竟是一种不可饶恕的罪过,因为它歪曲了历史;它满足了政治的需要,具体地说是满足了造神的需要,肆意伪造历史,例如它把布哈林描绘成刺杀列宁的间接帮凶。但那时的进步人群,自觉或不自觉地参与这造神运动,不能说是愚蠢,也许称之为社会性的悲剧更为贴切。"这样的自剖,让人感受到了他面对历史时的沉重。

很少见陈原在公开场合发火,他总是儒雅地微笑。只有一次例外。那是一次小的聚会,由沈昌文先生宴请,陈原、资中筠等前辈参加。一家不错的西餐馆,但服务生上菜时,连续几次都把菜送错对象,程序也不对。陈原生气了,说西餐服务最讲究的一条就是必须注意对象和程序。他顿时虎着脸,再也不拿刀叉,刚才还在侃侃而谈,一下子就沉默不语了。

或许,这就是他的严谨处,较真处。

"六十年往事:如歌的行板"——这是《我的小屋,我的梦》的副题。简约、舒缓、跳跃的回忆,富有诗意地吟诵着他的追求他的梦。追求与梦想,在可知与不可知的历史行程中被挤压、被释放,其间多少起伏跌宕,多少喜愁哀乐,间歇地变奏。人已修炼得相当老到,亲历的一切,最终在他的心中都变成了如歌的行板。

2005 年

《书生累——深酌浅饮"三家村"》序

三十年世事茫茫！"三家村"突遭笔祸之时，我刚刚十岁。从铺天盖地的批判文章和广播喇叭声中，我知道了邓拓、吴晗、廖沫沙这三个"恶魔"般的名字。

转眼间三十年过去，我已到了不惑之年。然而，并非到了不惑之年，人真的能够不惑，相反，随着年龄的增长，感受到的历史困惑会更多。我想，不仅仅限于我一个人。更多的步入不惑之年的人，只要他一旦走进历史的思索，就必然会发现，有许许多多无法理解的事情依然困扰着自己。尽管当年的风风雨雨早已成为过去，冤死的得到昭雪，健在的得到平反并安度晚年。在有些人眼里，一切似乎没有必要再去回顾，再去梳理。

问题恰恰是，当善良的或者说乐于淡忘的人们，情愿过去似乎什么也没有发生时，过去的阴影却依然以不同的方式影响着今天的生活。更有甚者，某些本应认真解剖自己历史责任和自我忏悔的人士，却在不同程度上表现出对以往的留恋，或者准确地说自恋。历史被换了一种形式进行叙说，而真正应该做的直面历史，却渐渐变得不合时宜。

然而，历史就是历史，绝对不会因人的一厢情愿而改变本来面目。

1982年大学毕业后走进当年刊发《燕山夜话》的《北京晚报》，

并碰巧与邓拓的孩子邓壮同事。后来,又认识了廖沫沙和邓拓夫人丁一岚。这样,对历史上"三家村"的遭际,我便有了更深切的感受,对这段历史,对历史中的这些人物,也产生了浓厚兴趣。1996年,在"文革"发生三十周年之际,我先后撰写了《书生累》、《碑石》、《深酌浅饮三家村》几篇文章,集中反映了我对这一历史事件中的人物的思考。冷静而客观地写出今天对那一时代的认识,真实而深刻地写出"三家村人"性格的悲剧,这是我的初衷。尽管未必如愿。

今年,我又编选了这本《书生累——深酌浅饮"三家村"》,我将之作为历史研究的继续。把自己写作过程中所参阅的一些重要文章和历史资料汇集起来,这样,读者可以一方面阅读我个人的文章,同时也可以根据这些史料来独立地进行思考和判断,我想,这也许是一种让读者走进历史深处的很好方式。

以写邓拓的文章的题目《书生累》作为这本书的书名,我觉得颇能将"三家村"这三位文人的悲剧命运的特点恰如其分地概括出来。而副题"深酌浅饮'三家村'",则反映出我在思索他们命运时的一种状态。

1998年

《北京小事》

去看漫画家丁聪先生,他们夫妇拿出几大本剪报。"你看这些陈年芝麻。不知塞在哪儿,早就忘了。"似乎不太在意,话也说得轻描淡写,但我能感觉到他们有意外发现的喜悦。

"北京小事记"——这是专栏文章的总题,转眼间五个字和他们一起走过四十年。

1962年,丁聪以戴罪之身从北大荒流放回到北京。不久,他见到了老朋友龚之方。龚之方系老上海一位著名报人,当时他在香港《文汇报》驻北京办事处工作。1963年起,龚之方邀请丁聪合作,由他撰文,丁聪配图,在香港《文汇报》上开设专栏"北京小事记"。在两年时间里,他们联袂主持这个专栏,用短文和漫画描述当时北京的日常生活。

对丁聪来说,这一机会尤为难得。

没有什么比放下手中的画笔更让丁聪难受的。从三十年代初爱上画画而选择美术为终身职业之后,他从未忘情过画笔。走到哪里,画到哪里。抗战期间的流亡途中,他未曾放下手中的笔。即便成为右派被发配到冰天雪地的北大荒,他也没有闲着。偷着画,或公开画,都让丁聪感到生命的充实,感到精神有所寄托。用他自己的话来说:"正是这些画,帮我度过了最艰难的时刻,使我恢复了自信和乐观。"

在北大荒，丁聪画右派分子们住的草房和修水库的劳动场面，画印象中的当地农户与猎户，画劳动者的生活风情，画自己经历的故事……材料有限，他往往在牛皮纸上用白粉和毛笔画出木刻效果的作品，当年阅读美国版画家肯特的印象，重又活跃在脑海里，细腻的线条，勾画出人物的力度。他也用颜料画一些彩墨画，画面洋溢着浓郁的生活气息。

前几年，我曾写过这样一段关于丁聪的文字："如果将丁聪一生创作的数千件作品作为一个整体来看，它们无疑如同一幅历史长卷，记录着不同时代中国的社会现状。三十年代的上海滩、抗战、内战、抗美援朝、政治批判、北大荒劳改、改革开放……除了'文革'外，他所经历的不同历史时期，或多或少都在他的作品中有所反映，留下不可磨灭的痕迹。在这一意义上，我认为丁聪是一位具有历史感的画家。"

现在来看，我的话不准确。在北大荒与改革开放之间，还应加上"六十年代初"。无疑，丁聪为"北京小事记"创作的数百幅作品，在他的艺术发展中是一个不可忽视的阶段。他将过去擅长的漫画、速写、封面设计等形式加以灵活运用，生动描绘出当年的北京风俗、社会场景以及大量文化人物肖像。这些作品中所呈现出的特点，在"文革"之后的创作中他又有了新的发展和更为突出的体现。譬如，我觉得他后来为老舍小说画的插图，以及大量文化人物肖像漫画，与"北京小事记"显然有着承继关系。从这一角度而言，四十年前做的所谓小事，对丁聪却又不能不说是他漫长生涯中的一件大事。

诸事均有大小。然而，何谓大，何谓小，往往又难以说清。其实，许多事情一旦在时间中流动，大与小也就随时可能相互转换。昨日之大，也许今日已显得不那么重要；而昨日之小，说不定忽然之间在人们的视野里显得竟是如此之大。受历史条件和环境所限，"北京小事记"当然缺乏对当时社会状况的全面、客观而深刻的反映,更不可避免地带有宣传色彩。但诚如专栏名称所言,作者是在用自己的眼睛和笔,记录历史大场景中的"小事"。今天看来,诸多生活琐事却包含着大量的历史信息,为读者和专家们解读当时的政治、经济、文化、风俗等提供了丰富而形象的细节,这是文件和教科书无论如何也无法替代的。正如辛弃疾词中所吟:一丘一壑也风流。

2003年

在翻译中自由呼吸

一

编完《董乐山文集》四卷,心愿终于了却。时在1999年岁末,距董先生去世正好一年。

一直难忘最后见到董先生的情景。那是在他去世的前几天,我到协和医院去看他,他的侄女专程从上海赶来,正在一旁照顾他。这是他一年内的再次住院。与前几次住院情况大大不同,这一次他只能躺在病床上握着我的手。手无力,人瘦得不像样子,脸色发暗。

他有许多话想说。我告诉他,我正在翻译他向我推荐的《走进中国革命》这本关于美国记者在中国的命运的书,并且和作者取得了联系。他很高兴。我说,有些老上海的地名和英文报纸的名称不清楚,他说可以来问他。怎么能够拿这样的事情打搅重病中的他?他说不要紧。我向他讲一些外面的事情。讲着,讲着,他突然又一次握住我的手,说了一句:"我没想到原来的追求……"他在说由热变冷的迷惘和失望,他在力求用简洁的几句话来概括自己的一生。说到这里,他把头转到另一边。他落泪了。

还是第一次看到他的眼睛里闪着泪花。当然,也是唯一的、最后的一次。自两年前患癌症动手术以来,每次见面他都很乐观,依然是过去的那种温文尔雅,显得对病情并不在乎,说到会意时,仍是微微一笑。此时情景不免让我感到吃惊。我强烈感到他已经知道生命正在走向终点。他再也无法保持平静了。

我不忍看到一个熟悉的前辈,躺在病床上受回忆的折磨,赶忙岔开话题。我知道,他有一种想把心里话毫无顾忌地全部说出来的急切。过去在他家中,他不止一次和我谈过他的故事。我在编一套回忆录丛书的时候,他还把前几年写出的好几万字的回忆录拿给我看。回忆录虽然难以出版,但是,从里面我知道了他过去的一些经历,其中不少人生体验,他从未公开描述过。读这些回忆录,听他讲大大小小的故事,常常令人感慨万分。但是,从来没有像此刻这样让人感到一种凄凉,一种浓郁的伤感。他的话十分简短,我却感到他是在用全部生命把它讲出来。万般心绪此刻弥漫在一片白色中。

几天后他永远走了。尽管已有心理准备,但仍让人难以接受,好久我都不能相信这是事实。他还有许多选题在做、想做。假以天年,他肯定会翻译出和写出更多更精彩的作品。如今,这只能是我们永远的遗憾。

那天,站在他的面前,我对他说过:"你有什么事情需要我帮忙做的,譬如没有译完的书,没有出版的文章,尽管说,我一定会尽力做好。"并非自认为有这个能力,而是不愿意让他为这些事情担心。当然,我对他这样说,也绝非仅仅是一种敷衍之词,过后就忘得一干二净。相反,在他逝世后的这一年时间里,一时也未曾淡忘对他的承诺。如今,在走进新千年的时刻,继完成《走进中国革命》的翻译之后,《董乐山文集》的编选工作也告结束。同时,《董乐山译文集》的编选也在考虑之中。我愿以这样的工作,告慰他的在天之灵。

二

编选《董乐山文集》,使我有机会系统阅读董先生的全部作品:小说、诗歌、剧评、杂文、随笔、书评、论文、词典、译文……不同文体构成了他作为一个文人的创作全貌。我称他为"文人",而不是一般而言的翻译家、作家,乃是觉得像他这样一个一生中涉猎广泛的人,已经自觉或不自觉地打破了文体的界限(这带来编选归类的困难)、甚至职业的界限,他在不同时期的不同文体,显露出了与众不同的才华。无论有意而为或者不得不为,在他那里,最终都成为学识的积累和思想的深化,成为对自己意志的磨炼。也就是说,不管处在何种状态何种环境,他最终都能找到一种寄寓思想和才华的方式。他坚定地走在漫长的精神之旅上,以知识与思想破解迷惘,以了解世界、了解历史的热望支撑信念。尽管他并非豁达爽快之人,也从不以阿Q精神而自娱,但他绝对排斥委琐,反对碌碌无为。有这样的状态,他就不至于总是陷在怀才不遇、自怨自艾的情绪之中,而是能摆脱一时的委屈,一步步扎实地往前走去。可以说,他的生命从未停滞,从不苍白,最终以综合素质的积累,在翻译方面取得卓越成就,成为新一代翻译家的一个堪称典范的代表人物。

董乐山从青年时代起就对文学有着浓厚兴趣。四十年代他写小说,颇有讽刺、幽默的韵味,这一风格,在中断几十年后,又在"文革"后创作的《傅正业教授的颠倒世界》等小说中呈现出来。仍保持着一种对生活的敏感和对命运的嘲讽意味,只是显得更为老到辛辣。这自然得益于他当右派多年的磨砺体验,得益于他对奥威尔作品的熟稔。

当年在四十年代的老上海,董乐山最为人称道的是他的"麦耶剧评"。他以"麦耶"笔名崭露头角时,还不到二十岁。初生牛犊,锐气十足,评点名家与明星,毫不心慈手软。然而,他绝非仅仅凭一股火气在那里闯荡天下,相反,他的剧评颇具创见,分析透彻而到位,笔锋犀利,读来如同行家里手的老到之作。正是这样的特点,使得"麦耶"一时成为上海影剧界风头出尽的人物。收在文集里的"麦耶剧评"尚不齐全,但在半个世纪过后,仅仅这些汇聚一起的剧评,也足以把老上海舞台的种种风情生动地展现出来,读它们,仍可以感到一股虎虎生气卷着文化余香扑面而来。

翻译最终成为职业,实在是董乐山不得已的选择。当他在一夜夜埋头于《参考消息》的翻译之中时,是否还在留恋着当年的风光与梦想,不得而知。不过,即便在《参考消息》的那些日子里,他仍然表现出了特有的才能。从文集第一卷附录部分中亦波的《与命运抗争》一文可以了解到,创办《参考消息》时,正是在董乐山建议下才确定集鲁迅墨宝来作为报头,从而保证了历数十年风风雨雨而不受牵连变动的稳定性。至于在那些日常琐碎的翻译工作中,他如何在许多技术性问题上表现出独创性,同样在亦波的文章中有所介绍。

不能成为一个小说家、艺术评论家,董乐山可能引为终身遗憾。然而,这却是当代中国翻译界的万幸。他以稳健的步履向译坛走来。早年所接受的中西文化的熏陶,从事过小说写作和剧评的语言锤炼,对现实的敏锐观察和思想深度,诸如此类的综合修养,无形中奠定了他成为一代翻译大家的坚实基础。他注定要在这个领域大展身手,傲然而立。

三

在我看来,从性格素质的组合来讲,董乐山具有成为一个优秀翻译家的充分条件。一方面他才华超人,思路敏捷,精神一直处在活跃状态,显得生机勃勃,有时甚至给人以恃才傲物的印象。另一方面,他却耐得住寂寞,不爱交际,能够屏气凝神徜徉在枯燥、劳累的翻译之中自寻安慰和满足。卷帙浩繁的译著虽能说明这一点，但最令人感叹的则是《英汉美国翻译社会知识辞典》。这本辞典费时十多年，倾一人之力编撰而成，涉及美国社会生活知识的各个方面：书刊上常见的典故或典故性专名，如人名、地名、街名、商店名、商标名，而人名中又包括真人和小说、电影中的虚构人物；带有典故色彩的短语，但不见于一般词典；美国人在日常生活中很熟悉，但还算不上是成语的词语；一些英语新词层面。能够不急不躁地编撰出一本辞典，充分体现出董乐山严谨、扎实的学风和渊博的知识，而这，正是他之所以轻车熟路地走在翻译之路上的保证。他撰写的大量"译余废墨"文章也同样表现出他的这一特点。

读董乐山的翻译，实在是一种享受。在他之前的翻译家中，我很欣赏巴金和萧乾的译文，觉得那是将"信达雅"结合得较为出色的译文。董乐山的翻译达到了同样的境界，而且更为中国化，但又不失英美著作应有的味道。这就难怪在他去世之后，蓝英年先生呼吁好好总结董乐山的翻译经验，并把他誉为新一代翻译家的代表人物。同样的评价，从翻译同行和友人的追思发言也可以听到。

然而，董乐山对读者的冲击不只是限于在翻译的信达雅方面所达到的程度，更在于他把翻译的选择，作为履行一个知识分子历史责任的方式。岁月的磨砺，早早地让他变得成熟而深沉。他不是那种逆来顺受的弱者——虽然他许多年里一直是弱者，他也不是思想浅薄随遇而安的庸碌之辈。他知道智慧与知识对一个知识分子所具备的意义，他更知道如何在有限的空间里，放飞无限的思想和情感。他并不是随意地走在翻译的路上，漫不经心地顺手拿起一本书就动手翻译，仅仅把这作为打发时光消磨生命的一个过程，恰恰相反，他把翻译的选择，与对命运的感触、对历史的关照紧密联系在一起。当他最初决定动手翻译《第三帝国的兴亡》时，这种翻译与人生的关系便开始形成。从那时起，一直到他生前最后出版的几本译著《西方人文主义传统》《奥威尔文集》《苏格拉底的审判》，他所翻译的各种不同的史著、回忆录、小说、理论著作，与他的所有书评和杂文，构成了一个整体，将他作为一个知识分子在当代中国所发挥的独特作用表现得美丽无比。他的思想在发出自己的声音，从而，他的文章和他的译著便具备了持久的生命力，而且不会因他去世而为人淡忘。相反，人们在阅读他的文集和译文集时，会时时听到他的声音，还是那么亲切，那么具有穿透人心的力量。

当人们倾听之时，坚毅、执著、慈祥的董乐山在美妙回声中微笑。

这便是一个编选者在完成工作之后的满足。

这里需要特别加以说明的是，整个编选工作，实际上是在凌畹君女士的鼎力帮助下完成的。她收集了董乐山散见于海内外报刊上的文章以及部分遗稿，计二百余篇，它们从未结集出版过，这使四卷文集更为完整、更具代表性。同时，她还在体例、篇目选定诸方面，做了大量工作。感谢董乐山的亲朋好友丁景唐、沈寂、陈学勇、董森林、顾宁等诸位先生，没有他们的帮助收集，董乐山四十年代以麦耶、史蒂华、田禾等笔名发表的各类文章，恐怕就难以与今天的读者见面了。

感谢远在美国的亦波先生为文集撰写出董乐山传略。他以生动详尽而不落俗套的叙述，为我们勾画出了一个知识分子漫长的人生旅途。读来令人感慨万分。

感谢河北教育出版社的编辑为这套文集的出版表现出的热忱和付出的辛苦。

我知道，所有关心和帮助文集的编选和出版的人，都在以各自的方式表达着对董乐山的深深怀念和敬意。是共同的情感，把大家联系在一起。

2000年1月5日

留在纸上的苍凉

一

得到"杜高档案",完全是意外收获。

一个人的历史,以这样一种方式,在这样一些泛黄的纸页上具体呈现出来,每次翻阅,都让我感到一阵震撼。

苍凉是挥之难去的感觉。

是在几年前,从北京潘家园旧书摊那里我淘到一大批历史资料,它们都是中国戏剧家协会五、六十年代的档案材料。它们如何流散出来,又为什么会出现在旧书摊,不得而知,但对于一个偏爱史料的人来说,得到它们却是千载难逢的机会。

我相信缘分。

得到它们时,我正在写黄苗子、郁风传和一篇关于"二流堂"始末的文章。在这些档案中间,正好有一部分内容涉及"二流堂"以及吴祖光和他的所谓"小家族集团"。这些材料,大多是当年专案组整理出来的,包括个人检讨、互相揭发、批判提纲和批判会议记录等。除此之外,还有一些材料涉及不少文坛重要人物,如周扬、田汉等,以及某些重要历史事件,如1964年的文艺整风等。这样一些特殊年代的遗物,对于研究那段历史、研究档案制度乃至各种特殊文体,显然有着不可取代的作用。难怪有朋友说我挖到了一个"金矿"。

在它们中间,作为个人档案最完整的却是杜高的档案。

与杜高我虽无个人交往,但也不陌生,曾有过数面之缘。八十年代从路翎那里,听说过当年杜高与他的渊源关系。1985年在胡风追悼会上,我与他见过面。后来写《文坛悲歌——胡风集团冤案始末》,我曾写到反右时戏剧界对吴祖光和以杜高、田庄等为成员的所谓"小家族"的批判。作品发表后,每次见到杜高,他都非常热情,激动地握着我的手表示感谢。我的印象中,他说话总是充满激情,声调高亢,有湖南人的爽朗,对年轻人厚爱有加。

这些年来,接触过不少史料,采访过不少老人,似乎对那一代人受过的苦难早已见怪不怪,甚至有些平淡、麻木了。但是,当在这批资料中发现杜高的完整档案时,我还是被震撼了。一个人的生命历程,居然以这样的形式用这样的一些文字和表格记录下来,实在是莫大的悲哀。

杜高档案装订成册,厚厚几大摞。它们始于1955年反胡风和肃反,历经1957年反右和反右后长达十二年的劳改生活,结束于1969年"文革"期间被摘去右派分子帽子并释放回家。历史跨度十多年,几十万字的交代、揭发、外调、批判、总结、评语、结论等,构成了一个庞杂的世界。档案的完整让人惊奇。批判会上的领导人随意写下的小纸条,劳改期间每年必填的表格,都原封不动地按时间顺序装订。得感谢有关工作人员的负责和认真,为一个人、为一个知识分子、为当代中国政治运动史,留下如此难得的一份完整记录,为后人解读历史提供了不可多得的甚至是独一无二的文本。

二

"当代中国政治运动史"——我是突然之间写出这个词的。

这些年来,"政治运动"不断地在各类文章中出现,尤其在回忆类的作品中,它已经成为几代人生活中不可缺少的词汇,因为,恐怕没有一个人曾经远离过它,与它毫无关联。不可能!关于历次政治运动的回忆录、研究著作,多年来时有所见,并且出现过一些颇有见地和分量的个案研究专著。但把历次政治运动作为一个整体、作为一个系统来考察、来研究,似乎并不多见。当二十一世纪已经来临、二十世纪已经被视为过去的今天,人们有理由期盼这样的专著问世。

毫无疑问,在历史审视的过程中,最能引起反响的当然是围绕一些重大事件、重要人物而进行的工作。另外,多年的风气和习惯,大发宏论颇为盛行,因为它常常能于振聋发聩之间赢得一片掌声和喝彩。但随着时间的推移,我越来越觉得,仅仅限于笼统而概括地发发议论,而缺少对历史档案的挖掘,缺乏对历史细节的研究和分析,这些议论很可能只是匆匆过客,过眼烟云,并不能把历史研究真正坚持下去,使其更具有客观性、稳定性,从而也就更具有科学性,更接近历史本身。在这一意义上,李锐的《庐山会议实录》、朱正的《1957年的夏季》,可以说是开风气之先。它们建立在当年的史料和个人笔记基础上,具有不可替代性。

正是基于这样一种认识,我越来越看重个人日记、信件等民间记录在解读历史过程中的特殊作用。与它们比较起来,像杜高这种经历的人的个人档案,完整地保留了下来,自然有着更为重要的价值。因为它把历史的令人战栗的真实赤裸裸地呈现在我们面前,它不带一般叙事作品的个人主观色彩,更无虚构成分和编造成分。从这些档案的字里行间,可以读出许多在回忆录中、在史书中读不到的历史细节。

在撰写《胡风集团冤案始末》过程中,我曾听说当时胡风案发之后,从中央到地方,层层机构都成立了"五人小组"领导反胡风运动和随后的肃反运动,但我一直没有找到证据。从《杜高档案》的"1955年肃反部分"中,我才亲眼看到由田庄所在部门——北京电影剧本创作所田庄专案组送交的田庄交代材料上,送交者署名为"北京电影剧本创作所五人小组",接受者则为"剧协五人小组"。另外一份《中国青年艺术剧院党委给文化部艺术局的信》,由"艺术局五人小组"批转剧协。除此之外,《内蒙党委转来的材料》使我得知,当年不仅仅只是成立所谓"五人小组",还有专门的领导反胡风集团的机构。这份材料是由内蒙古党委送交中央有关部门的刘复之,然后由刘复之转发中国剧协,因此,材料上落款为"内蒙党委反胡风反革命集团斗争办公室",所盖图章则有两枚,一为"中国共产党内蒙古自治区委员会宣传部",一为"中共中央十人小组办公室转递材料专用章"。从图章中可得知,在反胡风运动和肃反运动中,除"五人小组"外,还有一个更高级别的"十人小组",其成员构成待查。

举这个例子无非是要说明,在历史研究中,往往会遇到这样的问题,似乎已成定论的说法,其实未必准确。更何况中国之大,历次政治运动涉及面之广,远非轻而易举之间就可以把史实梳理得清清楚楚。研究者需要大量的档案资料,需要认真、艰苦的努力,才能略有收获。从这一角度来说,杜高档案之类的史料挖掘和整理,有着特别重要的作用。

三

杜高先生同意原封不动地将所有档案公之于世,在我看来,具有非凡的勇气,他对历史认真负责的态度让我钦佩。他知道,这些本属于个人隐私的文字记录,既然形成于当代中国的政治运动之中,也就不再限于个体的意义,而成了知识分子群体生命的某种展示。

一纸苍凉

《杜高档案》原始文本

上世纪五十年代以后的二十年漫长岁月，中国经历了一个期其特殊的一个新时代。几万人受尽煎熬，千万人付出生命，成为一个惨痛的牺牲者。

对于那个时代，后世定了将会有不同的认识和评价。论证也好，争辩也好，任何文字都抵不上你捧出的这些泪迹斑斑的原始文字更有力量。

你们的功绩在于使人们相信：历史不好抹去，历史不会被遗忘，虚构的历史绝无掩盖不了历史的真相。

历史将会感谢你——当你的工作当其者的今天毛泽还没有完全被认识的意义。

读《一纸苍凉》，题赠

李辉 编著

李辉贤弟
中国文联出版社

杜高 [印]
二〇〇三年中秋

杜高在《一纸苍凉》上题跋

检讨、交代与相互揭发,是历次政治运动中每个当事人必不可少的任务。建国初期开始的知识分子思想改造,参与者大多还是侧重于思想的自我批判和贬低。许许多多从国民党时代走进新时代的知识分子,特别是高级知识分子,谁都需要过好这一关。除极个别的特例之外,几乎所有人都在最初的关口面前徘徊过、迟疑过,但最终也都宣布愿意抛弃"旧我",告别过去,创造一个"新我"。读五十年代初的报刊,举目可见都是类似的标题和文章,这毫不奇怪。

和后来政治运动中受难者的检讨、交代相比,思想改造时期的自我检讨,恐怕还算得上和风细雨,更多的是自述性质的自我批评。八十年代中期,我在撰写《萧乾传》的过程中,曾在他那里读过他写于当年的自述,基本上是细细回忆成年之后历年的活动情况,偶尔添加几句自我贬斥的话,其语气和程度,尚属平淡,远没有达到后来往自己身上猛倒污水、自我蹂躏的地步。即便如此,今天看来,这样的自述仍可以视为"交代"。随着时间的推移,温文尔雅和和风细雨不再存在,代之而起的是政治运动中严厉无情的批判。到了此时,检讨与交代密不可分,而交代的内容也无限地扩展,从思想认识到历史问题,从大的政治态度,到私生活的细枝末节,说得越详尽越好,自我贬斥得越厉害越好。一个目的,让当事者被自己的错误与罪行压得喘不过气,让当事者把自己贬低到不可救药的地步,这样,主事者的英明与正确便不言自明了。情形一旦发展到这个地步,所谓的与人为善、对历史和对个人负责的说法,早已成为无稽之谈,个人的尊严、信念乃至命运,就在种种有形和无形的高压之下扭曲变形。批判与改造,便这样在庄严的口号下堂而皇之地进行。

这几年,已经读到过不少个人检讨的汇集本,如廖沫沙的《瓮中杂俎》、邵燕祥的《人生败笔》。我也曾受黄宗英女士的委托,整理过赵丹"文革"期间在狱中的交代。这些史料,都在不同程度上把历史暗角中的文本特色,生动表现出来。虽然不同性格的人,会有不同语言、表达方式,但文字背后那种精神被踩躏、灵魂被鞭挞的痛楚,却是相似的。而当我读"杜高档案"时不仅又一次强烈地感受到这一点,而且我的情感不断受到更猛烈的冲击。

从1955年开始,一直到1969年末释放回家,十几年间杜高几乎不停地写交代。从政治经历到文艺思想、从交友聚会到私生活,事无巨细,都在交代之列。所谓"小家族集团",是肃反和反右两次政治运动中杜高的主要问题所在,因此,交代他与集团中所有人的关系,便成了杜高档案中所占比例最大的部分。何时与何人在何地打过交道,说过什么话,他都得一一写得清清楚楚。关于个人的历史问题,一年年他都得交代了又交代,循环反复,没完没了,这就使得同样的内容会在同样的题目下一再出现。为了保持历史原状,在整理过程中,这些重复的交代也照样选录。这样读者可以从这些重复的交代文字中,真切感受到当事人当年生命是如何白白消耗,精神是如何无端地被蚕食。档案汇集毕竟不是提供一部情节曲折的小说。但是,看似单调、重复的交代,如果细细琢磨,不更是可以从彼此之间的内在关联中,感受到曲折、复杂的精神历程和历史轨迹吗?

与个人的检讨和交代相比,读起来更让人难受的是朋友之间的相互检举揭发。一旦政治运动来临,一旦被圈定为被打击对象,每个人都会如同烤鱼一般放在火上翻来翻去,人性与人格都面临着考验。又有几人能经受如此严酷而循环反复的炙烤?也许林昭、遇罗克、张志新等是例外,绝大部分知识分子则均未能摆脱自我折磨而不得不检举揭发的窘状。如果说有所不同,那无非是程度上的差别,或者主动与被动的差别。在这方面,舒芜之所以不能被原谅,乃是因为他是在并没有遇到政治高压的情况下,仅仅以思想选择的理由,就放弃了传统的交友之道,主动反戈一击,把挚友路翎以及胡风等,晾到了炙热无情的阳光下。无论后来事态的发展是否在他的预料之中,都不能改变他的主动出击这一事实。而主动与被动,在我看来,正是历次政治运动中人格检验的关键所在。

杜高与他的朋友们,处在与舒芜当年完全不同的境地。他们已经被视为敌人,已经在专案小组的监控下度日如年。他们必须不停地写,不停地把昔日的朋友当做敌人来鞭挞。没有亲身经历过的人,是无法想象这种被强迫写检举揭发的苦痛的。他们不得不把朋友的问题详尽写出,甚至专案组更希望能够扣上屎盆子、尿盆子,这正是运动所需要的。杜高等人的命运不正是靠这样一些材料来决定的吗?杜高是在几十年后第一次看到这些相互检举揭发的材料,感慨万分自可想象。那么好的朋友,那么熟悉的人,都在无奈地揭发。真实的或者片面的甚至虚构出来的故事,如今都在故纸堆里尴尬地望着杜高,而杜高眼前浮现着一张张熟悉的脸孔。他理解他们,就像他们也理解他一样。在那样的情势下,谁又能有比这更好的做法呢?他们毕竟生活在那样的政治环境之中,毕竟摆脱不了时代加给每个人的局限。因此,他们也就只能如此这般留下这样的文字。

在尴尬的历史中,又有几人不是尴尬的?这就是人性的扭曲。

杜高愿意公开他和朋友之间的相互检举揭发,就像公开自己的交代一样。他深信,无论健在的或者早已故去的朋友,会体会到他的良苦用心。往事已经过去,教训却应该留给未来。这教训是意味深长的,当然也包括每个当事人曾经有过的尴尬表现。

现实正是如此。慷慨激昂臧否他人,愤愤然发表议论,要比深刻反省自我、解剖自我容易得多。我猜想,在如何处置检举揭发材料问题上,杜高恐怕会度过一个个不眠之夜,在无比痛苦之中又一次煎熬自己。最终他决定把自己和朋友的尴尬毫无掩饰地公布于众,让有利或不利于自己的一切,把一个真实的昨天原封不动地交还给历史。我看到了一个智者的襟怀。

四

"杜高档案"是相当完整、相当丰富的史料汇集。除了以上提及的内容外,还有另外一些值得研究的课题。如,在政治运动中,围绕某位当事者展开的外调,是如何进行的;当运动期间决定召开相应的批判会时,组织者是如何设定题目和提纲,如何组织发言的;当决定将一个当事者打成右派并判决入狱时,人事关系的交接是如何进行的;当一个知识分子右派与刑事犯关押一起进行劳改时,思想汇报和年终鉴定又如何写,如何做出的;当年复一年需要填写表格时,不同处境下表格有何区别、决定命运的最后评语又是如何填写的……

我深知,以自己的能力和精力,是无法对档案涉及的诸多课题进行系统研究的。我所愿意做的,无非是将它们整理出来,争取结集出版。让更多的人读到它们,让更多的人对其中所包含的历史内容进行解读和思考,对其中所呈现的文本予以归纳和划分。这样,便有可能为当代文学史、当代政治运动史乃至当代史的研究,多提供一个视角,多提供一个参照物,如此而已。

终于写完了想说的话,历时两年的整理工作也终于全部结束。整理过程中,二十世纪一天天走过,渐渐变为过去,新的世纪也在人们不同的心情、不同的呼唤中渐渐走近。一年前,我曾写过这样一段话:

> 然而,我又想,其实历史每时每刻都以同样的步履行走着,世纪之交、千年之交的那一天,也不过是同样的日起日落。不错,世纪转换时刻的欢呼雀跃当然会令人有一种别样感受,但假如仅仅是将之纳入流行或畅销之类的炒作,或者虚张声势、不切实际地来一次新的千年、新的百年的展望,用一些空洞美妙的词句来掩饰思想的苍白,那么,还不如扎扎实实站在现实土壤上,在斑斓缤纷、

扑朔迷离的背景中，冷静、客观地把历史细细梳理。惟此，展望或者梦想，才不至于过于空泛，过于一厢情愿。

依我看，对新世纪最好的献礼，莫过于对历史来一番认真细致的梳理。这就需要更多的人走进回望往事找回历史细节的行列。梳理历史诚然需要宏观描述和概念的归纳，但这一切都应该建立在大量的历史事实、细节之上，不然就会容易失之于片面、笼统，甚至虚假。时间从来不会有季节省略，历史当然也不应该有空白。

现在，新世纪终于来临了，我的看法依旧，还是愿意以这样的姿态向前走去。这也是我为何一年来，在工作和写作的同时，仍然看重与杜高夫妇的合作，将这样一本与众不同的书在世纪交替之时予以完成。

最后，我得再次感谢杜高夫人李欲晓女士为整理这批档案所付出的劳动。她是带着探究历史的眼光和对历史受难者的深切同情，和我一道阅读、整理，从那一张张破损的纸页上，细心辨认那一个个潦草模糊的字迹的，没有她的充分理解和全力支持，这一捆史料也许永远会被束之高阁，默默地躺在纸箱里继续发黄，发霉，腐烂，直到完全无从辨识的那一天。

2000 年 11 月 29 日—12 月 1 日

陪都迷离处

一

最初冯亦代给我的印象，朴实、淡泊、平静、甘于寂寞。他最为痴情的是书，是翻译的乐趣。

也难怪，我认识他的时候，他正忙碌着为《读书》写书话文章。他把这个"西书拾锦"专栏看做他晚年最为重要的事业。从六十多岁一直写到八十几岁，将近二十年从未停歇过。二百多期《读书》上，他以质朴而淡雅的文字，将外国文学的现状介绍给读者，成为读书人一扇不可多得的窗户。他像一位巨大书库的导读，不厌其烦地引着人们在书架之间穿行。这样，在初认识他的那些日子里，每次走进他的房间，与他聊天，所见所谈都是这些话题。

在搬到位于京城小西天那座高楼的"七重天"书斋之前，冯亦代一直住在三不老胡同的"听风楼"。那时，在每篇文章后面，他都会注明"写于听风楼"。在那间破旧狭窄的小屋里，他听过不知多少夜的风声雨声。这样的老人，平静地听风，平静地创作、翻译，都是很惬意的事情。

他是个很和善的老头。他的和善在于朴实和平淡。他聊天时，时而会用幽默的插曲来让人感到愉快，但他不会有别的人时常表现出来的那种妙语连珠的本领。这样的平淡，却另有一种魅力，这就是因平淡而产生的亲切。亲切,于是可爱,于是给人以快乐。

一次向他请教翻译,是关于一个词组的特殊译法。在解答后,他谈到在翻译过程中的体会。他的语调一如往常,没有抑扬顿挫,但是例外的语气有所强调:"有的人觉得翻译很单调,其实翻译挺有意思。有时一个句子怎么也想不出好的译法,但是过了几天,嘿,突然从脑子里冒了出来。"说到这里,他的神情变了,仿佛一种巨大的幸福降临于身。微微仰起脸,眼睛轻轻闭上,一边说还一边稍稍晃晃头:"啊,"停下,深深吁一口气,"那真是让人高兴! 真有意思!"

他的神态真像一位嗜酒者,品尝一杯好酒,且已进入了微醺状态。

我可以理解他的这种陶醉。他这种性情的文人,总是有一些别人看来十分枯燥乏味的事情,却对自己有特殊的魅力。他迷恋它,自得其乐,自我沉醉。

他以这样的心境写书话。那些书话似乎简略,有时甚至带有不少转述的成分。但是,它却需要深厚的文学功底和外文能力作为背景,缺一不可。我常想,其实这是一件费力而又吃苦的工作。读者需要它,但它又不会引起轰动;作者需要学识,但这种文体又不需要把炫耀才华放在首位。实际上,冯亦代在持之以恒地做着寂寞的工作。有时我不免有种担忧,还会有人像他那样做同样的工作吗?

冯亦代乐于寂寞带给自己的满足。每次我看他翻阅寄自英国、美国的书评报刊,听他讲即将写作或者已经完成的"西书拾锦",都感觉他带有一种如醉如痴的神情。

后来,随着交往的频繁才发现,在寂寞中写作其实只是他性格中的一个侧面。不错,他能够耐着性子做寂寞的工作,可是他却又并非是甘于寂寞之人;他可以安安静静在书斋里看他的书,写他的文章,可是他也喜欢热闹,喜欢不时感受一下众星拱月的满足;他平常很随和，可要是较起真来，一点儿也不含糊，任凭你怎么劝也不管用，在这种时候，你会觉得其实他并不属于那种豁达豪爽的人。

当然，最大的发现是他的浪漫。前几年，他与黄宗英的黄昏之恋让不少朋友大吃一惊。浪漫，执著，着实让我看到了他性情中的另一面。当时，承蒙他信任我，早早将他与黄宗英的通信给我看，甚至还在小范围的几个人中征求意见时，把我这个年轻人也算在内。现在看来，他的黄昏之恋的确是难得的和谐和圆满。难以想象，如果没有黄宗英的细心照料和精神支撑，他能否从一次又一次的重病中挺过来？我想，说这是浪漫也罢，说这是生命力的坚韧也罢，反正到目前为止，他们是我所见到的众多黄昏恋中最为成功的一对。从那时起，这个写"西书拾锦"的老头，在我眼里，顿时生动跳跃起来。

一个浪漫的冯亦代。

二

几个月前，当冯亦代把他的一本写于四十年代的日记本交给我时，我又一次走进他的浪漫。

这是一本由生活书店印制的极为考究的日记本，封面和封面上都标有"中华民国廿九年生活日记"字样。日记本为深咖啡色硬壳封面，扉页是建庵的一张木刻《拥护蒋委员长抗战到底！》，画面上蒋介石骑在马上，手指前方，身后是青天白日旗，身旁是持枪士兵在冲锋。日记本每月前面都有一页反映抗战生活的照片和一页"献辞"。"献辞"分别选用了艾青、艾芜、鲁彦、舒群等人的文章，每页下方则附有中外名人和中国抗战时期要人的名言。

在这样一本有着浓郁战争色彩的日记本上，冯亦代和妻子郑安娜先后分别写了两部分日记。前面由冯亦代记述，题为"期待的日子"，时间为1941年10月1日至1942年4月1日；后面由郑安娜接着记述,题为"山居日记",时间为1942年4月20日至1946年8月25日。冯亦代是连续记录,而郑安娜则是断断续续,有时一年只记了一则。

　　冯亦代写这些日记时,独自一人在重庆。他在1941年1月离开香港,到重庆担任印制钞券事务处业务科主任一职,留下安娜在香港。日记记录的便是他在重庆等待安娜前来与他重逢期间的生活。他在第一天写日记时,在该页上端,用中文写上"期待的日子!",旁边又用英文写道"Always in Waiting(一直在等待)!"。在日记本上标明"今天的生活计划"这一页,冯亦代还抄录了一首泰戈尔的诗。这首诗集中概括出冯亦代期盼时的心境:

>　　坚定地持着你的信心,
>　　我亲爱的,
>　　天将要黎明了。
>
>　　希望的种子
>　　深深的在泥土里,
>　　它将要萌芽了。
>
>　　睡眠,像一个蓓蕾,
>　　将要张开它的心胸向着光明,
>　　而寂静就会获得它的声音。
>
>　　白昼近了,
>　　那时你的重荷会变成你的礼品,
>　　你的痛苦会照亮你的路程。

　　读这些日记,自然就想到八年前逝世的安娜老人。

八十年代,每当我去"听风楼"看望冯亦代时,总是安娜来开门。她瘦小精干,穿着十分俭朴,虽已年老,但透出一种典雅气韵。她把我引进门,给我倒上茶,就静静地坐到她的书桌前,听我们聊天,偶尔也参加进来。看书时,她手上总是拿着一个放大镜,原来七十年代在干校时她患了青光眼未得到及时治疗,结果右眼从此失明。看她年轻时照片上美丽的大眼睛,再看眼前的她,确有一种悲凉与遗憾在心头。后来我才知道,眼前这位从不张扬的老太太,其实也在时代大风大雨中闯荡过,风光过。现在我有时不免后悔和她聊得太少,不然,仅仅是抗战时期她在香港担任宋庆龄的秘书的记忆,就该有不少重要的故事和细节,这对于我了解那一时代的风云变幻一定会有帮助。可惜,她在1991年去世,一切都随之远去。

晚年住在"听风楼",他们的生活显得平淡安稳,当然也就无从让人感觉到他们情感中曾经有过的浪漫。直到安娜去世后,读冯亦代的怀念文章,听他的交谈,我才得知,他们的爱情婚姻,虽然有过波折起伏,但却有着少有的浪漫情调。而这样的一些故事,也就加深着对他们性格的了解,对那个时代中的人与事的了解。

他们认识是在1934年的沪江大学。冯亦代还记得,那天晚上,在大学的露天剧院里,学生们演出莎士比亚的《仲夏夜之梦》,安娜在剧中扮演小精灵迫克。"她娇小的身材,加上她诗一样的语言,柔和的声调,似乎是天生要我去爱的人。但是我还不知道她的姓名;我又用什么办法和她接近呢?我一面欣赏她的演技,一面痴痴地向往着能够早日结识她。"谁知,第二天,他才发现原来安娜和他选修同一门课,一同走进教室。到了晚年,冯亦代仍然用这种留恋、回味的语调说到当年的"一见钟情"。

经过几年的交往,他们1939年6月3日在香港大酒店平台举办婚礼,出任傧相的是戴望舒夫妇和徐迟夫妇。他们的喜事,给身处战乱中的朋友们带来巨大快乐。就在婚礼这天,他们两人又上演了一次他们的浪漫。

那天下午,吃完安娜切开的大蛋糕,朋友们便翩然起舞,而他们两人却偷偷离开了酒店,跑到一家戏院去看电影。是什么电影,冯亦代如今已记不清楚。他记得的只是,他呆望着身旁的安娜,那样安详,感觉就好像他们依然端坐在当年的教室里一样。她不时瞥他一眼,看见她笑,他也跟着笑笑。看完电影,他俩又去吃夜宵,早把客人抛之一旁了。回到新居,房东太太说客人刚刚散去。这便是他们的婚礼。用冯亦代自己的话说,坐在影院里相互对视,相互笑笑,"这就是我们看的影片!"

说得多妙。

知道了他们的这些故事,再看"等待的日子"中的日记,就不难理解冯亦代笔下所记录的种种情绪:等待中的思念、浪漫中的想象、焦急中的埋怨、重逢时的欣喜若狂……说实话,过去主要是读冯亦代的书话,我从未想到,他居然能写出"等待的日子"中的这种色调强烈的抒情文字。那简直是浓得化不开的甜蜜,是少男少女一般的情怀。在我看来,这些日记整理发表出来,将大大充实他的散文成就,呈现出他的写作风格的多样性。

看着人们拿着中秋礼品,看着人们忙着整理东西预备回家过节,那么欢欣的孩子似的腔调呀,心里有着说不出的怅然之感。一年容易,又是中秋,这团圆的季节,但我们却分散着,虽然我心里不断地拿"现在有着多少的离散的人"那句话来安慰自己,但我的家应该是可以团圆的。真是太感伤了,但又有什么使我不感伤呢?

黄昏看月亮升上山头,那样明亮地像面镜子,月光照在雾上像片海,雾里的灯光是水里的倒影。而今晚没有灯火,月亮便显得格外明朗了。我抵不住它的诱惑,便硬将自己囚在烛火的书桌上,我不敢看月。

娜是不欢喜月亮的,但我记得去年有一晚香港灯火

管制之夜，我们站在阳台上，夜凉如水，我却感到她身上的温暖。安适的家，和平的家，又是一年了。（10月4日）

这里，场景变换伴随心绪流动。惆怅、思念、感伤，与月光、烛火竟如此密不可分。诸如此类的篇章，在长达半年、数万字的日记中几乎比比皆是。

"等待的日子"绝非一般意义上的日记。尽管写它们时冯亦代丝毫没有将之发表的想法，但他显然是在精心地把它当做艺术品来雕琢。从散文创作的发展来看，这样的文字今天看来也许显得有些稚嫩，但从记录个人心境角度来看，从主人毫无顾忌地袒露心迹、他刻意追求文学效果来看，仍堪称日记创作中不可多得的果实。

三

假如仅仅是一种个人间浪漫情感的记录，这些日记也许还不至于引起我如此浓厚的兴趣。

在回望本世纪的行程时，我常常感到历史研究或者历史描述中，总是留有不少空白。这一方面因为史料匮乏所致，另一方面也因为某些人为因素所致，各种原因各种因素，人们好像很难客观冷静地认识历史，更谈不上全面地描述历史的所有阶段所有场面。在这种情形下，我觉得史料的收集与整理极为重要。特别是个人的、档案性质的记录，如日记、书信、检讨、交代、"黑材料"，等等，在历史研究和描述中都有不可替代的作用，将是填补历史空白的必不可少的材料。这也就是我一直想编辑一套档案性质丛书的原因。

关于抗战期间重庆的研究和描述，我一直觉得是现代史研究的一个薄弱环节。当年它曾经作为战时中国的临时首都——陪都，在日本侵略战火中支撑八年，一时间成为世界关注的热点地区之一。在这里，那些年里上演过许许多多政治、军事、文化的故事，或悲壮,或凄惨,或恐怖,或沉闷,其实都有必要——梳理,进行详尽的记录和分析。在这个意义上,冯亦代的日记(包括郑安娜的在内),从个人的角度,生动记录了大时代背景下个人生活与情感的波动。作为知识分子,他在陪都的苦闷、寂寞,颇能帮助人们了解当时、特别是1941年以后重庆的现状。

随着抗战初期的亢奋过后,重庆已变得日趋乏味。战火激烈时掩盖的种种弊病和矛盾,也渐渐露出水面,改变着人们的心情和态度。这一点,来自西方的记者们感觉得更为突出。我最近正在翻译美国作家 Peter Rand 写的《走进中国——美国记者的冒险与磨难》一书,其中不少篇幅都涉及外国记者在陪都重庆的生活。在他们眼里,1940年之后的重庆无疑是一个乏味沉闷难以忍耐的城市。该书在描写著名战时记者白修德的章节中,这样描写到当时的重庆:

> 在阴冷的冬天和酷热的夏天,以及1940年随之而来的大轰炸中,白修德继续担任《时代》记者,他的精神决不能被这个地方打败。要做记者,这就需要为之努力。首先,重庆在冬天变得封闭,没有新闻发生。日本人不再频繁地轰炸重庆,阴冷、厚重的浓雾,从深秋开始就久久笼罩着城市,一直到来年五月,天气都是灰蒙蒙的,阴冷难耐。这种气候既冻又潮湿,令人沮丧得很,到处都是陡峭、拥挤的小巷,里面堆积着臭鱼烂肉,垃圾发出的气味实在难闻。这个样子就像一个很多年前与世隔绝的霍皮族人的巨大村庄。没有一点儿绿色让人感到赏心悦目。整座城市一片灰暗,为避免空中轰炸,所有建筑都刷成黑色。危险的还有重庆的街道,都那么陡峭,泥浆根本积不到脚脖子那么深。
>
> 然而对于记者来说,重庆最糟糕的是中宣部对新闻的封锁。在蒋努力作战的时候,重庆的外国记者尚能一

时容忍新闻检查。在1939年,记者们便开始不管中国政府,自己来观察因政府的无能而暴露出的更多的突出问题。位于中国内陆省份的这座封闭城市,如同中世纪的一个巨大城堡,在这里住上一年之后,外界便没有多少新闻吸引记者们。他们发现,他们已经陷入在政治泥淖之中却又无能为力。譬如白修德写信告诉费正清:"人越在这里呆下去,就变得越狼狈。"他写到,这里有三个阶段。第一,所看到的到处都是肮脏和污秽。"第二,你得接受这些肮脏和污秽,因为你看到善良勇敢的人们,在克服一切困难为这个国家而奋斗。"他写道。"第三,在这些善良和勇敢背后,你看到的是腐败、贪污、阴谋、管理荒唐、怯懦、官员的贪婪。于是,人便不得不开始怀疑。"怀疑过后便是挫折。"我认为我比这座城市的任何人,包括《泰晤士报》的德丁,更为了解这个国家的现状。"白修德说:"但是,尽管了解却派不上用场。它还在燃烧……它还挺立着……我们不能说出我们今天所了解的真相,因为这会伤害我们正在努力帮助的一个民族;而等到了明天,人们却又不会再对我们必须说出的一切有任何兴趣。不管如何,希望这不会是真的。"

外国记者的这种感受,正是不少中国知识分子当时的感受。这也是冯亦代写他的日记时的背景写照。"寂寞,寂寞,这该是个寂寞的时代。为什么有这许多人在喊着寂寞呢?难道人的心都冷了吗?"读冯亦代这样的感叹,很容易想到巴金描写战时重庆生活的长篇小说《寒夜》。男女主人公早年的所有热情和理想,一日日被陪都的苦闷蚕食殆尽,进而生命也就萎缩凝结了。

现实生活的沉闷和灰色,冯亦代无疑是难以接受的。他颇为自负和清高,看不惯重庆一般人那种卑微:

《愁城记》在演的第一天,有许多看客不到终场便跑了。人们不能在一个纯真的生活里获得一种人性的温暖,这是我最感失望的。他们在过着怎样的生活呀!他们不敢看到自己,想到自己,于是当描写自己的故事搬到台上时,他们不敢看,也不愿看。是呀,他们的生活本来是深埋在污浊的笑料中的,他们作假,他们骗自己,于是一天天过去,赵婉和林孟平不过是小圈子的生活,但他们却生活在泥沼里,闭着眼,什么也不管,用卑微的笑料为自己的滋养,他们生了又死了,可怜的人!但是我们不但要打破小圈子,而且应当打破泥沼,否则我们没有纯真的生活,我们只是一批开着眼的瞎子。

戏散了,又是在雨里冲回去,我脑里有着太多的思绪,我不想睡。但是床头的灯却突然熄灭了,我躲在黑暗里,我永远躺在黑暗里,天呀!(1941年11月1日)

对现实灰色人生采取蔑视态度的人,心里一定有着亮光在闪烁。这便是爱情的浪漫。他需要用它充实自己,安慰自己。我想,冯亦代之所以在等待与妻子重逢的那半年里,几乎每天都能够用浪漫的笔调如此执著地记录他的思念与期盼,甚至相互之间的误会,就是想借此来摆脱日常生活的沉闷、压抑。在想象中的与妻子相对的场景里,在诸般感受的挥洒中他的情绪得以发泄,不然,用他后来的话来说,他会在那里发疯的。安娜的日记同样如此,彼此之间尽管有时总是难免产生一些误会乃至矛盾,但相互的情感却一直是真诚不变的。日记中的种种情绪与思虑,也就是现实中作者的生活。同时,也是当时时代背景中私人心迹与情感的真实呈现。

这样,个人的记录也就成了一段历史的丰富注脚。

1999年4月26—28日

《悔余日录》整理说明

这里整理出版的是冯亦代写于1958—1962年间的日记。

在1957年反右运动中,冯亦代因鸣放期间发表的言论,成为外文出版社和民盟北京市委的重点批判对象。从本书选录的一篇当时发表于《人民日报》上的报道《冯亦代阴谋篡夺外文出版社》,读者可略见当年情形。反右运动后,冯亦代被定为右派分子而接受改造。从成为右派分子到摘掉"帽子"的几年时间里,冯亦代诚恳接受对自己的批判,变得更加谨慎,对自己的改造也要求甚为严格。他当时把一系列日记起名为《悔余日录》,其心情可见一斑。

冯亦代的这些日记,详尽地记录了他成为右派分子后的日常生活,包括人际交往、读书情况和心理活动。从文字看,颇为真实可信。陷入逆境后的痛苦、被改造者的无奈、依然强烈的求知欲望、对平等身份的企盼,紧紧交织地一起,凸现出一个知识分子弱者的形象。同时,他在日记中还记录了与一批右派知识分子当年的往来情况,他们中间有费孝通、潘光旦、陈铭德、邓季惺、章伯钧、罗隆基、丁聪、储安平、浦熙修、董乐山等,这也就使《悔余日录》成为一个群体的生活片断的写照。

今天看来,《悔余日录》无疑具有特殊的历史文献价值。它记录的是个人的生活与思想状况,但却从一个特殊角度呈现出被打入另册的知识分子群体的历史窘状和精神脉络。这对于剖析二十世纪中国知识分子的精神世界,梳理中国当代政治运动史,有着其他文本不可替代的作用,故加以整理予以出版。整理过程中除个别字句由作者略加删节外,基本保持日记原貌。个别人名因辨认不清或其他原因,以符号代替。

为使读者对冯亦代当年情形有较为全面的了解,另选入《我的鸣放》、《我的初步思想检查》、《我的悔改规划》三篇文章。文章均据手稿整理发表,未作任何删改。

2000年2月11日

《胡风集团冤案始末》修订本自序

今年 11 月是胡风先生诞辰一百周年，谨将拙著予以修订出版，作为我对这位二十世纪中国最具悲剧色彩的知识分子的纪念。

拙著初次以《文坛悲歌》为题发表于 1988 年的《百花洲》杂志，1989 年由人民日报出版社出版单行本《胡风集团冤案始末》，同年，相继在香港和台湾分别出版繁体字版本。1993 年，东京岩波书店分上下两册出版日文版。1998 年，复以《文坛悲歌》为题列入《李辉文集》出版。此次再版，根据当事人和读者的指正和建议，我对部分史实做了修订和补充，另外根据初版后新披露的史料，对引文，特别是上层往来批示与通信做了适当调整，以期更为准确地勾画历史原貌。同时，为了反映本人后来对这一历史事件和相关历史人物的进一步关注和思考，特将九十年代所写的四篇随感附入书后，以使修订本更趋完整。

近些年来，关于胡风以及胡风集团冤案的回忆录、研究专著已出版多种，它们在史实提供、理论分析、历史思考诸方面，大大丰富了对这一历史人物和历史事件的描述和研究，其准确性和深度远非拙著所能企及。我为这一历史发展、为自己能够成为众多历史叙说者中的一员感到高兴。

继《胡风全集》之后，湖北人民出版社计划出版一系列与胡风有关的著作，而拙著有幸列入其中，对家乡出版社的热忱和厚爱，对编辑们付出的辛苦,我深表谢意。

自首次发表《文坛悲歌》,倏忽已是十四年,一切都发生了难以描述的变化。我要特别提到的是,在这些年里,我所采访过的、描写过的几位"胡风分子"——这些在苦难中磨砺的前辈,相继辞世,我想,我,乃至每一位读者,不会忘记他们的名字:路翎、鲁藜、曾卓、罗洛……他们走了,永远走了,在另一个世界里,和他们所敬重的胡风,和先于他们辞世的友人相聚。希望他们的灵魂得到了安息。

我还想祝所有健在的受难者们,健康、长寿、幸福!

当我今天写完这个修订本自序时,我才突然发现,日子竟与十四年前写《文坛悲歌》后记一样,同在7月9日。这样一个巧合,对于别人当然毫无意义,可在我却感到意外的兴奋。十四年前,自己还是个三十刚刚出头的青年,如今却早已过不惑之年。说是"不惑",仅仅是一种奢望,其实,尽管经过许多人多年的努力,对同一历史事件的回忆和解说已经相当丰富,但仍很难说今人对当年发生的一切都尽然了解。那段历史为何发生,如何发生,对未来的影响,恐怕远没到描述清晰和完整的程度。至于对历史的解读和思考,更是有着许多新的角度和层面,需要发掘和深入。在这一意义上说,拙著的修订再版,如同当年发表一样,仍是抛砖引玉,期待着更多的历史爱好者和研究者加入历史叙说的行列。

历史终有不再让人困惑的那一天。

希望如此。

但愿如此。

2002年7月9日

《胡风集团冤案始末》后记

这是一本与我过去的所有作品完全不同的书。当写完最后一页,放下笔,没有一点儿如释重负的轻松感,反倒产生一种前所未有的沉重,一种很难说是惧怕还是忐忑不安的情绪。我不敢称它是报告文学,也不敢称它是史书,也不敢像过去一样堂而皇之地向朋友们宣布:我写完了。

是的,不敢说。这本书远不能算作"写完了",目前这个样子,只能是刚刚开始,"写完"的时刻还在后面,五年,十年,也许更多年以后。我想自己远不是有资格有能力写这样一本书的人,当然,更不会奢想,将来真正"写完"这本书的人会是我。

写这本书,我越来越感觉到与其说自己是一个作者,不如说是一个"记者"——名副其实的记者。从全书来看,所尽到的责任和完成的任务,无非是在记,记当事人的谈话,记从报章上抄下来的文字,记侥幸地从不同的角度的获得的第一手资料。除此之外,我还"作"了些什么呢?没有精心设置的结构,基本上是按时间发展顺序平铺直叙;没有深刻而酣畅的议论,仅仅在事实的叙述中间或流露几句感叹;没有生动的场景描绘和心理剖析,一切都让位于也许是枯燥的、直接了当的叙述。一个作者应有的主观色彩,只是淡淡地残留在字里行间。

形成这样的定局,或许是自己认为,比起书中几十位人物二十多年坎坷的命运，一切精美的文字也会显得苍白。批判、被捕、狱中、受难的妻子、受株连的人……每当想到这些，我都会被上述观点所左右，于是，最后出现的便是一个"记者"的书，而不是"作者"的书。

写作过程中，我时常设想有一天，我会和一个不同的李辉对话。这个李辉自称有上帝赋予的全知全能，掌握了所有有关的历史档案，于是，他对我说："你的这本书完全是小孩子的玩具，丝毫没有涉及历史的真相。你所掌握的材料，充其量只是片言只语和无关紧要的，真正关键性的、最能说明历史进程原因的材料，除了我，任何人也无法得到，所以你也好，别人也好，对历史的叙述和分析，永远是不着边际的。"

我无法回答他，只感到一种困惑和失望。我沉默了半天，说："那么你为什么不写出来呢？"

他没有回答，闭上了眼睛。我轻轻一推，才发现这个李辉睡着了，连能透露点什么内容的梦话也没有。

我没有睡着，没办法，只好就所掌握的材料写下去，居然总算写出来了。

我不怕睡着的李辉一旦睁开眼，再批评我几句，便这样将一本也许是"不着边际"的书稿，送进印刷厂。或许它会"着点边际"，也能让睁开了眼的李辉不再闭上眼，而是帮助我继续写下去，修改、补充、提高，让它真正记录下一段艰难的历史，记下一群人，乃至所有中国知识分子在历史进程中的命运。

1988年7月9日

《人在漩涡——黄苗子与郁风》自序

写在前面：从1996年到1998年，在写作《人在漩涡》这本传记的过程中，我与远在澳大利亚旅居的黄苗子、郁风先生常常通信。信，有询问，也有随时随地的感受。将它们略作摘选，串连起来，也就成了本书的序。

一

这些日子，我抽了一点儿时间，先编了一个你们的年表，这样，可以有一个大致的历史线索，以后就可以避免叙述中的时间错误。由于阅读有限，归纳得尚不全面和准确，可能一些重要的经历和事情还需要补充。所以我先打印一份寄你们，这样在空闲时你们便可以根据记忆在上面做些补正，然后再寄给我，以便参考用。同时，等书出版时也可以考虑附在后面。

越是阅读你们的著作，越是通过别人了解你们，我越是感觉到，你们这一代人，人生实在是丰富多彩，有很多地方是需要颇费一番心思才能准确把握和生动描写的。在一个世纪的背景下，在一个动荡的时代，个人其实正是社会和历史的影子。把握他，认识他，也就是在认识历史，与历史对话。我希望这是一本能够较好地勾画"二流堂"一批艺术家的著作，并借对你们的描写，展现出较为宽广的社会背景和人性流动。是否能够达到这样的程度，我还没有把握,终归努力去做就是。

二

"十一"前一天,我写完《生死两茫茫——黄苗子、郁风在文革中》,约两万多字。这是为《风雨中的雕像》这本书而赶写的。这本书我收了十篇文章,专门写"文革"中受难的文人,其中有邓拓、吴晗、田汉、老舍、赵树理、冯雪峰、胡风、萧乾、刘尊棋、黄苗子和郁风。书由山东画报出版社出版,每篇文章配十幅照片。你们的照片,我已从大刚那里拿来,就不需要你们从澳洲寄来了。我为这本书写了几句"题记":"为了一个不应忘却的年代。为了永远从历史噩梦中醒来。谨以此书献给在那个年代中受难的人们。"准备印在扉页上。我想请苗子为这本书题写一个书名,不知可否?风格最好能体现出一种沉重感。书很快就会出版,大约春节之前。如果可以,望早点寄我。

由于《生死两茫茫》只是概要记述,所以有不少内容在传记中应该得到充实和扩展。我不知你们对之有什么意见,请一一告知,这样正好对随后的传记写作有帮助。我是在事实基础上,加了一些自己的理解,甚至发挥,譬如苏东坡章节。

信,也有参考价值。我在坚道、罗迈臣道走了走,想来当年面貌早已改观,举目可见摩天大楼。但仍不妨想象一下当年生活于此的黄家的情景,想象着那个顽皮的小男孩,忘记了母亲等待吃药,慢悠悠地摇晃着买到的药往家里走去。他不知道,等待着他的是将是严厉的父亲一顿惩罚。总之,香港之行,给我的感受是丰富的,我希望它对我有所帮助。

三

我已经开始全书的写作了。"引子"写好了,第一章写苗子离开香港到上海的事情《到上海去!》,也已写了一部分。

今天在图书馆查阅《上海漫画》,很高兴我找到了苗子最初发表的漫画《魔》。这是非常重要的一个细节,对它的发表以及《上海漫画》对苗子一生道路的影响,我觉得是值得多用些笔墨来描写。接下来,想再看看《时代画报》,不知苗子是否在上面发表过作品?不过,即便没有发表作品,也应该看一看,感受一下三十年代你们所处的时代和身在其中的漫画界、美术界的情形。说实话,看与不看是很不一样的。看了《上海漫画》,我就感到对当年的氛围有了进一步的了解。写传记,这种感受是必不可少的,它可以加深对人物对历史环境的认识。上次到香港去,也是为了获得一些亲身感受。现在看来是不虚此行了。

四

北京这几天终于走出了长达两个多月的酷暑,天气变得凉爽起来。人的精神也似乎顿时显得清醒许多。我抓紧时间将新的一章,即第八章"选择"写完。今印好寄上,请你们阅后提出修改意见。

这一章有一定难度。1949年前后如此巨大的历史转折,如何真实而又生动地写出你们作为文化人在这动荡年代的选择,在角度、措辞诸方面,颇费心思。我试图从我所理解的角度,从几个大的方面描绘出在特定环境特定条件下你们心理的几个层次。目前看来,我觉得大致达到了目的,但并不如愿。你们还有什么好的建议?我不知道,这样写是否符合你们的真实情形,或者说,某些分析,在你们看来是否合理或准确。我毕竟与那个时代相差甚远,要想真正如人所说"走进历史深处",谈何容易!恐怕是心有余而力不足。

五

今天寄上整理出来的苗子主要写于北大荒时期的信件。读这些信,令人心酸心痛。一个富有才华和学识的文人,其精神和肉体,居然会在那样一种条件下受磨难,而自己还表现得如此真诚、自卑、自责,实在是巨大的历史悲剧。特别是那些对生活和劳动细节的描述,看似平静而满足,但在我读来,却无疑是痛彻人心的。我不知道,今天你再读这些信时会是什么样的感受?还会与当年相同吗?你自己大概也未必相信,这些就出自你的笔下。

六

收到你们于15日寄来的稿件修改件和北大荒信件注释。苗子注释写得多好!三十年过去,大概也只有当尘埃落定之后,人才能以如此从容而平静的心境来回顾那些不堪回首的日子。苗子那些对当时心理的分析,对细节的补充,无疑会帮助我认识当时你们这批落难者的生存状态。更为重要的是,你的注释,可以让今天的人,透过文字表面含义,去理解背后复杂的心情。我想,这一点,对于年轻人如何充分接近历史真相,避免苛求与隔膜,颇为重要。

七

你们好。原定于11月30日到东京的行期,推迟一周,改为12月7日。这样,也就有时间将新的一章"悲怆北大荒"写出来。

这一章,虽然时间跨度不大,仅仅一年多,但其历史分量相当大,因为它不仅仅限于个人悲剧,写下来,居然达到两万字,是目前已完成的章节中最长的。描述约一万,家书约一万。一次在和邵燕祥交谈中,我谈到苗子的这批北大荒家书,他建议,不妨将从未发表过的书信引录,这比描写更有意思。我赞同他的这一说法。一个读者,只要他认真而仔细地读这些信,就不难从中了解和体会当年苗子在北大荒劳改时的心态和状况。我的处理是,前半部分尽量用较为浓缩的方式,夹叙夹议,将你们这批特殊的垦荒者的命运特点和生活处境予以勾画;后面,则引用苗子写给郁风的三封长信来让读者直接阅读我所参阅的史料,这比我说多少话,或者转述，可能都要有力量得多。而且，在结构和形式上，也有所变化，会给人新的印象。不知你们以为如何？

八

想想时间也真快，从 1995 年开始采访你们，产生为你们写传的念头，到现在差不多有三年了。动手写，至今也有将近两年了。在写作过程中，我仿佛就在伴随着你们走过长达半个多世纪的历史。过去写别的传记时，似乎还没有如此强烈的感受。有时，我一边写，一边就设想如果我在你们所处的环境，我该怎样做呢？说不上向往，也说不上是羡慕，只能说是尽可能地想贴近你们经历的历史。这样，我想会帮助自己更深切地理解你们，同时，也可以超脱出来，想得更多一些。

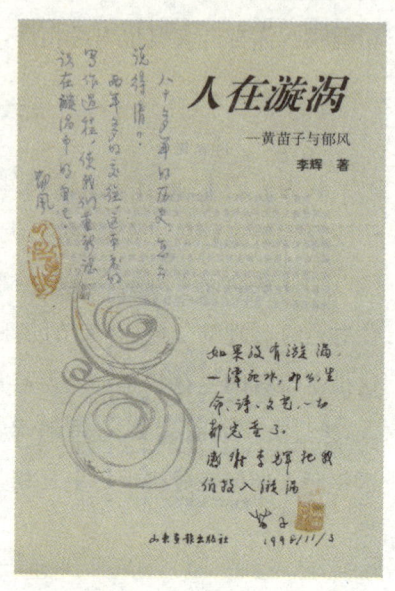

黄苗子、郁风分别在《人在漩涡》上题跋

总算接近于完工了，我感到可以稍稍喘口气。记得刚开始写的时候，我就和你们说过，我担心自己是否能够较为圆满地完成这部传记。现在看，自己还是满意的。在结构和叙述风格上，和以往的《萧乾传》、《沈从文与丁玲》以及《胡风集团冤案始末》都有所不同。我希望它能成为我在传记写作上的一个新的开端。接下来，我计划写周扬传，这将是一个思想与创作上的新挑战，希望听到你们的意见。

1997 年

结缘《万历十五年》

一、黄苗子致信傅璇琮

在近三十年来中国的出版物中,《万历十五年》无疑占据着一个显赫位置。虽是一部史学著作,影响力却早已超出史学界。大历史视野、叙述风格、篇章结构……黄仁宇先生呈现出的另类史学写作方式,受到不少写作者和读者青睐与追捧。撇开其学术价值暂且不论,仅将之称为一部写作经典,恐怕也不为过。

读《万历十五年》自序,知当年这一中文版引进大陆,与黄苗子先生的热情促成有关。黄仁宇这样写道:

> 本书的英文版书名为"1587, A Year of No Significance",作者的署名为 Ray Huang,1981 年美国耶鲁大学出版。初稿是用英文写的,写成后,出于向国内读者求教之忱,乃由笔者本人译为中文,并作某些修改润色,委托黄苗子兄和中华书局联系。承中华书局慨允,此书的中文版遂得以和读者见面。

中华书局的傅璇琮先生,是《万历十五年》的责编,他在《那年,那人,那书——〈万历十五年〉出版纪事》一文中回忆说,这部书稿,最初是由黄苗子与他联系的。黄苗子于 1979 年 5 月 23 日致信傅璇琮:

璇琮同志：

美国耶鲁大学中国历史教授黄仁宇先生（有误，非耶鲁大学——引注），托我把他的著作《万历十五年》转交中华书局，希望在国内出版。第一次寄书稿来时，金尧如同志知道。表示只要可用，就尽快给他出版。这样做将对国外知识分子有好的影响，并说陈翰伯同志也同意他的主张。但书稿分三次寄来，稿到齐时，尧如同志已离开了。

现将全稿送上，请你局研究一下，如果很快就将结果通知我更好，因为他还想请廖沫沙同志写一序文（廖是他的好友）。这些都要我给他去办。

匆匆即致

敬礼！

苗子

五月廿三日

傅先生还回忆说："……原稿在遣词造句上确有不少难懂之处，因此在征得黄苗子先生同意后，由我请大学时同窗好友沈玉成先生（时在中国社会科学院文学所），对全书作一次全面的文字加工。"

应该说黄仁宇是幸运的。1979年之际，中国欲翻译、引进一本国外著作，有诸多不便。《万历十五年》，从提交选题、论证再到正式出版，历时约三年，就当时情形而言，这一出版周期虽不算快，却也算正常。

二、"生正逢时"黄仁宇

参照阅读黄仁宇回忆录《黄河青山》（张逸安译，三联书店，2001年6月），可进一步得知，《万历十五年》由中华书局顺利出版，对当时身处窘状的黄仁宇，恰是来自故国的最好慰藉。

1979年夏天，黄仁宇正在普林斯顿参加《剑桥中国史》的撰写，由他负责明朝部分。就在此时，他却意外接到校方的解聘通知:"但有一件事令人尴尬:我被解聘了。我们的成员来自长春藤(又译常春藤——引注)名校、剑桥、伦敦……人人都受聘于某研究单位,只有我例外。我不是届龄退休,也不是提前领到养老金而退休,而是被纽约州纽普兹州立大学所解聘。一封 1979 年 4 月 10 日由校长考夫曼博士署名给我的信如下:'你的教职将于 1980 年 8 月 31 日终止。你的教职之所以终止,是由于人事缩编所致。'"(《黄河青山》,67 页)

《黄河青山》书影

这一年,黄仁宇年已六十一岁,在美国汉学界虽非赫赫有名人物,但能够参与《剑桥中国史》的撰写,可见还是具有一定学术地位与影响。"我被解聘了。这是侮辱,也是羞耻。这个事实会永远削弱我的尊严……"(同上,82 页)他在《黄河青山》中,屡屡发出类似愤懑不平,自然也在情理之中。

同一年,黄仁宇遇到另一个打击——无缘作为明史专家访问中国。他写道:"然而,在 1979 年,我却置身于非常狼狈的处境。……我却在这个关键时期被一个小学校解聘。我申请参加美籍明清专家访问中国大陆代表团,该活动是由'对中华人民共和国学术交流委员会'所赞助,但我却被拒绝,这显然无法建立我的可信度和影响力。"(同上,100 页)

不仅如此,完稿于 1978 年的英文版《万历十五年》,在美国寻找出版社也不顺畅。因为这一原因,黄仁宇才决定将之翻译成中文,希望能在中国寻找出版中文版的机会。

随后的进展证明,黄仁宇的这一决定,颇为明智。此时,刚从

"文革"劫乱中走过来的中国文化界,百废待兴,对来自远方的、新的、有着独特见解的著作,有着急切的期盼。从文化人到出版社,无不试图以各种努力,推开一扇又一扇窗户,让一个封闭已久的中国,能够与整个世界面对。就此而言,中文版《万历十五年》书稿来到北京,正可谓在一个恰当的时候,出现在一个恰当的地方。吴祖光先生晚年常爱以"生正逢时"题赠友人,这里不妨套用之——黄仁宇与他的《万历十五年》,生正逢时。

三、郁兴民与女婿卡尔

黄仁宇想到请黄苗子帮忙推荐,是因为他与黄苗子夫人郁风的弟弟熟悉的缘故。黄仁宇在《黄河青山》中,在两处不同地方,详细叙述了其间细节,为当年出版界留存了一份难得记忆。两段叙述分别如下:

> 寻找英文版《万历十五年》出版商时备受挫折,我于是将全书译成中文,只有书目和注解尚未完成。1978年夏,在邓小平访问美国前几个月,我的朋友余哈维(音译)前往中国。我们之所以认识,有一段渊源。四十年前的1937年,我们同在长沙临大,事实上还住在同一栋宿舍,只是彼此并不相识。之后他就到美国,在第二次大战期间,他加入美国海军,后来娶了美国人。1946年,我们都在沈阳的国民党东北总部,彼此还是不认识。我们搬到纽普兹后,才在朋友家相识,从此两家相往来。哈维现于国际商业机器公司(IBM)任职,看过《万历十五年》的中文版,在他担任会长的华人赫逊河中部联谊会中,举办一场历史研讨会,讨论这本书。他于1978年前往中国,我则到英国,临行前我请他设法帮我在中国找出版商。……他秋天回到普吉西,我也回到纽普兹后,他来电热心告诉我前景"看好"。他的妹夫黄苗子是作家及艺

家,愿意将书稿引介给北京的出版社,这则消息在当时会比五年后更令人兴奋。1978年,中国尚未完全从"文化大革命"中复元。黄被拘禁多年之后,才刚从政治犯的劳改营中释放出来。虽然很高兴"二度解放"(第一次是从国民党手中),但还不知道风向会如何吹。而且,当时的中国和现在一样,并没有民间的出版商。(同上,74页)

1978年10月,在哈维的催促下,我用空运寄给黄一份书稿的影印本。但是,信虽然到了,这本超过五磅重的书稿,却不曾抵达终点。1月初,黄写信给我,建议我再给他一份,但这回由哈维的女婿亲自携带进大陆。这个年轻人卡尔·华特(Carl Walter)刚获得签证,可以到北京研究中国银行,这是他在史丹福的博士论文题目。我们还没见过对方,但在岳父母的要求下,卡尔慷慨承担起信差的角色,并没有仔细检查放在他行李中这一叠厚厚书稿的内容,是否被当时的北京视为反动材料都还不可知。在北京,第二次的书稿亲自交给黄本人。两个月后,哈维来电告知,北京出版历史书籍的最大出版社中华书局,原则上同意出这本书。他无法理解,为何我接电话时一点也不热衷。原来,他打电话这一天,就是1979年3月27日,也就是考夫曼博士办公室来电的当天,邀请我次日和校长谈"大学最近删减预算对教职员的影响"。由传话的措辞和秘书的口气,再加上当时纷纷谣传纽普兹将裁掉十五到二十位教师,我毫无疑问将被解聘。那时任何消息都不可能使我高兴。这时电话铃响,就是哈维带来的好消息。(同上,76页)

上述回忆,有几处需要加以订正与说明。
文中所提"余哈维",应译为"郁哈维",即郁风之弟郁兴民,黄苗子应翻译为姐夫而非妹夫。从黄仁宇回忆可以看出，郁兴民和女婿卡尔，传递隔洋消息，携带书稿入关，可谓诸多因素、机缘巧合，方使当年相当棘手之事，迎刃而解。他们在《万历十五年》出版过程中，起到极为重要的、他人无法替代的作用。

郁兴民抗战前就读于清华大学，抗战爆发后，清华大学与南开大学等在长沙联合成立长沙临时大学，即黄仁宇所写的"临大"。离开"临大"后，郁兴民留学美国，二战期间参加美国海军陆战队。二战结束后，马歇尔前来中国调停国共内战，郁兴民随美方军事调解小组前往沈阳。黄仁宇时任国民党"东北剿总"副总司令郑洞国的副官，不过，二人虽同在沈阳，但并不如黄仁宇回忆录所写都在"国民党东北总部"。

黄仁宇回忆说，他在1979年3月27日接到郁兴民电话，被告知《万历十五年》获中华书局同意出版的好消息。据苗子致傅璇琮信中所述，可知郁兴民通报的消息，应是金尧如的最初答复，因金已离开，遂转由傅璇琮接手负责。

四、特殊角色廖沫沙

围绕《万历十五年》中文版的出版，还有一位被黄仁宇数次提到的人是廖沫沙。

早在抗战期间，黄仁宇在田汉主编的《抗战日报》任编辑时曾与廖共事，是多年未见的老朋友。1979年，廖沫沙刚刚平反，再度启用，于是，在为《万历十五年》寻找出版机会的过程中，廖沫沙扮演了一个特殊角色。黄仁宇写道：

> 碰巧哈维也从普吉西来信。信的开头就很乐观："从中国来的好消息！"他的妹夫黄苗子已拜访我的朋友廖沫沙，他在北京的朝阳医院养病。黄苗子请廖沫沙写中文版的序，他认为希望很大。沫沙是我四十一年前的好友兼室友，那时我们都在为《抗战日报》工作，我已有三十七

年没有看到他了。他当然是三大异议分子之一,讽刺文章引来极左分子的批评,批评……最后他终于回来,随时可能正式获得平反,如果可以借重他的名字,这本书要在中共出版应该不会太难。到目前为止,我已经毫无王牌,但也没有理由继续灰心。(同上,102页)

从黄仁宇的叙述看,他与黄苗子想到请廖沫沙写序,应是考虑到廖沫沙此时在文化界的重要地位,可借其影响力来促成《万历十五年》的顺利出版。后来,廖沫沙因病虽未如愿写序,但他还是为《万历十五年》题签,黄、廖多年前的历史渊源,在晚年有了一个圆满的衔接。

五、黄苗子题跋初版本

《万历十五年》迄今已有多个版本,包括插图本,但我最喜欢的还是1982年5月的初版本(印数:27500册)。

初版本封面设计颇为讲究。书名由廖沫沙题签,繁体行书,竖排于中央。封面衬底为全幅淡绿色图案,并延伸至三分之一封底。该图案应是选自明代织锦。我藏有一册由沈从文作序的《明锦》(李杏南编,人民美术出版社,1955年版),沈先生在序中这样说:"本集材料的来源,全部出于明代刊印的《大藏经》封面。经文刊刻于明初正统、永乐时期,到万历时期全部完成。"《万历十五年》封面所选图案,与《明锦》中所收"绿地龟背龙纹加金锦"、"红地菱格加金锦"等样式相近。当年,选明锦图案作为《万历十五年》的封面,的确相得益彰,由此也可显中华书局之巧思。

《万历十五年》出版至今几近三十年。时光荏苒,除黄苗子先生依然健在外,与这本史学经典出版关系密切的几位关键人士均已仙逝。不久前,我前去朝阳医院探望黄先生时,特地找出初版本《万历十五年》带上,请他题跋。

九十八岁的老人,落笔依然清隽而有力,扼要叙述多年之前往事如下：

这本书的初稿是由我爱人的父母郁兴民人美国写信给我，由我介绍给中华书局，请他们出版的。经过他们研究整理删了不别文字便出版了。黄超模是中国留学生，他见面后来他的几本著作在国内外风行一时，成为研究中国史的要必籍，李拙兄仁此因记其经过。壬二年苗子九十八岁

黄苗子题跋

这本书的初稿,是由我爱人的弟弟郁兴民从美国写信给我,由我介绍给中华书局请他们出版的。经过他们研究,理顺了个别文字,便出版了。黄教授到中国,曾和我见面。后来,他的几本著作在国内外风行一时,成为研究中国史的要籍。李辉兄得此,因记其经过。二〇一一年,苗子九十八岁

因这一题跋,我收藏已久的这一册《万历十五年》,多了一段出版记忆的温馨。

2011 年 7 月 13 日

看那风流款款而行

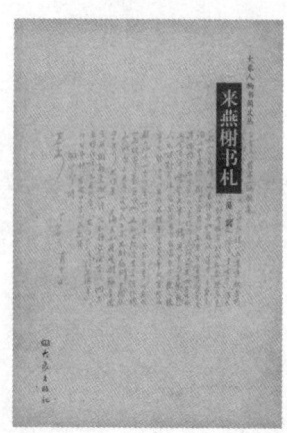

1

黄裳先生颇不善言谈，与之面对，常常是你谈他听，不然，就是久久沉默，真正可称为"枯坐"。电话更是简洁得要命，一问一答，你问几句，他答几个字，绝无多的发挥，可说是再单调不过的色彩。我甚至一度怀疑，他这样的性格当年做记者时又该如何进行采访？

然而，这只是一种外表或者说假象。一个在大学学电机专业的人，却改行走进了文化圈，且以藏书家、散文家、剧评家等多种身份独领风骚，这自有他注定要成为文人的必然。读他的自述，读他的文采飞扬的游记，读他的书信，便不难发现，实际上，以藏书家而著称的黄裳，有着浓厚的生活乐趣。他不是那种只知道枯坐故纸堆的书呆子，相反，其性情则颇像一个浪漫才子，精神里充溢着人们在唐诗宋词元曲明清小说中可以领略到的那一种文人风流。他爱故纸堆飘出的特殊气味，爱文物字画营造的意境，爱游山玩水，爱美丽女性，爱名优们的优美吟唱和婀娜多姿，爱在印有漂亮图案的纸笺上给友人写漂亮的信，爱听那些好玩的人讲好玩的故事，爱在美丽的风景里和友人比赛吟诵偏爱的诗句，爱开怀畅饮。不只是这些。他也关注时事变幻人事替换，爱评说时事，爱抨击所恨所憎，爱直爽地、自顾自地打一场笔墨官司，爱对那些浅薄的人投去蔑视的目光……

想想看,如果黄裳不是一位既有学识又有情趣的人,又焉能在戏剧、新闻、出版等各领域结交八方俊杰?梅兰芳、盖叫天、巴金、吴晗乃至旧书店的老师傅,几乎都成了他的挚友,是他的活动舞台上必不可少的角色。显然,寡言少语的黄裳,有着擅长交际的性格,他是以自己的方式活跃在文化界,在一个复杂而动荡的时代走着起落不定悲喜交替的行程,从青春年少,一直走到了八十多岁的今天。

寡言成就了他的文字。所有阅历,所有修养,所有情趣,成了他行文走笔的厚重基石与丰富背景。

可以看到,一旦进入文字世界,他的思绪与语言,顿时顺畅无比,活泼跳跃,五光十色,变化无穷。游记、书话、剧评、题跋、人物印象记,在不同文体中他自由选择着一个又一个漂亮的动作。书简尤其如此。书、人、心境、世态,他无所不谈,毫无掩饰,较之那些公开发表的文字,它们更加真实地把他的性情显露出来。显然,文体对于他并不一定是必须考虑的前提,更不是限制手脚的束缚,在这方面,他相当放松,显得潇洒自如。当把他的所有文章作为一个整体来阅读时,我便感觉到,这样一个在当代中国颇具个性特色的文人,竟这样悠然自得地为我们提供了如此精彩的精神记录。

2

"黄裳"是笔名,用久了,除了老同学或老朋友外,恐怕很少有人知道他的本名——容鼎昌。

一个不错的笔名,色彩感颇强甚或有点女性味道。在认识黄裳之前,关于这个笔名的来历我听说过一个好玩的说法。说是年轻的容鼎昌,很欣赏当时走红的女明星、素有"甜姐儿"之称的黄宗英,堪称黄的"追星族",于是,便取"黄的衣裳"之义,选择了这样一个笔名。听来有点浪漫,是否属实,好长时间里我从未想到过在他或者黄宗英面前求证，哪怕后来与他们非常熟悉。

青春年少时的趣闻，长留在朋友笑谈中。黄裳本人在一篇文章中提到过，钱钟书曾为他写过一联：遍求善本痴婆子，难得佳人甜姐儿(《断简零篇室摭忆》)。可见他的这段"追星记"在当时文化圈是广为人知的。

关于"黄裳"这个笔名，黄裳在天津南开中学的同窗好友黄宗江有所解释："我下海卖艺，他初赠我艺名曰黄裳，我以其过于辉煌，未敢加身于登台之际，他便自己用笔名登场。"可见，"黄裳"本是容鼎昌为黄宗江起的艺名，最终却成了自己的笔名。不过，黄宗江的回忆并未解释黄裳为何忽发奇想，想到了这样一个艺名，更没有说明这与他的妹妹是否有关。

得知我有意搜集与整理黄裳书信，热情的黄宗江居然找到了黄裳写给他的一批信，其中四十年代八封，"文革"后九封。

这些信以四十年代的最为珍贵，它们是目前所见黄裳最早的书信。这些写于二十几岁时期的书信，写得洒脱，写得优美，青春的躁动与浪漫毫无掩饰地呈现出来。它们引起我的兴趣，并不只是因为它们证实了黄裳当年的确如传闻所言，对黄宗英充满关切和欣赏，而是与中年之后写给友人的信相比，它们更像抒情散文，更像心灵独白的咏叹调。当一封封将它们录入电脑时，我仿佛听见他在月光下独自吟唱，有点忧郁，有点感伤，当然，也有点浪漫。进而，如果把它们和黄裳写于同一时期的诗文结合起来阅读，便不难感受到一个青年才子对女性的钟情，而这与黄裳所迷恋的传统文人的风流情怀显然是一脉相通的。

1943年到1946年，黄裳先后或就读校园，或出任美军翻译，奔波在成都、重庆、昆明、印度等地，他常常感到寂寞难耐，那种对爱的、对异性的渴望，也就日日压抑在心。与友人通信，特别是与黄宗江这种有着特殊关联的朋友写信，其实也就是一种最好的释放。他也偶尔吟诗。这一时期留下的诗不多，但却颇有味道，也能帮助我们了解青年黄裳的心理。

1943年黄裳旅居成都,2月15日这一天他写了这样一首诗:"无端姿媚泥人生,琥珀调羹手自擎。知是殷勤知是惜,此情如水不分明。"诗后的跋这样写道:"时借寓春熙路上,天井中有芭蕉甚大。夜半闻游女歌声,不能成寐。"活脱一个可爱的青年,竟为院外女子的歌声而失眠,并将这一体验变成了诗。

还是这一年,黄裳写过另外一首寄寓思念和恋情的诗:"历劫江南尚有春,拂衣犹染上京尘。梦回紫闼凭鸾镜,舞罢兰闺藉锦茵。常向画眉寻密意,每从笑靥觉情亲。琴台此日应无路,风纸他年寄性真。"

1945年黄裳随美军远行印度,2月19日在兰伽收到家书,并附剪报、图片。虽然他没有说明是什么剪报,是谁的图片,但即兴写下的诗将他的情愫以及传统文人的趣味、情调表现得淋漓尽致:"绿杨门巷忆青青,梦里江南只绪零。念远羁情成怅触,怀人兰芷动芳馨。弦中意绪凭谁释,画里真娘正妙龄。绮绪渐阑翻转挚,宿醒如此未能醒。"如果不注明作者和写作时间,也许可以把它当做多愁善感的明清才俊的行吟之作来欣赏。不仅诗如此,他在日记中记录的生活片段,也表现出此时黄裳对异性美的关注与爱慕。

1945年6月2日的日记:

> 已经饿得很,等不及刚在弄锅子的伙夫做的饭,就和小黄出去吃一顿。刚刚走出,就看见了两个缅甸少妇挑了香蕉来卖。她们都赤了脚,梳着光亮的发髻,不施脂粉,可是明净得很。这让我想起了江南的卖花少女的那一种类型。

6月4日的日记:

> "呀,看那边!"小黄喊。远处的山角下,一方石井栏上,有一个洗衣服的女人。我们突然为她的明倩所惊了。

远远望去,她那梳得黑黑亮亮的髻,她那素白而单纯的衣服,她的素朴的眉眼,她的勤快的洗衣的手法。她穿着的一件花布马甲,当胸围着的一块长长的白纱,一直垂到脚腕,她赤着的双足,就踏在那青石板上。

我们就向她站立着地方走去。

写给黄宗江的信,无疑最能表现出青年黄裳的才气与多情,也颇有助于解读他的心理与性格。且转引写于1944年的一封信如下:

宗江:

得内江来信,如读了一篇忧郁的散文。"水国春空,山城岁晚,无语相看一笑",如此境界,何以堪此。剪得一张 Ingrid 的相片和 Charles Boyel 的,电影未看,看此画面即有"迟暮"之感。恋爱岂真需要找一个小姑娘,fresh,青春的跳跃……

对于你的"喜欢"我无所言说。实在在这方面我没有资格讲话。

本来又要上前线,但是没有去,面对溪山,生活安静,工作清闲,只是心情粗了,毫无执笔的兴趣,奈何!

今天和一个 full colonel 驾车进城,此人白发苍颜,但是颇有兴致,在半路上遇见两个 prostitute,就招呼她们上车。"有女同车",一路上都侧目而视,真有些浪漫军人的风度了。这两个粉头有一个颇漂亮,高高的,丰腴,水注似的眼睛,两条粉红色的大腿……当兵数月,乃真正了解了为什么要一点钟五次,打发三个女人的必要……

我过去没有遇到过淑女,遇见小妹,又为她当时那种风头所掩盖,无勇气上,岂真要由"神女"来启蒙不成?(那两个在城里分手了,并无下文。)

烟斗吸得头晕晕,百无聊赖。

我缅想他年回到上海去。那时大概已经训练好了美国派追求法。马上来一个当头风似的……看能不能成"佳偶"。"寥寥数语"今后是不写了,"长信"更没有"才华","才子佳人"我目前讨厌达于极点。但愿我的人重新变过,变成一个十足的"野人",带一股旷野的风来。

我想,如果开头好,也许后来会慢慢变回来,回到本来的性格,但此乃后话,God knows!

杲良近况如何,还是从白兔子研究他那"变态心理"吗?我这封信杲良看来一定又是变态研究的上好资料,一定是的。

昨天晚上又与同事大谈《红楼梦》,彼此同意在全部《红楼》中,我们选两个人,"晴雯"、"芳官"。晴雯取其撕扇子时的"我也累了,明天再撕罢"。于"芳官"取其"寿怡红群芳开夜宴"时的和宝玉乱睡在一床上……

头晕特甚,再谈。祝

忘却某"道"与某"心"!

鼎昌　八月九日桂林山中
暗黑之夜有九颗星子

写得多漂亮。一个活灵活现的浪漫才子心理的真实写照。

3

1946年,在为自己写的一些诗写跋时,黄裳开诚布公地说:"西哲有言,无论何人,当其恋爱之际,都是诗人。""虽云情感之游戏,亦曾多少用心。军中寂寥,得此乃不闷损,是可念也。"他说得不错,这一期间的黄裳,精神上俨然是一位诗人。类似的情调其实一直在他身上存在着。熟悉他的一位诗人曾说他是"内秀"。这内秀,在我看来,便是对异性美以及艺术美的敏感、好奇、痴迷。他后来之所以迷恋于藏书,喜欢字画,与年轻时表现出来的性情显然是一脉相承的。

从六十年代写给南开中学同窗周汝昌的信中得知,黄裳曾应香港一位朋友之约,计划撰写一部以晚明时代为背景描写秦淮名妓柳如是等人物命运的小说,业已开始动笔写出三万多字。他抄录一份,寄给身为红学家的老同学阅正。对正在进行的这一选题,他兴趣盎然,且信心十足。

此时,他并不知道在南方另一座城市里,史学大师陈寅恪尽管双目失明,但也对几百年前的同一位女性有着同样浓厚的兴趣,并最终艰难地以口述方式完成了一部传世之作《柳如是别传》。遗憾的是,不知何故,黄裳的小说后来没有完成,不然,人们就有机会来看看黄裳笔下的柳如是,与陈寅恪笔下的传主相比,到底有着哪些相同哪些不同。同时,还可以领略一下他的小说才能,看看他为何对柳如是这样一个女子产生兴趣,他又是如何把握明清时代的文人生活以及那些文人的性格。

1978年在《鬼恋》一文中,黄裳谈到自己对柳如是的兴趣时,说过这样一段话:

> 大约在十多年前,对柳如是这个人物发生了兴趣,搜集了一些有关资料,试作了一本《柳如是年谱》,又把明清以来有关她的诗文、笔记抄集在一起,足足有一大本,戏题之曰《蘼芜集》。柳如是在她的同时侪辈中间,无疑是声势最为煊赫的一位。无论"秦淮四嬔"或李香君、卞玉京这些前辈或姊妹行,都远远比不上她的气派。不但在当时,就是在身后,三百年来,一切大小文士,只要碰到与她有些牵连的事物,无不赋诗、撰文,回肠荡气。

他没有提到自己曾动笔为柳如是的故事写一部小说,但从八十年代之后他撰写的多篇关于柳如是的文章中可以看到,多年来他一直对柳如这样有见识、有才气的女子颇为欣赏,他的藏品中自然少不了与她有关的书与画。可见,他与历代不少文士一样有着相似的情致,并由于时代不同、学识不同,有了新的见解。诚如他言:"三百年来,一切大小文士,只要碰到与她有些牵连的事物,无不赋诗、撰文,回肠荡气。"在这一点上,他表现得同样引人注目。与陈寅恪一起,他也走进了他所描述的三百年来大小文士的行列,成为其中又一个别具风采的新派文人。

性情风流,文字风流。在世事纷繁人声喧嚣的闹市里,在一己选择的书香阁楼里,在漫溢着传统文人隽永韵味的小巷里,我分明看到了一位名士在款款而行。

2003 年 8 月

《传奇黄永玉》自序

最初产生为黄永玉先生写传的念头,远在二十年前。

1989年清明时节,应黄先生之邀,随他一起前往凤凰古城,遂有了我的第一次湘西行。那一年,我三十出头,他六十五岁。

当时,我的研究课题是沈从文,我们一路上谈得最投机的也是沈从文。说得兴致来了,他说,我们找个充足时间,按照沈从文早年漂泊的路线,再在湘西泛舟漫游。他画画,我写文章,然后一起出本书。后来知道,他同不少人都这么兴致勃勃地提议过,可见他对这一构想一直情有独钟。当然,构想终归是构想,实现已不可能。岁月荏苒,水流不再,即便真的实施,行走与感觉,想象中的浪漫恐怕也未必尽如人愿了。

就在此次凤凰同行期间,我走进位于白羊岭的黄家小楼,听黄先生讲述沈从文1982年最后一次故乡行时住在这里的故事。我临走的前一天,我们改了话题,这一次是听他讲述自己儿时的凤凰记忆。于是,我的笔记本上,有了《传奇黄永玉》写作的第一次采访记录。

记得那是一个乍暖还寒的下午。绵绵阴雨中,清明时节的凤凰仍有寒意。

4月中旬,我与他分手,他回到香港,我回到北京。没有想到,一个多月后,历史风云就不期而至了。我在北京亲历了八九风波,甚至有了我"失踪"的误传,故而香港某报刊登的"失踪"名单之中,列上了我的名字。这一误传,令远在香港的黄先生焦虑而担忧。他曾请梅溪阿姨来信代为证实,几个月后,梅溪阿姨来京,又请我们夫妇去贵宾楼美美吃了一顿。前辈的惦挂与关切,令我们倍感温暖。再与黄先生见面,已是1996年冬日的香港。七年重逢,恍若隔世。他拿出那份保存多时的报纸给我看,他在我的名字上面已画上了标记。报纸泛黄,他特地写上一句话,郑重地将之送给我留做纪念。深厚情谊与义气之举,尽在其中。我常说三十年来自己一直是个幸运的人,总能得到不同前辈的关爱与帮助,黄先生的遥远牵挂即是一个例子。

几年前,在香港艺术馆发表《黄永玉:潇洒八十》的演讲时,我曾这样说过,如果要为黄永玉写传,无疑是对自己的挑战:

> 我这样说,有很多因素。一个因素是他选择的艺术形式对我来讲是比较陌生的,木刻,雕塑,画,等等,都是专业性很强的东西。我觉得研究文学家对我来讲要容易一些,纯粹的从语言到语言的这么一个过程,再用心灵去感受他心灵的东西。那么,对于一个艺术家很可能就复杂得多,难度大得多。
>
> 更重要的一个因素,难写的是他在不断变化中。他身上矛盾的因素非常大。比如,我认为他是一个大俗大雅之人,他的艺术也是大俗大雅,有时能做得好呢是俗和雅结合得相当好,如果处理不好,可能在某一点上俗和雅没处理得好。这种东西你怎么来把握,怎么来描述也是很困难的一件事情。如果要写传记的话,要写一个很真实的人物那确实相当困难的。另外,对他所经历的历史的了解也非常重要。比如他这一代人,二十年代出生,对他来讲首先是抗战八年,然后内战,然后五十年代的思想改造、反右运动、大跃进、"文化大革命"、干校,又经过了

八十年代一次又一次政治风波的冲刷,经过那么多的历史变故,有那么多的大的历史事件,在这个过程之中,他个人和历史大的社会背景的关系,他和周围的许多人的关系,不同的性格的人在这种大的历史的动荡之中是怎么表现的,要把握好,要写好,的确相当难。

要全面认识一个人是很难的,也几乎是不可能的。你就是天天呆在一起也很难说全面认识一个人。认识深刻永远只是相对而言。

如今,尽管完成了这本《传奇黄永玉》,这种迟疑与担忧依然没有散去。

其实,《传奇黄永玉》不能算严格意义上的传记,它更像一本介乎于传记与评传之间的散记。或以故事叙述为主(缺少史料印证的早期生活),或基于史料的发掘来解读传主与某一具体人物的关联(如与沈从文、汪曾祺的交往),或借传主的故事进而展开对某一时期美术界整体的考证与叙述(如"文革"美术风云的碎片拼贴)。从时间上看,所描述的生平与创作,集中在1924—1976年之间。从这一点上说,本书应是《传奇黄永玉》的第一卷,而1976年之后的生平与创作,应是下一卷的主要内容。

从传记写作的角度来说,新一卷的写作可能更有挑战性,也更有历史分量。在后来三十多年时间里,随着黄永玉艺术与文学创作的进一步深入与拓展,随着其文化地位的日益重要,随着当代中国历史的风云变幻,随着他与朝野关系的交错起伏,随着他的性格的复杂性与在雅俗之间的游弋,值得描述的内容显然会越来越多——以他为主人公原型创作的电影《苦恋》的批判风波;猴票设计在集邮界引发的轰动和酒鬼包装设计的开创性意义;他在政治风云变幻中的激情迸发;他与有的艺术家之间的个人恩怨背后的历史风云;绘画之外他在诗歌、小说、散文创作上获得的殊荣和产生的影响力……

一切有待日后的再叙述。

2009年夏天,黄永玉创作了一幅纸本重彩画,这也是他迄今为止创作的最大一幅作品:宽五米,高六米。黄永玉以痴爱荷花、善画荷花而著称,故将北京郊区寓所命名为"万荷堂"。画这幅《荷》,费时一个多月,他每日自己操作电动起落架,站在高高平台上,画金色阳光下满池灿烂无比的荷花。起落之间,哪里像一位八十多岁的老人!

即将走进八十六岁的黄永玉,激情迸发,极富创造性。他大胆而独具匠心地在画纸的右上角,留下一圈白色作为太阳。阳光由白而明黄、而橘黄、而淡黄,然后漫天红色。以白色为太阳,阳光顿时明亮而辉煌,远比通常以红色画太阳更为生动,更有视觉的冲击力。同时,这一处理,在构图上使太阳与下方荷塘景象相交融,并形成轻与重、空灵与浓烈的艺术呼应。满池荷叶、荷花、浮萍、水草,错而不乱。黄永玉近年来酷爱斑斓色彩,突出重彩效果,这一次,画巨幅荷花,内心似有更猛烈的艺术冲动,使他几乎走到了尽兴挥洒色彩的极端。每一种色彩的选择,每一处细节的点染,既与以往风格相衔接,又因画面的巨大,而增加了色彩的层次与色块的呼应。画面整体效果气势恢弘,粗犷而富有张力,局部则又构思缜密,笔触细腻,就是在这种风格的呼应与渗透中,显出画家的艺术活力。

画过多少次荷花,恐怕这一次,黄永玉才尽兴画出了他对荷花的全部色彩的想象。这想象,因印象而来,也因梦而来。"我的魂都在里面了。"站在画前,黄永玉动情地说。

"为了太阳我才来到这个世界。"谈到人生时,黄永玉常爱引用这句诗。

太阳,照亮了一个人的传奇。

2009年9月

悠悠此情谁知

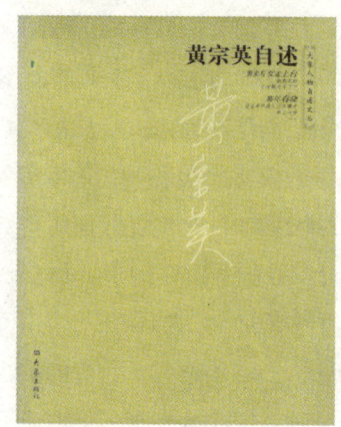

一

我的买书乃至藏书,始于1978年初走进复旦大学校园之时。那时,买书不多,每买一本,都会郑重地在扉页上写下买书时间。如有兴致,间或还会在某本书上写一两句随感。当日曾想,若照此积攒多日,必有情趣。这一做法持续多年,最后却未能坚持下来,至今思之颇感遗憾。

在就读复旦期间购买的图书中,有一本赵丹的《地狱之门》,系根据他于"文革"结束后所做的系列演讲整理而成。赵丹回忆自己的演艺生涯,纵谈同辈表演艺术家的得失,阐述对艺术规律的理解,率性而谈,生动之极。他把从事电影艺术喻之为跨进"地狱之门",不敢半点懈怠,更有来自内心的敬畏。联系他的一生坎坷,读来令人感叹不已。

《地狱之门》购买的时间为1980年12月4日,距赵丹10月10日因病去世还不到两个月。《地狱之门》由上海人民出版社出版,第一版于1980年8月出版,赵丹在病榻上看到了他的这本书。我所买到的则是当年11月第二次印刷的版本,可见在他去世前后,他的著作颇受读者欢迎。

当年,赵丹在逝世前不久,口述过一篇振聋发聩的文章《管得

太具体　文艺没希望》,参加当时《人民日报》正展开的"改善党对文艺的领导,把文艺事业搞活"的讨论。人之将死,其心坦然。多年积郁,殷殷企盼,一下子倾诉出来。他有切身感受,有一个艺术家的直觉和激情,更有"文革"囹圄之灾的磨难。他不能不把心里话说出来,不能不把生命体验昭示于众,让活着的人能够走出历史怪圈,在教训中清醒,在痛定思痛中变得聪明起来。他从艺术规律出发,对外行领导内行,对领导艺术创作过程中的横加干涉至为反感。他说:"文艺创作是最有个性的,文艺创作不能搞举手通过!可以评论,可以批评,可以鼓励,可以叫好。从一个历史年代来说,文艺是不受限制、也限制不了的。"他为扮演鲁迅,从1960年开始试镜头,胡须留了又剃,剃了又留,历时二十年,却仍然不能拍摄,其原因无非是意见不能"统一"。没有这样沉重的感受,他是不会有如此大胆的反思的。他这样说:

　　习惯,不是真理。陋习,更不能遵为铁板钉钉的制度。层层把关、审查审不出好作品,古往今来没有一个有生命力的好作品是审查出来的!电影问题,每有争论,我都犯瘾要发言。有时也想管住自己不说。对我,已经没什么可怕的了。只觉得絮叨得够了,究竟有多少作用?……

这是文章的最后几句。一个省略号,到底省略了赵丹哪些思考、哪些声音,人们永远无法知道。然而,他已经留下了生命绝唱。无私而坦荡。赵丹的绝唱当年所产生的强烈反响,多年后仍然让人难忘。他用自己这种方式发出的声音,汇入了反思"文革"、反思历史的潮流之中。他用绝对的坦率和真实,呼应着巴金倡导的"说真话"。这就难怪,我们这些正在校园的学子,不由得对银幕外的赵丹,顿时肃然起敬,同时,更为失去这样一个天才的艺术家而深感遗憾。

我没有想到,一些年后,结识了黄宗英老师。从她那里,我知道了赵丹的"文革"遭际和晚年故事,翻阅到赵丹写于监狱的交代。后来,她委托我整理这些历史档案,帮助我编选了《赵丹自述》,交大象出版社出版。《赵丹自述》中,除了这些"文革"交代,还收录了《地狱之门》中的演讲。赵丹没有完成一部完整的回忆录,只有以这种形式来集中呈现他的一生。

我请黄宗英为我收藏至今的《地狱之门》题词,她这样写道:

李辉:

你购此书时阿丹刚走。命运让我在十三年后认识了你。从此,在我生命的马拉松障碍跑中,你恰像我的随跑教练。

是你,使我的人生无愧于阿丹妻亦代伴,我将在你们的鼓励和厚爱中——生气勃勃地跑、跑、跑跑跑。

黄宗英 2005 年 3 月 19 日华东医院 29 病床,骨折后学步阶段

诚惶诚恐之外更有一种感动令我难忘。于是,最初购买于复旦校园的这本《地狱之门》,对于我就有了新一层的收藏意义。

二

在为《地狱之门》所写的题跋中,黄宗英用了"阿丹妻亦代伴"这样一个特别的表述。这恰是她的一生婚姻生活最为重要的概括。

第一次见到黄宗英,是在 1993 年她与冯亦代先生在北京结婚时。在此之前,与冯亦代熟悉的朋友们,都为他们两位的"黄昏恋"感到高兴。在迎娶黄宗英之前,冯亦代一直沉浸在兴奋之中。每次去看他,他都情不自禁地要谈到黄宗英。待确定下婚期,他又多

次与我商量婚礼宴请之事。后来,受黄宗英委托,整理他们之间的情书时,我才发现,细心而兴奋的冯亦代,早在信中就向黄宗英通报了他的京城朋友的情况,以及正在筹办的婚庆细节:

> 以后来了两个客。第一位是《人民日报》的李辉,他是《萧乾传》的作者,我的忘年交。他看见我书柜里放着你照片,便问你的近况,我骄傲地告诉他关于你我的姻缘,他大表赞同。这样在北京就有宗江夫妇和李辉夫妇及凤姐夫妇知道了,当然以后会有更多的人奇怪,赞同,祝福。当然还有你二嫂和赵青一家,以及董乐山。(1993年6月21日)

> 十月你来时,事先告诉我,我来车站或飞机场接你(你要我去上海接你,那就更方便了)。我去接你,就此车到七重天,一夜无话,第二天就去登记,你必须带来你的身份证,阿丹的死亡证,以及你机关的证明,三张三寸照片,于是我们选定一天,在章含之家里吃 Buffet,人是少数的。名单我另外告诉你。如果当时宗江在,就由他主持,如果他不在,我们自己出面或由小丁、祖光主持。以后就是选定日子请你家的众多舅老爷,然后请一次我的女儿全家,另一次儿子全家。在含之家的一次,由《人民日报》的李辉夫妇做总招待,请的人只是我必须通知以及你的朋友,亲戚不算在内,我请的人是他们有表示及我的狐群狗党。我们的结婚照是要由登记处拍的。现在的想法,就是这样,你以为何如?(1993年9月7日)

他们的婚礼最后安排在三味书屋举行,参加者达百余人,一时成为京城文化界盛事。就是在那次聚会中,我们夫妇与他们二位合影留念,这也是我们最早的结识。

老人们的再婚曾有失败的先例，如徐迟。但黄宗英与冯亦代建立于纯爱基础上的黄昏恋，却以《纯爱》一书，留下了佳话。现在看来，黄宗英与冯亦代的黄昏之恋的确是难得的和谐和圆满。难以想象，如果没有黄宗英的细心照料和精神支撑，冯亦代能否从一次又一次的重病中挺过来。如果细细读《纯爱》，就不难发现，正是她的聪颖、好学，孕育了两个老人美丽的黄昏恋。这是特殊的通信，是两位老人晚年情感的真实记录。从个人情感的宣泄，到读书随感、英语知识，鸿雁传书，演绎出的是一场动人的、纯真而炽烈的爱情。

冯亦代1996年脑血栓中风，一度失语，记忆也严重衰减。一天，我去病房探望，正遇医生来检查。黄宗英问冯亦代哪年出生，他把"1915"错成"1951"，大家笑着说："你这么年轻呀！"再问哪年打成右派，他却脱口而出"1957"，这颇让人感叹不已。从那时起，帮助冯亦代恢复说话和写字，是黄宗英的主要任务。"我演员出身，还不会教二哥发声？"七十几岁了，她执意搬到病房，用毛笔把拼音字母抄在大纸上，让冯亦代每天从最基本的发音开始练。她让我买来写字板和粗笔，让冯亦代练习写字，从笔画开始。"难我不倒"——她用毛笔写得大大的四个字，挂在他面前。冯亦代坐在轮椅上，呆滞地看着大字，黄宗英扶着他的手，一笔一笔上下左右写着。写累了，又小孩一样开始咿呀学语。她"啊"一声，他也"啊"一声；她"呀"一声，他也"呀"一声。这一幕，让人感动也心酸。

《纯爱》书影

可惜我没带摄影机,不然该是多么珍贵的影像记录!

两个月后,冯亦代挺过了那一次大病,恢复了说话和写字。再过几个月,居然还写出了新的情书,写出了书评和散文。朋友们都说这是奇迹。但很少有人知道,这奇迹的身后,站着的是黄宗英。

2004年6月,黄宗英前往上海治病,我陪她到医院探望冯亦代。冯亦代已经住院一年多,多次报病危又多次挺过,但生命显然已慢慢走向终点。冯亦代躺在病床上,眼睛睁得很大,但已认不出来者何人。她似乎预感到这将是最后的见面。她紧紧握着他的手,默默地握着,好久,好久。半年多之后,冯亦代于2005年2月元宵节那天告别人世。十一天后,黄宗英在上海的病房里,给远去的冯亦代又写了一封信,向二哥报告他们的情书即将结集出版的消息,写得凄婉而动人:

> 亦代二哥亲爱的:你自二月二十三日永别了纷扰的尘世已经十一天,想来你已经完全清醒过来了。你是否依然眷顾着我是怎么生活着吗?今天是惊蛰,毫无意外地惊了我。我重新要求自己回到正常生活……亲爱的,我们将在印刷机、装订机、封包机里,在爱我们的读者群中、亲友们面前紧紧地拥抱在一起了。你高兴吗?吻你。
>
> 愈加爱你的小妹
>
> 二〇〇五年三月五日

她说,这是最后一次给他写信。我为这封信起了个标题:"写给天上的二哥",将之作为《纯爱》的代序。

三

在许多同辈人眼里,黄宗英是一个聪颖过人的才女。在我眼里,她则更是一个对知识永远充满好奇的人。每次见到她,她总是在阅读。年过八十后,她每日仍在读书,在写日记。她告诉我,每天早上,她要听半个小时的英语教学广播。"我知道学不会了。我把它作为生活的一部分。"伤感中透出她的执著与坚毅。

黄宗英总是不断地把惊奇放在人们面前。她是影星,但把耀眼的明星吸引力看得很淡,反而更看重文学创作。从五十年代初她就以写作为主业了,从诗歌、剧本、报告文学到散文,她是成功地从演艺界转向文学界的代表人物。她的报告文学《小木屋》、《大雁情》,她写赵丹、上官云珠等亲友的回忆文章,堪称力作,有他人无法替代的价值。

在我的藏书中,有两本黄宗英最早出版的作品集,一是诗文集《和平列车向前行》,一是电影剧本《在祖国需要的岗位上》。作品稚嫩而肤浅,但却是她的大胆尝试,留下了最初转行的足迹。

《和平列车向前行》1951年2月由上海的平明出版社出版,我买到的为1951年3月的再版本,一月之内即再版,可见黄宗英的第一本结集作品当时即颇受欢迎。该书是平明出版社推出的"新时代文丛"的第一辑。该书收录长诗一首及游记数篇,为黄宗英参加中国代表团前往华沙出席世界和平大会归来后所写见闻与感受。书中有"前记"一则:

> 我这次很荣幸能随着中国和平代表团远走苏联波兰两个国家,我有责任把我所看到的传达给大家。我刚在学习写作,这些作品都是非常幼稚的,希望大家批评指正。正好让我在做一个演员之外还能用我的笔,多多少少的为人民做些事情。
>
> 　　　　黄宗英　一九五一·一·二十七

平明出版社系当年巴金离开文化生活出版社后另行创办的一个出版社,他的两位年轻朋友潘际坰与黄裳负责编辑"新时代文丛"。潘先生于几年前去世,黄裳和黄宗英均健在,我请他们二人分别在《和平列车向前行》上题词,也算难得的机缘。

黄宗英写道：

　　好友李辉从旧书摊上购得我的处女作文集《和平列车向前行》，嘱我题签，我看了实在脸红，也不胜感慨。欣欣然书此以为纪念。

　　　　　　　　　黄宗英　八十二岁时2006年6月

黄裳写道：

　　"文丛"前编辑黄裳敬观。丙戌五月

《在祖国需要的岗位上》则是黄宗英创作的第一部电影剧本，列入艺术出版社的"电影剧本丛书"于1956年6月在北京出版。五十年后，当她再次看到这本书时，感慨万千，特地为我写了很长的题跋，如同一篇回忆散文：

　　见李辉觅得我五十年前的头胎婴儿怎不感慨……

　　一九五三年冬，我生下爱女橘橘，有五十六天产假和红布二尺，我觉得发了横财，不必每天形式的去坐班啦，我找来一沓新稿纸，衬着大红布，拿起笔来。解放前夕和初期，我张罗忙活为剧影妇女办托儿所，我一开笔写的就是托儿所、教养员、保育员和孩子们，产假才起头，我的剧本就完稿了。开年，中央电影局举办"剧本讲习班"（三个月），我带着处女作参加了，并将拙作作为结业作品交卷。没想到上海电影局剧本创作所居然一稿通过，可组织拍摄。大家都说是从来没有的事。剧作通过之难有顺口溜为证："三稿四稿，不如初稿，七稿八稿，枪毙拉倒。"而我走鸿运，连导演都定了，只提只小修小改就可开机。如此小修小改，再修再改，改到影片放映时，爱女已五岁了。

　　影片放映时更名为《平凡的事业》。

　　片题改得好，可平凡标高了，说不上。如今回头看处女作,她来自生活,来自心头,来自身边;却怎的克扣克公式化概念化得如此彻底? 难怪"一稿通过"?

现今,痴长到八十岁,人生百味尝遍,头脑丰繁杂沓,来日比"产假"尚长,在文学上却害了不孕症了,哀哉!

黄宗英　乙酉芒种前

读这些题跋,翻阅与她相关的各种书,一个经历无比丰富的黄宗英生动地站立在我眼前。

近几年,黄宗英一直住在医院里治疗。所爱过的人已先她而去,所钟爱的写作,也难以再如从前那样全身心投入。

几个月前,去上海华东医院探望她。她说想念北京的老朋友们。拨通黄苗子先生的电话,问候、寒暄后,她说:"你知道李清照是济南人吗? 她的词用济南话念起来才好听。"她随之就用济南话朗诵起李清照的那首著名的《声声慢》:"寻寻觅觅,冷冷清清,凄凄惨惨戚戚……"抑扬顿挫,乡音袅袅,她一口气流畅地朗诵完整首词,居然一个字也没落下。她旁若无人,沉迷于朗诵之中。

如今,八十多岁的黄宗英每天还在背诗词——就像前些年学英语、学中药一样。她还坚持写日记,写长短不一的随笔,并把这些短文命名为"百衲衣"。对于她,阅读与写作是永远的爱,永远的伴侣。

从舞台、银幕走到文学领域的她,其实一直生活在为自己设计好的场景中。这是想象与现实交织一起的世界。回忆与梦想,务实与浪漫,沉思与激情,无法严格而清晰地予以分别。它们早已构成了她的生命的全部内容。悠悠一生就如同一幕又一幕的戏剧,她是编剧,是导演,也是演员。生活其中,陶醉其中,感悟其中。她的生命列车,沿着这样的轨迹牧歌一般向前行……

完稿于 2008 年 4 月 20 日,谷雨时节,窗外春雨淅沥

贾先生和他的家书

一

认识贾植芳先生是在二十年前,当时他刚刚获准从监督劳动多年的印刷厂回到复旦大学中文系资料室重操旧业。

中文系在校园西南角一幢三层旧楼。楼房多年失修,记得木楼梯和地板走起来总是咯吱咯吱作响。楼道里光线昏暗,但走进资料室,并不宽敞的空间,却令人有豁然开朗之感,仿佛另外一个天地。

资料室分两部分,外面是阅览室,摆放着各种报纸杂志;里面则是一排排书架,书籍按照不同门类摆放。一天,我走进里面寻找图书,看到里面一个角落的书桌旁,坐着一个矮小精瘦小老头。有人喊他"贾老师",有人喊他"贾先生"。我找到书,走到他的身边,与他打招呼,寒暄了几句,具体说了些什么,已记不清楚了。从那时起,我就喊他"贾先生"。后来,到资料室次数多了,与先生也渐渐熟悉起来。面前这个小老头,热情、开朗、健谈,与他在一起,没有任何精神负担和心理压力,相反感到非常亲切。每次去找书,他都会与我谈上许久。在课堂教学之外,从他那里我知道了不少现代文学中的人物、作品和掌故。

后来,我成了他家里的常客。喝得最多的是酒,吃得最多的是炸酱面。再后来，还是喝酒，还是吃面，但听得最多的则是动荡时代中他和师母两人的坎坷经历，以及文坛各种人物的悲欢离合、是非恩怨。

有一次，我正在资料室里找书，看到一位老先生走进来与他攀谈。他们感叹"文革"那些年日子过得不容易，感叹不少老熟人都不在人世了。那位老先生当时吟诵出一句诗："访旧半为鬼，惊呼热中肠。"这是杜甫的诗句，写于安史之乱之后。

说实话，当时我对他们这样的对话，反应是迟钝的。更不知道先生此时刚刚从监督劳动的印刷厂回到中文系，历史罪名还压在他身上，对变化着的世界，他怀着且喜且忧的心情。我当时进校不久，虽已有二十一岁，但自小生活的环境、经历和知识结构，使得自己在走进这个转折中的时代时不免显得懵懂。许多历史冤案与悲剧，许多历史人物的是非曲直我并不知情。然而，不知情，也就没有丝毫精神负担，更没有待人接物时所必不可少的所谓谨慎与心机。我清晰记得，当时自己处在一种兴奋情绪中，用好奇眼光观望着一切，更多时候，不是靠经验或者知识来与新的环境接触，而是完全靠兴趣、直觉和性格。

当时真正称得上是历史转折时刻。思想解放、真理标准讨论、改革开放，一个新时代，仿佛早在那里做好了准备，在我们刚刚进校不久就拉开了帷幕。印象中，当时的复旦便是一个偌大舞台，国家发生的一切，都在这里以自己的方式上演着令人兴奋、新奇的戏剧。观念变化之迅疾，新旧交替的内容之丰富，令人目不暇给，甚至连气都喘不过来。上党史课，一个星期前彭德怀还被说成是"反党集团"，一个星期后就传来为他平反昭雪的消息；关系融洽的同学，一夜之间，变成了竞选对手而各自拉起竞选班子；老师和学生在课堂上会因见解不同而针锋相对，难分高低；同学发表《伤痕》《杜鹃啼归》，点燃了许多人的文学梦……就是在这样的环境这样的气氛中，每个人变得成熟起来。思想在自由流动，视野在渐渐拓宽,知识在不断丰富。二十年来每个人的发展,都是在这所可爱校园里开始起步。

引发出我这样一些感触的历史场景,当然就包括与贾先生最初的接触。不久前我到上海,先生说他正在整理1978年前后的日记。他说我的名字大概在1978年年底时候开始出现在他的日记中。不过,最初他写成"小李",而不敢写出我的名字。他说他有所顾虑,害怕会牵连了我。过了一段时间,才开始直接写出我的名字。他告诉我这些往事时,已是八十五岁高龄的老人。我很感动,为他的善良,为他对学生的厚爱而感动。

触动我的还有先生的余悸。新旧时代转换,人生大落大起,季节乍暖还寒,不少他那种经历的人自然而然产生出这样一种心理状态。这是历史的产物。这样的余悸,也许早已成为远远消失的陈迹,渐渐被人淡忘,但当我一封又一封整理先生1972—1978年间写给任敏师母的几十封家书时(这次选载的是一部分),这样的感触,便又成了我了解、理解他们的人生历程的重要心理准备。同时,一个变得陌生而遥远的时代,也就再度浓墨重彩地在那些字里行间凸现出来。

二

先生保留下来的这些信,真实而完整地记录着一个时代的背影。从对亲人和故乡的思念,到对个人处境每日变化的描述;从购物细节,到生活叮嘱;从在印刷厂监督劳动,到回到中文系资料室重操旧业……六七年间,个人的琐碎生活,无不映衬着一个个重大历史事件的发生和动人魂魄的历史瞬间。一旦联系到他们的命运变化,联系到产生这些家书的时代环境,它们就显得并非普通平淡。

解冻时节的生动记录。

对于他这种身背"胡风反革命分子"罪名的人来说,对于许多曾经被冰冻封存起来的人来说,1972年可以说是一个解冻时节的开始。

大约一年前,我第一次读到先生在将近三十年前写给师母的信。

那次,我到上海,他递给我一摞信,说:"这是我和任敏的一些信,你拿去看看,帮忙整理一下。"

> 正惦念中,接到你在襄汾车站来信,知道一路顺利,很是高兴。那天晚上车开后,我步出站台,乘车回校,九点多到了家。你走了,觉得房间分外的宽阔、空虚,但觉得你这次来,在上海住了这么一个时候,心里实在喜欢,尤其看到你身体健壮,精神焕发,这对我安慰鼓舞很大。望你在乡间健康地生活、学习和劳动,尤其要牢记毛主席教导,要学习谦虚、谨慎、戒骄、戒躁的高尚作风,在农村这个广阔的天地里,把自己锻炼好!
>
> ……

上面这封信写于1972年5月21日,是这批信中的第一封。

"1972年?我还在念初中哩!"

当时读完这封信,我脱口便是这样一句。的确,对不同年龄不同经历的人来说,1972年的含义是大不相同的。像我这样年纪的人,那一年与前一年其实很难说有什么特别之处。可是,对贾先生,以及比我们年纪大一些的几代人,它的意味却极为深远。

一切均因不久前的林彪事件而发生潜在的历史变化。

无数"文革"的参与者,肯定最为强烈地感受到这一变化。林彪事件的发生,不仅仅将领导层的矛盾冲突,以一种激烈、充分戏剧性的形式呈现在世人面前,它更无情动摇了人们业已形成的盲目崇拜、狂热投入的信念。于是,均衡被打破,偶像也不再成为偶像。大张旗鼓的运动方式开始变得如同虚张声势的演出,受到不少人的冷落或者消极应付。可以说,不管是否清醒意识到,对不少有识之士而言,他们内心开始出现忧虑、疑惑与沉思。历史的理性判断,或多或少成为人们的一种愿望和内在要求。

冰冻的情绪、思想,开始萌发新的生机。或者更准确地说,人们心里萌生出希望。

与之相伴随,被疯狂、高压、严酷捆绑得令人几乎喘不过气的生活,也渐渐趋于松动。正是在这种背景下,类似贾先生这样一些被管制的"异类",所处的环境也就开始有所改善,周围的压力不再那么严重。这一年之后的一些家书能够保留下来,无疑与这一现实变化有关。

只是我没有想到的是,当我和同学们顽皮活泼地度过1972年的时候,在遥远的上海,会有一位长者用特殊心情,写出这样的家书。并且,几年之后,我成了他的学生,他们家里的常客。再过二十年,又成了这些信的读者。

三

十多年前,当我写《文坛悲歌——胡风集团冤案始末》一书时,我曾有过这样的感慨:像胡风夫人梅志、路翎夫人余明英、贾植芳夫人任敏等这样一些受难者的妻子,和俄国十二月党人的妻子多么相似!她们背负着历史的磨难,承受着甚至超过丈夫承受的压力,在风风雨雨中走过。她们未尝一日淡忘过对亲人的思念,她们始终坚守着正义的信念。即便没有机会与亲人重逢,即便亲人也不知道她们的现状,但正是她们的存在,正是她们这种坚韧,成为亲人们精神的支柱,成为他们生命中不可缺少的一部分。我当时在书中专门写了一章"受难的妻子们",正是想表达出我的这种敬意。

在认识先生和师母并且逐渐了解到他们的人生故事之后,这对个头一样矮小、一样精瘦的夫妻,在我心目中一直是魁梧而高大的形象。他们相濡以沫,共同走过磨难。环境险恶,人心叵测,可是他们从未失去过做人的根本。正直、善良、坦荡、乐观,构成了他们的人格。我知道,不同时期的弟子们谈到对先生的敬意和感激时,常常也就包括师母在内。

在某种程度上,师母经历的磨难更加令人痛彻心骨。

当年因为胡风案件爆发,先生率先被捕入狱。仅仅几天后,师母也被捕入狱。一年多后,她被释放。但很快,在1958年底从上海被下放到青海。初到青海,师母被安排到山区教小学。不到半年,上海的检举信到了青海,揭发师母在一位上海朋友家里的时候曾为胡风集团鸣冤叫屈。于是,她又再度被关进了高原监狱。

师母初入狱时,凑巧看守所所长也是山西人,她受到照顾,被安排当女囚犯头目,协助所方管理。这样,她也有了一定自由,可以里里外外随便走动。可是,最为艰难的日子来到了,这便是饥荒岁月。在青海,饥饿像瘟疫一样蔓延。一位牧民犯人饿得难以忍受,便央求师母帮助弄一碗牛奶喝。她想方设法偷来一碗,没想到,那牛奶是公安局长的,结果她被关禁闭,戴上了手铐。

从此,她被罚从囚室里往外抬每天饿死的犯人尸体。尽管她个头矮小,体弱无力,可是,她不得不经受这种折磨,常常是每次抬完回到房间,她就会感到头晕目眩。

1962年,她出狱了,回到山西襄汾贾植芳的家乡,和公公婆婆一起生活。先生仍在监狱,她必须承担起照顾他们的责任。后来,果然是她先后将两位老人送终。她的出狱并不是正式释放,而是当时那里实在无粮,让她自寻活路。临行时还留给她一句话:"先让你回去,什么时候要你来你就来。"

回到家乡,师母首先想到的是尽量打听到先生的下落。经过多方打听,她得知先生仍关押在上海的提篮桥监狱,于是,便有了先生后来回忆的那个动人细节:"1963年10月,我突然收到了一个包裹,包裹的布是家乡织的土布,里面只有一双黑面圆口的布鞋,鞋里放着四颗红枣,四只核桃。这是我们家乡求吉利的习俗。虽然一个字也没有,但我心里明白,任敏还活着,而且她已经回到了我的家乡。这件事使我在监狱里激动了很久很久。"

1966年春天先生出狱,但仍属管制对象,师母和他只能书信往来。直到一年多之后的1967年9月,她终于凑够了钱,乘上开往上海的火车。她没有告诉先生她要来探望他的消息,也许她更愿意让他感到惊奇。

她来到先生的住所。时已中午,先生还没有回来,她静静地躲在宿舍大门后面的角落。她害怕碰到认识的人。

先生回来了。他刚走进大门,手提包袱的师母突然在旁边叫了一声:"植芳,我来了!"

感人的一幕。

我的叙述没有一点儿加工,甚至比师母的回忆还要简略、平淡。可是,当年在他们住的那个小阁楼房间里第一次听到她回忆这些往事时,我沉默了好久。很多年后再写到这些,我仍然感到一股激动撞击心胸。

四

知道了先生和师母的这些故事,再读他们之间的家书,便对先生每封信里对师母所表现出的关怀、叮嘱、细致,有了更为深切的感受。

在这些家书中,先生所一再强调的是生存的信念。他始终相信历史是公正的,而要等待这一公正的结果,生命是首要的。因此,他不厌其烦地叮嘱远在农村的师母,要注意吃好吃饱,要注意休息。他用各种方式各种语言为他们彼此鼓劲。"附信寄来的窗花——一对小鱼,我很感兴趣,联想到我国古代的大作家庄生的话:'涸辙之鲋,相濡以沫。'我们各自勉励,努力学习改造,争取早日团聚。"(1973年2月)

健康,团聚,这便是一对受难夫妻当时最起码、也是最大的愿望。

　　这些日子没什么事,我身体精神都很健康。处理的事,也许需要上面批示,我这么想,所以还得等等,不能着急。来信说,你常想到这半年来忙于你的生活,想到我穿衣问题,等等。快不要这么想了,我常说,我们现在的唯一要务,就是集中一切力量保持两个人的身体健康,这是根本的根本,是最大的财富和幸福,穿的衣服只要能贴体和御寒就行了。你先不必为我的衣着操心,我倒是担心你腿不好,怕受寒,所以很想先把你的棉裤寄回。来信说,预请做一条,那也行,如无条件,即来信,好把旧的寄回。总之,首先要照顾吃饭,我住在大城市里,吃的总比你在乡间强些,每念及此,心里也很难受。但想到这些年艰辛的生活,对我们的改造和锻炼的意义,那收获就很大,也许这就是我们将来能再为人民和革命做些有益的事的最坚实的基础,如我所说,是千金难买的。这么一想,我觉得心胸很是开朗和广大。我想,你也应当有此体会。(1972年12月10日)

　　六月十二日的来信及汇来的八元钱收到了。知道你身体大健,使我精神上的负担得到解除,很是高兴。虽然如此,但你年纪大了,加上生活的艰苦,应该从这次病中得出教训,重视生活上的保健工作,这样身体健壮,才能保持旺盛的精神力量,在生活和劳动中得到锻炼,为我们后半生的幸福,建立稳固的根基。要注意劳逸的适当安排;要加强学习,在思想上跟上时代前进。学习剪窗花很好,这也是一种精神修养,使精神上有所安排、集中,这样也能排除一些物质生活上的艰苦,保持一种内心的安乐和愉快。(1973年6月24日)

> 你身体都好,我很高兴,反正我们这么拖了近二十年,两个人身体都好,并从艰苦生活中获得很大的思想收获,这就是最好的教育。还是那句老话,把我们的财力尽量用于支持生活,保持健康,你不能光吃窝窝,要吃细粮,年纪大了,乡下副食品又少,哪怕暂时不要买什么用品,一定要把经济力量集中用在生活上,精神健康,它就是我们最大的幸福。(1973 年 7 月 2 日)

> 你这些日子生活如何,是否吃白面?要吃白面。生活上绝不能过于克(刻)苦,以致影响健康。油少,就多吃些蛋,一定要保持必要的营养水平,把身体搞好!(1976 年 11 月 5 日)

什么叫"相濡以沫"?读了这些文字,我明白了。

五

漫长、痛苦的等待终于结束。

读 1977、1978 年先生的家书,可以一步步感受到他内心的变化。还是那个乐观、傲然而立、不卑不亢的贾植芳。

他完全有资格这样向世人宣称:

> 这三十年来我们经历的生活是极为严峻的,但也是对我们在政治上和思想上的长成起了巨大推动作用的,因此也是非常有意义的。所以虽然艰苦,我们却没有陷入悲观和颓唐的泥坑,我们走过来了!我们在精神上还保持着年轻人的气质和纯正。这些你一定是有所认识和体会的。(1977 年 10 月 4 日)

今年春节,我去上海看望先生和师母,翻阅先生在 1978 年之后那几年的日记,这些日记,正好与这批家书在时间上相衔接。它们真实记录着解冻时节中一个知识分子如何迎来新生,继续走向未来的行程。我很高兴自己能够成为他的日记中的一个人物。

翻阅它们时,师母在旁人的搀扶下走到先生和我面前。她已重病多年,几次被宣布病危。可是她却顽强地与命运较量,屡次转危为安,被医生视为奇迹。尽管有时她处在昏迷状态,但我相信她未尝一时忘怀先生。她非常明白她的存在对先生所具有的意义。她是先生精神的支柱,她仍然为他而努力活着。

他们一直在以自己的生命,以动人的情感,为这些家书做着最好的印证。

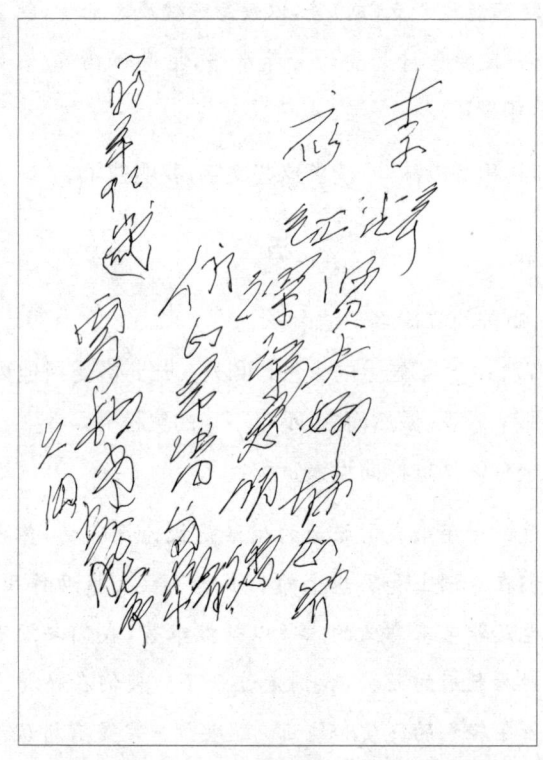

贾植芳在《历史背影》扉页上留下的最后题跋

1999年3月7日

书痴

北京出版社的一位朋友告诉我,他们最近将出版一套由姜德明主编的"现代书话丛书",首辑推出八大家,他们是鲁迅、周作人、郑振铎、阿英、巴金、唐弢、孙犁、黄裳。这算得上现代书话最为系统而集中的呈现。

请姜德明担任这套丛书的主编,实在是最好的选择。在京城乃至在全国,他都称得上一位有名的藏书家。不仅仅如此,他又是一位散文名家、书话高手,在对藏书的整理中,他找到了一个寄予情趣、回望历史的最好方式。

他痴情于藏书,痴情于书话。除了书之外,我还没有发现别的更能让他陶醉的东西。

他的全部生活与书无法分开。最能把谈话深入下去的,是书。从最初结识他,到与他在一个报社工作,十多年来,每次交谈,书总是我们之间的主要话题。书的版本变迁,作者的命运遭际,逛旧书摊淘书的乐趣⋯⋯"有意思!真有意思!"说到这些事情,他常常喜欢连声感慨。我看到,这一时刻他脸上总是洋溢着兴奋、陶醉。

那是一种痴情,一种物我两忘的境界。

每当这种场合,我习惯于在一旁静听。我知道,对于自己,这不仅是知识的补充,更是性情的陶冶。

如今,藏书已经成为一种时髦,一种往往与金钱相连的文化行为。可是,对于姜德明,藏书从一开始就只是个人的兴趣,是他偏爱历史、景仰前辈文人的方式。没有这样一种与书的天生痴情,他就不会在人们有意无意之中贬低历史贬低文化的年代,居然把全部业余时间和有限财力,都用在了逛旧书摊上面。他收藏的那些五四时期一代俊杰们的签名本,他四方搜寻到的孤本、珍本,可以说,当时已经受到冷落,为人淡忘,如同文化的"弃儿"流浪街头。正是对文化的特殊情感,才使他具有历史眼光,才使他能够从根本上了解它们的本来价值。

喜欢藏书的人越来越多了。他们有他们的遗憾:现在没有姜德明那时淘书的条件,没有了四处可见的旧书摊,纵然想藏书,也生不逢时了。

其实,更应该看重的是一个藏书家身上所体现出来的对文化的热爱。这种热爱,是他生命的一部分,是真正与书之间具有的纯洁、真诚的情感。它不会因外在的种种干扰而改变,也不会因个人遭际而变化而改变。这是一种人与书的相知,相通,乃至相爱。

《流水集》书影

姜德明珍藏有大量文化前辈写给他的信,最近,他开始用文件夹将它们一一整理出来。一次,谈到高兴时,他拿出文件夹让我欣赏。叶圣陶、茅盾、俞平伯、巴金……这些前辈文人的来信,几乎无一不谈到书,无疑是在把年轻的姜德明视为知己。是他对书、对他们的热爱,使他们仍然可以感受到当年文化创造时的兴奋,仍然可以回味书带给他们的满足。此刻的姜德明,是他们的一个文化对话者。谈书,谈掌故,谈所有已经不时髦却仍然令他们迷恋的话题。在他的面前,他们完全可以无拘无束,无须半点遮掩半点保留。书,将两代文人的情怀联结在一起。

几年前姜德明刚刚退休。在退休年限快要到时,他不止一次对我说,他并不留恋一官半职,巴不得早早回到他的书斋去:"清理清理藏书,想写的时候就写一篇,那多有意思!"

我相信这是他的真实想法。他写书话,他编"现代书话丛书",他整理藏书和信件,有许许多多的事情值得去做。晚年的乐趣,都将在书的世界里。

1996 年

《监狱阴影下的人生》自序
——刘尊棋传略

一个偶然的机会，我知道了刘尊棋的名字。

那是一个黄昏。去年二月的北京，窗外还十分寒冷，屋里有两位老人却谈得非常热火。

这是萧乾先生的家，我刚刚写完他的传，来到他家中闲聊。坐在他面前的另一位老人，是动物园的一位老专家。

他们都是当年北京燕京大学的学生。他们兴趣盎然地谈起业已淡去的往事，谈起几十年前在燕京校园里的老师、同学。

"听说刘尊棋正在主持编《大不列颠百科全书》的中文版。"

"他这些年也够艰难的。"

这是一个陌生的名字，我忙问：

"刘尊棋是谁？"

萧乾似乎有点奇怪我这个搞报纸的人，居然会不知道刘尊棋为何人，便感慨万分地说："他当年可是个新闻界的风云人物。这些年比我们吃的苦要大得多，听说在洞庭湖的孤岛上坐了好几年的牢。"

他的话顿时撩得我的心发痒，恨不得马上见到刘尊棋，仔细听听他的被人们称之为富有传奇色彩的故事。

"他的事可以写篇报告文学。"当听完他俩简单说了几句刘尊棋的经历后，我便冒出这么一句。

萧乾先生很鼓励我去见他。三月,在全国政协会议上,我终于见到了刘尊棋。见面之前,萧老就给我打了预防针,说刘老从不愿意别人写他。

出现在我面前的是一位步履蹒跚、患有哮喘病的老人。说上几句话,他便气喘吁吁,上气不接下气,甚至脸涨得通红。但令我吃惊的是,他的思路异常清晰,往事的细节往往也记得一清二楚。

我没想到第一次谈话那么投机。居然说服他接受我的采访,并写出报告文学。随即我便开始了采访。第一次采访,他的话像开了闸的水,流个不停。想到他的夫人何老师的"警告",我不敢长谈,几次要停下交谈,他却摆摆手,继续谈下去,一口气说了几乎一上午。著名老报人陆诒偶然碰见,毫不客气地批评我:"你们年轻人,得考虑老人的身体啊。"

其实,哪能怪我,刘老的执拗我算第一次领教了。

渐渐,一次次采访,一次次翻阅资料,我发现一篇报告文学是无法写出、写尽他一生的悲欢离合的。于是,我改变了初衷,决定尽量以小的篇幅写一本他的传记,这就是现在的《监狱阴影下的人生——刘尊棋传略》。

刚刚写完一位熟悉的作家的传,转而写起兼新闻人物、政治人物于一身的陌生人的传,在我本人也觉得奇怪。不过,萧乾与刘尊棋也有着共同点。他们同是新闻界知名人士,同是二十世纪的中国知识分子,他们的经历,都能反映出几十年中国风风雨雨的历史变迁。不同的是,萧乾的传,文学氛围应该浓一些,刘尊棋的传,政治氛围应该浓一些。但有一点却不应忽略,那就是几十年的历史色彩。

在《浪迹天涯——萧乾传》的后记中,我说过我是拙劣的跳舞者,意思是说什么舞都跳得不伦不类,写的传也是同样。文学性与资料性如何结合好,即使在写这一本传记时,依然是一个让人头痛的事,看来只要继续写,头会永远痛下去。

写这本书,首先得感谢萧乾先生,没有他,也许我根本不会认识刘尊棋,更别说写传了。对在采访和查阅资料时给予各种帮助的同志,也表示深深的谢意。

　　对催成此书创作和出版的曾果伟、徐胤才同志,谨表示感谢。

1987 年 5 月

"不回顾焉能前瞻"

一

我的通讯录上,有两个"李锐"的名字写在一起,为便于分辨,我分别注明"老"和"小"。"老李锐"即写《庐山会议实录》的李锐先生,"小李锐"则是小说家李锐兄。

认识李锐先生,是在八十年代末,记得还是萧乾先生介绍的。萧乾很少以赞誉口吻谈论高官,哪怕对当时颇获嘉评的周扬,他与我谈及的还是一些令他不快的记忆。对李锐却例外。他盛赞李锐的《庐山会议实录》,并把李锐的电话和地址写给我,建议我可以去拜访。

他们都住在北京复兴门外大街的木樨地。萧乾住在路北,是普通公寓;李锐住在路南,即当年北京有名的部长楼、名人楼。路南共有两栋楼,堪称卧虎藏龙之地。仅我曾采访过的就有与李锐同住一栋楼里的丁玲、陈明夫妇,温济泽先生,姚雪垠先生;与之相邻的另一栋里,则有胡风梅志夫妇、曹靖华先生、常书鸿先生等。他们中间,有的是担任要职的官员,有的则是"文革"后获得平反的文化名人,听说刘少奇夫人王光美、康生夫人曹轶欧以及陈永贵等一批政治人物也在此居住。我曾设想,如果有人把居住在这两栋楼的人与事汇总起来,那该是一本多么精彩的书!

至今仍难忘八十年代末《庐山会议实录》带给人们的惊喜与震撼。这本书堪称记录当代政治风云的经典,也必将传之久远。李锐的贡献在于,作为当事人之一,他把日记、文献等第一手史料,与当事人的回忆和思考结合起来,把庐山会议的风云变幻,把政治漩涡中错综复杂的人际关系,叙述得淋漓酣畅,惊心动魄。尤为难得的是,他下笔严谨,不假虚饰,写事件过程环环相扣,写各色政治人物入木三分。是政治实录,也是高水准的史笔叙述。他的这本著作的问世,应该说是开风气之先的创举。在他之前,并不提倡中共高级干部撰写回忆录,当然更没有《庐山会议实录》这种直面历史、笔涉高层的力作出现。仅此一点,李锐的写作在当代文化界就足以占据一席重要位置。

第一次走进李锐先生的家,是在1993年前后。我去拜访他,是请他编选一本杂文集,收入在我主编的一套"金蔷薇随笔文丛"中。

二

不像这些年散文出版热闹非凡,九十年代初,散文出版颇不景气,因印数少,大多出版社都不积极。那时,一个作家想出版一本散文集谈何容易。与此同时,由于长期以来片面强调散文的艺术性,强调所谓的谋篇布局,散文创作的题材与风格日趋狭窄,雷同处随时可见。

一次,华侨出版社的朋友邵勉力小姐找到我,约请我能否策划一套书。我谈到散文创作的弊病,谈到散文与随笔的异同,深感散文的创作与出版,都需要有所突破。兴致一来,我们商定,索性出版一套随笔丛书。这一想法很快得到华侨出版社社长陈玉和先生的大力支持。这便是后来出版达二十种的"金蔷薇随笔文丛"的由来。

在总序中,我说,我更愿意用"随笔"这一名称来代替"散文"。

我这样写道：

散文不是狭隘意义上的"美文"，散文更不是单一品种的抒情散文，如一些既定模式的风花雪月秋愁春喜的感叹。

散文有着广阔的天地。人感受的一切，人思考的一切，人欲表达的一切，都是散文本来应有的内容。感情、学问、事件、思考……一切都是散文的内容。

散文的形式应是丰富多样的。起承转合的所谓匠气，画龙点睛的所谓技巧，已大大束缚着散文的自由。至于把杂文与散文截然分开，把日记、手记、人物特写、书评等等形式与散文隔离开来的习惯，也使散文变得窄小而单薄。

于是，在汪曾祺、王蒙、王安忆、舒婷等作家之外，我找到了李锐、于光远、吴冠中、孙越生等其他领域的作者。

李锐先生说话不快不慢，不紧不松，浓厚的湖南乡音，声音洪亮。即便在九十二岁的今天，他在电话里的声音听起来依然清晰有力，颇有共鸣感。最动人的是他的眼睛。爽快、明朗，都闪动在炯炯有神的眼睛里。没有半点客套，更没有丝毫官架子。他有一肚子的历史，一肚子的政治。交谈时，他喜欢把眼睛紧盯着你，说到焦虑处困惑处，眉头紧锁，嘴唇用力抿，仿佛思索的沉痛感压得他喘不过气。但是，如果谈到会心处，他就会把头往后一仰，开怀大笑。

与这样的老人聊天，实在很开心。

听说请他编一本随笔集加盟"金蔷薇"，他没有推辞，只说了一句："是吗？这倒可以考虑。"爽快、利落，很快，他就把篇目和文稿整理好交给了我。这就是1995年9月出版的《苦瓜的味道》。

《苦瓜的味道》收录了李锐在1957年鸣放时期和"文革"后的

一批作品,有杂文、随感、讲稿等。在序中他谈到自己与文学的渊源和对写作的看法:

> 从中学时起,就好读鲁迅的杂文,由此使我认识了那个时代,并走上了革命的道路。这是有诗为证的:"散篇文集读无遗,可谓当年鲁迅迷;书法文风皆剽学,漫漫长夜启蒙师。"还有一首七律的尾联:"路从无路走而出,鲁迅文章是我师。"

> "文章自己的好",我虽然从不这样认为,但对已经发表的东西,还是敝帚自珍的。我的自珍就在,生平为文,不说空话套话,总还是有的放矢,言之有物的;也就是说,我是一个务实的人,好说真话的人,如此而已。

的确,如他所说,《苦瓜的味道》是一本言之有物的、说真话的书。

为此书,我写了一段点评印在书的勒口上:

> 老人的性格率直而明快,这便使文章具备了一种明朗。他热情投身于政治活动,兴致从来不在文学,无意做作家,即使写作类似庐山会议这种事件的回忆录,他也没有刻意追求文学效果。但特殊的历史遭际和见闻,使他回望历史时,心绪充满着沧桑感,这样一来,他的文字就增添了与众不同的滋味。而这,恰恰是随笔创作所需要的。

三

该书的书名,袭用李锐 1994 年发表的一篇散文《苦瓜的味道》。

我很欣赏他的这篇作品。他把自己与苦瓜的故事娓娓道来,李锐开篇写道:"每年夏秋两季,从苦瓜上市,家里餐桌上就离不开苦瓜,有时还晒些苦瓜干,冬天可以煮汤吃,这不仅是童年养成的饮食习惯,苦瓜于我还有一种如对老友的感情。"从儿时的故乡记忆,到延安往事,再到下放劳动和"文革"期间的批斗,人生片段由苦瓜串联成篇,既有民俗乡情饮食考据,更有政治风云中个人遭际的细节描写,的确是一篇颇见功力的作品。

苦瓜贯穿李锐一生的酸甜苦辣。他在文章中用大量篇幅记叙在自己身处逆境时的经历。

1959年庐山会议结束后,随着彭德怀被打成"反党集团",李锐及几位观点相同关系密切的干部,在水利电力部也被打成"李锐反党集团"。李锐写到,1963年,他被下放到位于大别山区的一个小水电站——安徽磨子潭水电站当文化教员。大姐从家乡湖南寄来苦瓜籽,他便自种自吃,这在水电站传为佳话。他甚至即兴写上打油诗一首:"长沙寄我苦瓜籽,淮上无人识苦瓜;半口犹嫌瓜太苦,岂知其味苦殊佳。"

"文革"爆发,山区也非世外桃源。对李锐,是从他种苦瓜写苦瓜诗批斗开始。"你这是要自己不忘记苦,对党严重不满";"你这是说新社会苦,对现实不满";"你想为自己翻案,吃苦瓜是卧薪尝胆,准备翻案"。诸如此类的批判,令李锐啼笑皆非。他曾在自己房门口贴过一副对联:"山居浩气更风发,窗外涛声代鸡鸣。"有个文化高的干部,硬说门联上写"浩气",是李锐认为真理仍在自己这一边,党整他整错了。

豁达乐观的李锐,即便在被批斗时,也性情难移。在水电站,他被几十个小学生押着,戴着高帽子游乡,却无一个大人参加。如此被"冷落",他不免感到"委屈":

> 我想,当年屈大夫"冠切云之崔巍",不是以戴高帽为荣吗?又想起大革命时当童子团,见到过街上土豪劣绅戴高帽被农民牵着游街的场面,《湖南农民运动考察报告》中写过的,真不料自己也要过这把瘾了。浮想联翩,想入非非。心中稍觉委屈的是,只够格让小孩子押着,小

小高帽也只尺把长,同我的身份太不相称。五里地是河边山路,没有行人,镇子上人也少,更无人围观。游罢归来,此种复杂的心情,还写过一首打油诗。

历史辛酸尽在幽默中,显然有着特殊的文学意味。正是特殊的经历,才使李锐对苦瓜有了特殊感受。文章结束时他说:

> 我们湖南有句谚语,把做令人切齿的事,树敌,叫做"种苦瓜籽",意思是以为以后有苦吃的;在修辞学,大约属于比喻一类。我这一回真是的的确确因种苦瓜籽而有苦瓜吃,而做苦瓜诗,而因此挨批挨斗挨"游团",而吃了另一种同苦瓜之味不同的苦了。

我很喜欢这篇文章。于是,我建议以"苦瓜的味道"作为书名。这得到了李锐的首肯。他回信说:

李辉同志:

　　寄上最后一篇《想起〈旧事新谈〉风波》文,请插在《定要广开言路》文的前面(那八篇文之后)。

　　书名《苦瓜的味道》甚好;请你考虑另一方案:将"读苦瓜"改为"我与苦瓜",这样以"我与苦瓜"为书名。如何?

　　我暂到怀柔山沟休息十天,然后月底到山东开会,八月下旬回京。

　　"序言"没有留底子,请能复印一份与我。

　　祝好

李锐
94,7,17 晨

书名最后还是确定用"苦瓜的味道"。

在送给我的这本书上,李锐这样题写:"永远独立思考。"

四

在编辑出版《苦瓜的味道》的过程中,李锐先生告诉我,他在撰写一本关于1958年大跃进的回忆录。一听,喜出望外。我与陈思和此时正好在策划一套以回忆录、传记、历史档案等为主的"火凤凰文库",由上海远东出版社出版。我当即说,还是交给我来吧。他欣然同意。我们商量,书名突出"亲历"。这就是1996年3月出版的《"大跃进"亲历记》。

出版社责编为此书撰写了点评,印在书的勒口上:

> 这是作者继《庐山会议实录》后的又一部纪实之作。
>
> 回顾历史的挫折,往往使人沉重,为着走过的弯路,我们毕竟付出了太多的代价;然而,回顾又往往能使人清醒。"前事不忘,后事之师",这道理很浅,也很深。这一部《"大跃进"亲历记》,正是作者对于历史的追忆实录,自"讨论三峡问题"起,至全面发动"大跃进"的八大二次会议,详尽地展示了风云变幻的历史画卷。这位望八老人深感有一种责任,他希望这对于后世能有鉴戒的意义。

1958、1959,是李锐的命运发生重要转折的两年。他因熟悉水利而得到毛泽东的欣赏,并担任毛泽东的兼职秘书,亲历了这两年中国政治的暴风骤雨。然而,命运起伏跌宕,难以逆料,卷进上层政治漩涡的机遇可谓来去匆匆。正因为如此,记录这两年的历史,他实在是不可多得的人选。他在1995年10月12日为《"大跃进"亲历记》所写的序言中,这样谈到自己的写作:

> 一九八四年冬"退居二线"之后,我就想将自己亲历过的一九五八到一九五九这两年,即南宁会议到庐山会议这一段"大跃进"的历史资料,整理出来。由于种种原因,我只将《庐山会议实录》定稿,并增订再版,其他就只

零星发表过几篇文章。……所以这个夙愿就一直拖下来了。

大跃进封面

大家知道，"大跃进"是我国社会主义建设中的一个重大失误，连续三年的"大跃进"，使我国经济发展遭遇到严重的挫折，教训非常深刻。如实录出这一段历史，于后世自有鉴戒的意义。自己已是望八之人，来日无多，确实有一种责任感驱使我赶快结束这件未了之事。现在我先写出从南宁会议到八大二次会议这半年的经历，由于时间、精力所限，粗糙差误难免，希望读者多加指正。至于从八大二次会议之后到一九五九年庐山会议之前这一段的"亲历记"，我当尽快完稿，否则，"未了之事"还是没有结束的。

如他所言，率先出版的《"大跃进"亲历记》，只是关于"大跃进"回忆的上半部分。随后，他于1997年又完成了下半部分。这一次，他将上、下合在一起出版了《"大跃进"亲历记》的完整版。《"大跃进"亲历记》与《庐山会议实录》构成一个整体，为当代史的研究提供了不可替代的典范之作。

他完成了夙愿。"我好像一个挑担'脚夫'，到了目的地，将担子卸下，顿觉一身轻松了。"他说得好。

在送给我的《"大跃进"亲历记》一书扉页上，他题写道："不回顾焉能前瞻。"这是他的写作宗旨与追求所在，也是他的使命所在。

在1997年6月30日为《"大跃进"亲历记》完整版所写的序言中,他进一步阐述这一思想:

> 可以说,我早岁即知世事艰难,虽学工科,却好历史。我们这一代人有幸是本世纪世变沧桑的见证人,自己又曾在政治漩涡中生活过来,有钱难买回头看,一种历史责任感,使我笔耕不已。"以古为鉴可知兴替,以人为鉴可明得失。"应当让后人记住前人的经验教训,失败的教训尤为可贵,如果不牢牢记住,还会重犯错误。

可以说,因有李锐先生的写作,当代史的写作与研究才多了浩气,多了阳刚。

五

2000年,我与李锐先生一起有了一次难忘的郑州之行。

当时,我主持郑州越秀学术讲座,特邀请他前往发表演讲。演讲题目是《关于〈李锐其人〉及我的历史回忆》。《李锐其人》是宋晓梦小姐撰写的传记,经我推荐由河南人民出版社出版。

李锐演讲得非常成功,气氛也十分热烈。从个人经历的回顾,到历史的反思,率性而言。人们看到的是一个充满激情、刚正不阿、勇于思考的老人。

就在那几天,我们谈得很多。他提到了另外一本关于他的书。"这本书你应该看看。回北京后,你到我那里去取。"

于是,自那之后,我的书架上多了一本特殊的书——《批判斗争李锐反党集团发言选编》(以下简称《发言选编》)。说是书,其实也不准确,它不过是单位内部印制的批判材料。该书封面上注明:内部文件,注意保存。由中国共产党水利电力部机关委员会办公室编印,时间为1960年2月。

编印者为此书写了一个《说明》:

从1月20日至1月24日在部党组主持下召开了全部性的对以李锐为首的反党集团的批判斗争大会。除我部在京单位全体职工（右、反、坏除外）参加外，还邀请了外地水电系统的设计院、工程局等14个单位的代表五十余人参加。会上共有22人发言，系统地揭发批判了反党集团的罪恶活动。现选其部分发言，印发给同志们参考。

一本并非正式发行的批判集，对于李锐却是非常重要的一本书。翻阅它，也就掀开了历史幽暗的一角。

在书的扉页，下面用红圆珠笔写着"水利电力部规划局朱成章1968年11月"，估计是原拥有者的签名。上面的书名下方，则用铅笔写的一句英语：Life is to forget（生活即遗忘）。是否拥有者所写，待考。

这是一本特殊的、不可多得的书。当年的批判发言和为此整理的李锐言行纪录，从另外一个角度，为我们了解李锐的思想发展脉络和历史实况提供了的最好史料。

在批判文章的字里行间，可以看到李锐当年身处热潮中的现实冷静与务实态度。他对开始出现的党内个人崇拜的忧虑和不习惯，他对"大跃进"表现出的狂热提出批评，无不表现出一定的思想深度和难能可贵的历史预见。君不见，当年多少人只是人云亦云，甚或趋炎附势，任由历史灾难发生？

譬如，李锐在1959年这样批评"大跃进"：

他们对1958年大跃进进行了疯狂的进攻，李锐说：58年大跃进是"小资产阶级狂热性"，是"作了一场社会主义大梦"，是"吊起脖子走路"，是"乱糟糟的一场混战"，是"发高烧"，是"出轨翻车"了，"缺点是好几个指头"，造成"全国空气太紧张"，"实在是中国工人、农民好，若在东欧，只要有一条，就会出匈牙利事件"。（摘自《关于以李

锐为首的反党集团的反党言行简要介绍》一文）

历史的衔接如此富有意味。正是当年具有清醒认识的李锐，二十几年后以强烈的历史责任感来写出《"大跃进"亲历记》，为历史立此存照。仅此，也可显李锐写作的价值。

1999年，李锐先生曾赠我墨宝一幅。他注明抄录的是"秦城旧句"——"文革"期间他被关押在秦城监狱时写的一首诗。诗曰："风增怒吼回高峡，水更猖狂下险滩。每到雪飘梅愈艳，一临霜降菊尤妍。"在我看来，诗中梅菊意境，正是他的人格的真实写照。

2007年9月28日

梁漱溟暮年读信记

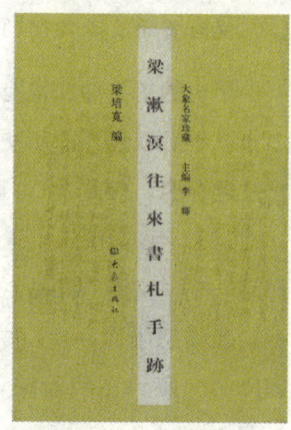

一

一个人到了暮年,总有日趋浓厚的怀旧情绪无法排遣。如果他从箱底找出多年间的友人来信,或静静细读,或凝神回味,或兴致一来挥笔批注,那么,想必就会有一种怅望千秋、萧条异代的苍凉感充溢心中。

何况历尽沧桑者。

1976年,梁漱溟高寿八十三岁。大概在他看来,这个年龄该是重睹旧物、归纳一生的时候了。于是,他以翻阅旧札的工作而开始了暮年的怀旧之旅。因而,他也为后人留下了这样一份特殊礼物——"梁漱溟批注友人来信"。

三十年后,2007年的某个夏日,梁老长子培宽先生把这些信札原件摆到了我的面前,让我一一翻阅。我的眼睛不由得为之一亮。对于一个有着浓厚历史兴趣的人来说,还有比这更让人陶醉的场合吗?

在我的心目中,梁漱溟是一位令人敬畏的思想家、道德家。十多年前,我在一篇关于梁漱溟的文章中曾这样写道:"不同于实践者,思想家更注重精神取向,并不完全在乎现实为思想的实现所提供的可能性大小。这样的人,一旦迷恋自己的选择,便会达到如醉如痴的境地。这样的人，是用整个生命拥抱着自己的思想，甚至有一种宗教式的热情。"梁漱溟正是以这样的姿态走完他的人生。

我还特别欣赏梁漱溟的一张晚年肖像，是谁以出色的感悟，如此准确地把握住了这位思想家的性格和灵魂？一双眼睛，透过镜片，深邃而炯炯有神。它们凝视着你，仿佛在拷问你的思想，它们也仿佛凝视着历史，在拷问历史本身。嘴紧紧抿住，使整张脸一下子具备了分量，显示出他固有的自信，倔强，自傲，他整个人格的力量，也因这样的神态而体现出来。

如今，在友人写给他的信札中，在他暮年所作的批注中，我得以更贴近地读历史细节，读师友情感，读人格光彩……

二

在《梁漱溟往来书札手迹辑录》中经梁漱溟批注的友人来信达数十通。写信者包括欧阳竟无、胡适、黄炎培、陈铭枢、熊十力、马一浮、冯友兰、张申府、叶麟、唐君毅、黄艮庸、陈仲瑜、云颂天等政界、文化界人士，其中，大多的则为梁氏的同辈友人或学生。来信时间，最早者在1916年前后，最近者在1976年，历史跨度长达六十年。

梁氏批注或寥寥几字，或数行，或整页。一般在来信原件上以毛笔直接批注，但有时也单独附加一笺，详加说明。批注或署名，或不署名而改加盖名章。名章为"梁漱溟印"，四字系隶书，阳文。批注有时注明时间，有时则无。批注内容不一，或介绍来信背景，或批改信中文字，或借题发挥，对往事、对当事人予以点评。

试举数例如下：

1. 在梁氏批注的信札中，有的信系他收藏却并非写给他的信，如欧阳竟无致许季上信。梁先生批注道："此欧阳竟无先生（渐）答许季上先生（丹），存于我手者。当彼时我尚未得承教于欧阳先生而先得亲近许先生。遂由许转为求教也。（名章）一九七六年八月。"此信无来信年份，按照批注所言，似应写于1916年前后。据《梁漱溟传》，该年梁漱溟曾去北京大学拜见校长蔡元培，后者聘其到北大讲授印度哲学，但梁因担任司法总长张耀曾的秘书一职无法前往，故改由许季上代课。之后梁前往南方，方与欧阳竟无先生结识。

2. 在黄炎培1946年7月1日来信的首页上方，批注道："黄原为民盟之一员，此因当时民盟与中共结合对国民党斗争，他顾虑甚多而向后退也。（名章）"该信为四页，黄详细阐明自己对待当时政治局势的态度，至为重要。

3. 在胡适的一封1923年4月3日来信前批注道："此胡适之答我的信，估计是五十年前的事了。胡长我一岁，我们同一年进北大讲学于哲学系，那是一九一七年春季。（名章）一九七六年九月九日。"徐旭生、屠孝寔与胡适一样，也是梁漱溟在北大哲学系的同事，在他们二人的来信上的批注分别为："此徐旭生先生见教之笺。先生为'五四'运动前后与我同在北京大学哲学系任教相熟。（名章）一九七六年八月。""此屠孝寔（正叔）先生惠教之笺，先生与我同在北京大学哲学系任讲席。（名章）一九七六年八月。"

4. 张申府与梁漱溟的交往，则早于以上人士，两人系中学同学。在张申府的来信上的批注为："计此信当写于一九五九年春。张崧年字申甫或申府，与我在清末同学于顺天中学。好学深思，即此三笺可以见之。字迹草率，难于辨认。特略加注明。（名章）一九七六年九月十七日。"

5. 在马一浮的一封来信前批注为:"我写《读熊著各书书后》一文既成,适王星贤兄去杭州马一浮先生处,即托其带去请教。此马先生答书。一九七六年八月加注(名章)。"

6. 梁漱溟收有冯友兰写来的一封长达十页的信。其批注数行写于末页,提及两人在"文革"后期的往来:"此冯芝生往昔从美国寄给我的一信。芝生年齿略少于我,今亦超过八十。一九七三年春,我在他家午饭,谈甚久。临别时他诵《论语》'发愤忘食,乐以忘忧,不知老之将至'句乃分手。不意秋后他竟以批孔鸣于时。(名章)一九七六年九月九日。"写批注之日系毛泽东逝世之日,不知梁漱溟当时是否获悉此消息,待考。

以上批注虽然简略,但对于人们了解梁漱溟的人生轨迹、学术思想以及人际往来,颇有帮助。

三

梁漱溟一生风云变幻,大起大落,始终未远离时代漩涡。说他是思想家、道德家也未必准确。实际上,他在很大程度上更是一位入世心切的社会变革家、实践者。无论讲学、办校,乃至积极参与政治派别活动,其指向正是社会变革。此种特点,形成了他的丰富而广泛的交际往来,他所藏的友人来信,自然也就从不同角度折射出他所经历的时代。

一批与1926年前后北伐战争有关的来信,引起我极大兴趣。来信者主要为他的朋友陈铭枢——时任国民革命军第四军第十师师长;学生徐名鸿、黄艮庸——时在陈铭枢麾下从军。

陈铭枢,字真如,系北伐名将,自1924年起即担任国民革命军第四军第十师师长,北伐战争开始后,他所率领的第十师在攻打吴佩孚军的汀泗桥、贺胜桥战斗中立下战功。然而,陈铭枢不只是一员就读过保定陆军军官学校的战将,他对佛学颇有兴趣并有所研究,这也是他与梁漱溟在北伐战争前得以结识并成为朋友的原因。正因为如此,当他就任第十师师长一职后,特邀梁漱溟与熊十力南下共事,二人虽未前去,但派遣三位得意弟子王平叔、徐名鸿、黄艮庸由北京前往广东,投笔从戎,辅助陈铭枢。关于这一背景,梁漱溟在陈铭枢一组来信前,特单附一页予以说明:

> 据我所闻真如游学日本陆军时,曾从桂伯华先生听讲佛法,甚勤恳。桂先生临终嘱其归国后宜从南京欧阳先生问学,以故当其一度脱离军队时即投入内院欧阳先生门下。值其时熊子真(十力)亦在内院求学,彼此甚相得。子真既经我介绍入北大讲唯识,一九二三年与平叔、艮庸同住缨子胡同我家。真如即于是年北来访我结交,其后遂有一九二五年从广东以革命之义相督责,而平叔等三人南下从戎之事。自是而后彼此关系日密,以迄于一九六五年真如身故,前后计有四十余年。至今箧中所存真如手札独多,虽不必皆有保存价值,亦姑存之备考。
> 一九七六年八月廿一日 漱溟识

梁漱溟说"所存真如手札独多",可惜此次辑录只发现五封。其中三封为陈铭枢致熊十力信,梁氏在一封信前批注道:"此为一九二三年真如从南京来访我于缨子胡同时偶然留存之一笺。"陈铭枢此三信虽是致熊十力,但均谈及梁漱溟,且论及佛学和印度哲学,在一信后他还特地写道:"诸函皆可转呈梁先生,更希就近承教于艮庸、平叔两先生。"这大概就是三封信得以保存于梁氏之手的原因。

另外两封均写于北伐战争期间,也是写给梁漱溟、熊十力两人。一员北伐名将的两封私人通信,留下了诸多难得的历史细节。其一,梁氏批注为:"此为一九二五年平叔、艮庸、名鸿初到广州时,真如兄来信。信写于入湘接洽唐生智之途中。(名章)。"其二,梁氏批注为:"此为真如统军北伐之时,行军途中来信。一九七六年八月(名章)。"前信日期注明"十五日",无月份年份;后信注明"七月三日",无年份。两封信均涉及陈铭枢由粤赴湘,负责游说湖南军阀唐生智(字孟湘)与北伐军合作事宜,由此分析,应写于一九二六年。

前信两页,毛笔行书,字大,较简略,应写于前,只提及"此次到广州匆匆适奉使湘省"一句。后信三页,钢笔行书,字极小,约两千字,详告徐名鸿等三弟子近况,以及对他们三人的各自评价等。据史料,唐生智于1926年6月在衡阳率军正式参加北伐军,宣布就任国民革命军第八军军长兼北伐军前敌总指挥。显而易见,陈铭枢的奉使之行圆满成功。

在七月三日写给梁漱溟和熊十力的长信中,陈铭枢以大量篇幅阐述自己对国民革命和北伐战争的态度,并介绍了自己奉使湖南的情况。他这样写到与唐生智的接触与印象:

> 平叔等次永兴留候司令部,弟独往衡州会唐孟湘,谋军事。孟信佛极深,持念极切,志宏愿大,胆略才识矫然不群。然好用权术,是其大病(惟弟能窥见之耳)。又其作事火辣,不易得人亲爱。(但其部曲训练之良,团结之固,一时无两。)弟自维庸愚,平昔惓惓慕才之念,以为于孟差为得之,故爱护之惟恐不至。然深虑其技痒不除(指权术),致患根本;又以其崇佛,未易以胡益阳曾湘乡之说进;耿耿我思,忧何以报,环顾宇内,每不禁其涕之涔涔下也!此意非两兄谁与嘱之!

由引文可见,行军途中的这位北伐名将,胸中块垒,不便与军中人士泄露,只能驰笔向两位京中友人倾诉。"孤舟夜泊,人静水流,思怀不寐,缅书寄意。明日赴战,奉讯又未知何日也。弟陈铭枢顿首,七月三日午夜笔于潇舟中。"今日再读信中最后几句,当年此情此景,仍令人感慨万分。

正是这样一封感人的长信,为北伐复杂的军事形势和政治博弈留下了一份珍贵记录。唐生智后来与蒋介石时分时合,其间种种举动,或许也可佐证陈铭枢当年对其性格所做的透彻分析。

徐名鸿、黄艮庸的几封来信,则从另外角度记录了当时的历史情形。在徐名鸿的一封来信上,梁漱溟做了一大段批注:

> 此数缄为亡友徐名鸿手笔。名鸿学于北京高等师范,毕业后任教附属中学,因与艮庸友善而与我相熟。一九二五年上半年,我与熊先生暨平叔艮庸率少数学生退出曹州高中,赁屋什刹海东梅厂同处共学,名鸿时相过从。是年冬粤中革命潮流高涨,因粤友召唤,特嘱平叔、艮庸、名鸿三人一同南下应召。随后即参加国民革命军北伐(参看《村治月刊》"主编本刊之自白"一文)。既驻军武汉而政局诡变,平叔艮庸先后脱离北归。名鸿革命意志强烈随军南去。厥后一九三三年福建人民政府之创举,名鸿实为其中一主要有力人物,失败后被杀于汕头。此数缄皆其初抵粤时来信,不足代表其后来革命思想。
>
> (名章)一九七六年八月二十日

梁漱溟当年派遣三名学生投笔从戎,即有通过他们了解北伐战争和国民革命实情的目的。因此,较之陈铭枢,他的学生来信更侧重对整个局势的印象描述和分析,从广东政府的财政收入,到黄埔军校的开支;从香港的罢工,到地方军阀的威胁……譬如徐名鸿在一封信中,就详细介绍了中山舰事件后出现的国共两党的矛盾:"蒋为人似刚断有余,而忍耐不足。广东空气处处压迫得利害,事事苦无回旋之余地。故蒋之所为,常现短促,无悠长之思,实有所不得已。以北伐而论,稍有识者,皆知其非时,然而倡言北伐者,似有所为。(一)以保党军之朝气。(数月未休息,黄埔第一期出来人物之在党军为中级官者已有暮气可见。)(二)以消灭共产者之反侧。(三)以利其他五军之意气。至于湖北江西之压迫则其近因外因也。在广东环境之下,颇有略不挣扎,则自行破毁之感。蒋部亦缺乏人才,黄埔出身之下级官员敢死之气可用,而主大计能指挥者则极缺乏。"

黄艮庸写于1926年9月13日的信,描述汀泗桥、贺胜桥战斗和攻打武昌的过程,以及对陈铭枢的印象。写此信时,黄艮庸正前往上海,船缓缓驶入吴淞口。虽距武昌攻克已有多日,但他以一个书生的脆弱之心见证战斗的惨烈,至今仍是胆战心惊:"此信不能不写,然此刻精神昏钝至极,所怀万端,不知从何说起。苟能飞至师等身旁尽情痛哭,生将插翼来矣。自六月随证入湘,转徙数千里,中经数次战事,而汀泗桥、贺胜桥两役为最剧烈亦最惨酷,历前此未历之境,此心已几成硬化,见至惨至忍之景象,亦不动心矣。"

梁漱溟为此信加一批注:"陈铭枢字真如,一作证如。(名章)"

黄艮庸此信还谈到陈铭枢的战绩与近况:"证确是一将领才,行军迅速,遇敌稳重,故战无不胜,汀泗桥破敌,全是证之策略。(敌有数万人据河而守,证以十师及十二师共万人之众一日便破之,敌全军覆没。)又为蒋氏倚重,蒋唐二人之关系皆因证而成,故入武昌后,证有改师成军并任卫戍司令的消息(尚在秘密中,他人绝对不知)。……"

黄艮庸信中透露的信息,随后得到了证实。陈铭枢所率第十师在攻克武昌后,于1926年11月扩编为第十一军,陈铭枢任军长兼武汉卫戍司令,权倾一时,系武汉革命政府的重要将领。1933年,陈铭枢又曾与李济深、蔡廷锴、蒋光鼐、陈友仁等人发动"福建事变",成立"福建人民革命政府",主张抗日,与蒋介石的南京政府分庭抗礼,失败后流亡香港。梁漱溟所藏相关信件,无疑是陈铭枢研究和民国史研究的重要史料。

四

由大学执教转为创办乡村教育、走乡治之路,是梁漱溟人生的一大转折。1924年他辞去北京大学教授职位,前往山东曹州主持山东省立第六中学高中部。之后,他又辗转广东、河南等地,尝试办学。抗战爆发前,他在山东邹平七年,主办山东乡建研究院,寓教育与乡治于一体,其学生多达数千人,蔚为壮观,一时为全国瞩目。他不再是一位纯粹意义上的思想家、学者,而成了介入社会变革的教育家、实践家。

谈到自己办学的动机,梁漱溟这样说过:"我办学的动机是在自己求友,又与青年为友。所谓自己求友,即一学校之校长和教职员应当是一班同志向、同气类的,彼此互相取益的私交近友,而不应当是一种官样职务关系,硬凑在一起。所谓与青年为友,含有两层意思,一是帮着他走路,二是此所云走路不单是指知识技能,而是指学生的整个的人生道路。……我自己走路,同时又引着新进的朋友走路;一个学校亦即是一伙人彼此亲近扶持着走路的团伙。"这便是梁漱溟超越教育本身的与众不同之处。在学生眼里,他不仅仅是学识的传授者,更是他们情感的滋润者、人格的熏陶者。他们景仰他,以做他的弟子而感荣幸,进而成为忘年交。可以说,与学生们的友情,一直是梁漱溟生活中至为重要的一部分。

于是,暮年读信,最令梁漱溟为之动情的莫过于重温学生来信。梁漱溟为学生的来信做了不少批注,举数例如下:

1. 在钟伯良信上批注:"此为钟伯良的信,惜寿只卅余。漱溟识。"

2. 阎宗临的来信有数封,梁漱溟做批注多则。①"右为阎宗临在桂林穿山国专校与我一次谈话后所写示者。其所见自足参考,非同俗流之昧于中国文化价值者。(名章)一九七六年八月。"

②"此卅三(一九四四)年在穿山国专,宗临写示,其见解非时下人之所见也。漱记。"③ 在这批信后面,梁漱溟还特地单附一页,详加说明:"阎宗临山西五台人,一九二四年我主持曹州高中时的学生,但不久离去,因基督教会关系游学欧洲,是以其思想有得于宗教。学成归国后曾任(教)广州中山大学,与朱谦之黄艮庸同事。解放后为太原师范学院教授,主持校务。其人诚笃而不免翼弱。此从其笔迹上可见,其学问思想虽不浮泛浅薄,固难免隐伏缺欠。(名章)一九七六年八月十八日"

　　3. 在萧克木信上批注:"萧克木追随我多年,其人长处甚多,敏于学习,忠于职守,惜思想不能深入。解放后通信尚不少,留此一件以见一斑。(名章)一九七六年八月。"

　　4. 在谢焕文信上批注:"谢焕文,字赞尧,湖南人而在太原读书求学,为某校高材生。一九二一年我游太原见之,心识其人,一九二四年引为曹州高中教员。别后不数年竟故去。其弟谢国馨后来却常通信,然今亦久失联系。此信中所云乾符者姓马,山西人,同为太原某校高材生可爱者,我同引用于曹州高中,别后未闻消息,似亦短寿。一九七六年九月漱溟识(名章)。""一九二一至一九二二年初之一个月时间,我应邀到太原讲学,谢、马皆在听讲之列。"

　　5. 在李志纯信上批注:"李志纯为邹平研究部研究生最优秀者之一,通习英语,抗日战争中曾随军入印度为译员。在北碚勉仁中学任教员,一度任校长。此其率学生入川西北少数民族地区所来信。一九七六年八月卅日批注(名章)。"

　　6. 在吴顾毓信上批注:"一九七六年四月复阅。(名章)吴君为我们重要技术人才之一,专长在办理户籍行政及人事登记。往年邹平县此项工作之精确为全国所无,即吴君负责主办者也。马博厂先生前金大政治系主任,内政部参事,兼东北特派员,专研究地方行政。吴君曾从其在江西遂川作研究工作。漱注。"

7. 在云颂天的数封信上批注三则。①"此信甚好,宜保存之。一九七七年三月十四日。"②"此信内容有关学术研究,应保存之。一九七六年十一月。"③"颂天此信大有价值,应加保存,将留给有智慧的青年人看。何谓有智慧?有内心,时时自省者是已。耳目心神一味向外张望驰逐的人,是不会对人生发出疑问的。然使读此不亦可资其反省自镜乎?此信大约写于颂天北来从我,先随往曹州,一九二五年退回北京同住时。度其年纪廿有余,生命力正强。人生唯此一阶段(十几岁至廿几岁)最为要紧。颂天从我数十年,在同学中最为众所推重所诚服,非无故也。(名章)一九七六年八月廿三日。"

8. 唐君毅是梁漱溟学生,后来以新儒家之一而著称,读他的信梁漱溟极为认真。他赞许唐君毅的学问,但不满其字迹潦草,写法颇不规范。我统计了一下,在一封信上,梁漱溟分别对"本国、士、不、新、国、侄、定、及、念、立、重、全、分、文、聆、亦、写、理、出于、另、至中、安、国、国"等二十余处字词加以修改。修改之后,梁漱溟意犹未尽,又写一大段批注如下:

"国"字竟写成"旺"可胜惊叹!其他的字亦多难辨认,不能不加旁注(参看另页批评)。一九七六年八月十八日(名章)。唐君毅为唐迪风(铁风)先生之子。一九二○年(抑或一九二六年,记不明确)我与其父相遇于南京内学院欧阳先生处,盘桓多日。其时君毅求学北京而我任教北大,迪风嘱托照顾之。厥后忽得读君毅所著《道德自我之建立》一书,大为欣赏敬佩,曾摘录其精彩文句于我手册。然迄未得晤对机会为憾。全国解放后其大妹至中女士曾从南方来北京访我,谈及其家庭情况,虽距今廿余年犹留有印象。其后闻君毅讲学香港、日本以至美国,甚见重于时。却想不到其人在楮墨间苟且随便至于如此。此似属末节小事而可觇其人气质近于褊急草率,不

为大器,使我嗟讶失望。(名章)

9. 在陈仲瑜来信后单附一页批注:"陈政字仲瑜,北大德文系学生。民国九年我在北大第一次讲演《东西文化及其哲学》时,仲瑜任记录。次年暑期再讲于济南,由罗常培(莘田)任记录,其后即以两次记录整理出版。陈、罗均非哲学系学生,然与我情谊亲切逾常焉。仲瑜此笺约在民国十一年初间,似因我以先公遗书一部赠之而答我者。原笺尚存未失,此其抄件。一九七七年一月十一日(名章)。"

由批注得知,梁漱溟曾为这位学生写过一首诗,而且是他平生所写的唯一一首诗。全诗如下:"仲瑜看似平平淡淡人,其实不平复不淡。看彼呆坐众中直如愚,岂有愚心如仲瑜。彼殆有抑郁不申者乎? 其详我亦莫能得。却有一言,愿吐不愿默。处世但求心慊足,人生何处非欢宅。一分未尽心不慊,反身而诚天地塞。"

为此诗,梁漱溟在信上做了两个批注,足可见师生间亲密无间的情感。①"一九三五年赠陈仲瑜(政)诗,是我一生唯一的诗词之作,前此未之有,后此亦未有之。"②"右为一九七六年冬末仲瑜录我旧作,第三度求书。我于一九七七年二月为之写去。(名章)。"

以上批注,或寥寥数句,或大段叙述,回首往事碎片感慨万千,点评学生印象直言不讳,一代宗师风范呼之欲出。由此可以想见在学生心目中,梁漱溟作为一位教育家所具有的凝聚力和人格魅力。

五

暮年读信,是与历史对话,是与友人另外一种形式的倾谈。岁月苍老,梁漱溟深知,他和同时代人——无论友人或学生——已不大可能重新相聚,如早年那样闲谈切磋了。

我还清晰记得,当年读《梁漱溟问答录》(汪东林著)时,梁漱溟所描绘他与学生的"朝会"场景,令人神往不已。1924年他到曹州主持高中部仅仅半年,回到北京,却有十几位山东的高中学生跟随而来,足见他天然具有吸引力和凝聚力。他和这些学生一起在什刹海租房同住共读,开始了一个重要的交流形式——朝会。每天早上,他与这些学生静坐共读,并即兴讲授心得。之后,这种形式坚持了多年,《朝话》即由这些讲授记录结集而成。他这样说道:

> 在什刹海居住期间举行朝会,特别是冬季,天将明未明时,大家起床后在月台上团坐。其时疏星残月,悠悬空际;山河大地,一片寂静;惟间闻更鸡喔喔作啼。此情此景,特别使人感觉心地清明,精神振奋,仿佛世人都在睡梦中,唯我独清醒,更感到自身于世人于社会责任之重大。此时亦不一定讲话,即讲话亦不在多,主要的是反省自己,利用这生命中最可宝贵的一刹那,抑扬朝气,锻炼心志。

呈现在我们面前的,正是一个充满诗情画意的场景。师生之间,难道还有比这更为美妙、更加令人神往的境界吗?

显而易见,梁漱溟一直珍爱着他与友人、与学生之间的美好情感。这一点,在他暮年与叶石荪(麐)的通信中表现得最为感人。

一九七六年开始重读并批注旧札时,梁漱溟找出叶石荪的三封来信,他留下一封,其余两封寄回与他同龄的叶石荪。他在留下的一封信的信封上注明"此叶石荪自欧洲来信",另外又单附一页写道:

> 此五十年前叶石荪(麐)游学欧洲时与我通信之一件。最近检出三件,以其二寄北碚西南师范学院付还之。一九二一年《东西文化及其哲学》在北京初出一版,书页前有我与石荪、朱谦之、黄庆四人同拍一照片,可见当时

相交之雅。石荪与我同年生,生日略晚于我,于今俱是八十四老人矣。惜久未得相见谈学。(名章)一九七六年九月十日。

附识:一九六六年文化大革命运动中,我所有的书籍信札手稿等件,举被红卫兵小将抄走无存。迟至一九七〇年乃经全国政协会为我寻得,付还一部分信札手稿等件,至于书籍则没有了。

叶石荪收到梁漱溟寄还的两封信,极为感动,当即复信。虽是同龄人,他仍视梁漱溟为师:"廖生较师仅晚一年,然师弟名分早定,不可改矣。师何以'兄'呼我?"叶石荪一生坎坷,道起往事,感慨万千,尤其是把学生与恩师的真挚感情表现得淋漓尽致,堪可将之视为梁漱溟与诸多弟子之间六十多年交往史的缩影。兹全文转录如下:

漱师道鉴:

日前得见涤玄兄,后复奉手示,藉知北京地震时师安全无恙,深为庆幸。

自五七年晦迹以来,心怀惭恧,不便与外间旧日师友通问。故虽亲厚者如师,亦不作例外(但师之消息不时从此间之知师者探得之)。敬祈宽恕。

承寄还往昔发自法国三信,重读数过,诚不胜今昔之感。当时心情颇颓废,但理欲之争尚存,向上之志未泯,对于学业犹图有所建树。倘归国后,善自为谋,坚其趋向,努力以赴,未必遂终无所成。行年八十有三(廖生于一八九三年十二月,师似生于一八九二年。廖生较师仅晚一年,然师弟名分早定,不可改矣。师何以"兄"呼我),精力已衰,无补世用。回顾过去,瞻念前途,可谓于悠悠忽忽中了此一生,良可哀也。遵嘱谨寄还所指其中一信。

往日承师青眼相看，多方惠助，永志不忘。惟每一念及深负师之期许，愧悔何可言说！

大著《人心与人生》惜不得一读。

再聆教言之日恐不可复得矣。言之黯然。敬颂

著祺。

弟子廖谨启
一九七六年九月四日

为之黯然的何止叶石荪一人？梁漱溟收到此信时，正继续着翻阅友人旧札的工作。我想象着，在暮色茫茫的秋日余晖下，他以复杂心情细读这封新札，往事不再，来日不多，弟子的真诚与感伤想必同样让他激动不已。

一位饱经风霜的哲人，暮年融入此情此景，真乃不幸中之万幸。其生命因此而愈加丰满厚重，漫溢出美丽诗意。

2007 年 11 月 13 日

灵魂在飞翔

这难道就是路翎？他还不到六十，却只能无力地靠在桌边，借支撑物的力量站起来。脸上的肌肉松弛了，折成一道道深深皱纹。他一下子没有认出他的老友，记忆力随着那蹉跎岁月流去，淡淡地留下些痕迹。那双曾经明亮、漂亮得让朋友们赞叹的大眼睛，没有神采，只是呆滞地缓缓环顾周围，用简单而含糊的话，回答老友热情的问语。

第一次见到路翎，他留给我这样一个深刻印象。

那是在1982年，我刚刚从大学毕业来到北京。上海的王戎先生到北京来，为了让我尽快在北京打开工作局面，便带着我拜访他的几位朋友。其中一位就是路翎。

自从"胡风集团冤案"发生之后，将近三十年他们从没有见过面，只是在"文革"结束被平反后，从朋友的讲述中，王戎才略为知道一些路翎的近况。他听说，在活下来的朋友中，路翎的状况是最为凄惨和令人痛心的。在二十年的监狱生活中，路翎精神常常处在高度紧张状态之中。有许多事情他想不明白，强加于身的许多罪名他无法接受。他不像别的朋友那样开朗而达观，可以很快适应突兀而至的打击，用读书、学习外语之类的办法让自己沉静下来，从而在磨难面前始终保持一种心理健全状态。

路翎却不。他和胡风一样，在狱中永远无法摆脱每时每刻精神的折磨。他默默无言，没有什么事情可以让他忘掉心中的疑惑和不解，也没有什么事情可以让他安静地入睡，让心灵得到一夜的宁静。这样，他的精神始终拉得紧紧的，从没有松弛过，最终，他不得不被送进精神病院治疗。然后，在病愈之后释放回家，靠做扫地工挣一点儿工钱养家糊口。

在来看望路翎之前，王戎就听说了路翎的这一切，他早已做好了精神准备。但当他看到路翎以这样一副模样出现在我们面前，他仍然呆住了。他不愿意让自己这种伤感刺激路翎，强打笑脸与之交谈。等我们从路翎家中出来，走在破烂不堪狭窄的胡同里，他禁不住落泪了。

在我认识王戎的几年里，我从未见过他如此伤感过，更没有见他落过泪。此刻，我开始明白路翎在他心目中的位置，开始明白，路翎在经历过磨难之后，身上真是发生了强烈的反差。不然，像王戎这种开朗达观性格的人，是不会如此感慨，如此难以抑制住内心的激动，表现出情感脆弱的一面。

第一次见到路翎时，他还住在朝阳门附近的一个胡同里。后来，他得到了照顾，搬到位于虎坊路的中国剧协宿舍，住房条件有所改善，有了一套算不上宽敞的三居室。时代的变化和生活条件的改善，对于晚年的路翎，无疑是一种慰藉。经过几年的治疗，加上心情舒畅，他的身体状况明显有了好转。眼睛不再是那种浑浊呆滞，而是不时灵活地闪动着。虽然谈起往事还不流畅清晰，但记忆力明显恢复了许多。他开始可以独自一人上街走动，还偶尔外出到朋友家串串门。他又写起小说，开始在一些报刊上发表散文和诗歌。

与人们久违了的路翎重返文坛，步履虽然蹒跚，对于他，对于读者，其意义却极为重要。过去熟悉他的名字的读者，欣喜地发现他重又拿起笔，从事文学史研究的学者们，仿佛发现新大陆一般，重新肯定路翎四十年代创作所具有的价值。不少学者渐渐接近于胡风当年对路翎所做的评价,公认路翎是现代小说界颇具才华最有创新意识的独特作家。他在二十几岁写出的长篇巨著《财主底儿女们》,被视为现代小说创作中具有里程碑意义的代表作。路翎不再寂寞。那个备受磨难、为人歪曲的路翎,终于在晚年得到了历史的公正。

正是在身体和精神渐渐恢复正常的日子里,路翎进入了一生中最后一次创作高潮。那些日子里,我开始了和他的接触。先是因为在《北京晚报》副刊做编辑,不时去约稿。后来,为了撰写《胡风集团冤案始末》,也常去访问他,从他那里收集一些资料。每次到他那里,都发现他在伏案写作。他似乎在和自己的生命较量。少言寡语的他,只是在写作中才找到情感宣泄的途径。

他写得最多最快的是小说。短短时间里,一篇篇小说,包括中篇和长篇,相继创作出来。可是,我偶尔翻阅它们,产生不出兴奋和欣喜。我不能不承认这一残酷现实:那个当年才华横溢创作《财主底儿女们》的路翎已经不复存在。很明显,他的思维、心理状况,已不允许他架构小说特别是长篇小说这一形式。同时,他的语言方式,也难以摆脱年复一年经历过的检讨、交代的阴影,大而无当或者人云亦云的词汇,蚕食着他的思维,蚕食着他的想象力。每当他兴致勃勃地拿出小说手稿给我看,我心里就不由得掠过一阵阵悲哀。对他,我不便直截了当地说出自己的感受,就只能用一些空洞的话鼓励他,不至于让他失去创作的热情。因为,说不定有一天他身上会奇迹般出现从前那个路翎的影子,这些一日日所做的努力,会是一个新高潮到来之前的铺垫。

那时,我常常收到他寄来的散文新作,也发表了一些。我喜欢这些短小篇章。它们清新、细腻,用一种难得的平静,描述自己对往事的回忆和对市井生活的观察。

他写得最多的是当扫地工三年的生活。我记得他寄给我的第一批文章,几乎都与扫地工生活有关。首先发表的是《天亮前的扫地》(《北京晚报》1984年12月24日)。在发表这篇文章时,我特地从路翎那里要来一些照片,请丁聪配上一幅插图。画的上方是路翎的肖像。他眉头紧锁,嘴巴紧抿,满脸悲愤与疑惑。画的下方,是路翎的背影。他在冬日黎明之前,穿着厚厚棉衣,系着围巾,手持扫帚,在清扫着胡同里的垃圾。尽管路翎写得委婉、温馨,并非一种伤痕式的记忆,但丁聪显然读出了文章背后所隐含的悲哀。

在这样一些散文里,路翎的文字特点开始恢复,并增加了一些新的因素。和副刊上其他作者的作品相比,他的句式一般较长,仍带有早年欧化语言的痕迹,但其间也有一些变化。他习惯于排比式地描述一个又一个场景,从描述中写出他的感受。在他的笔下,扫地工生活充满温馨。他留恋天亮之前在胡同里度过的时光,他写和老扫地工之间的坦率和真诚关系,写扫地时街坊间给予他的问候,他写胡同里孩子们的欢笑,他写挨家挨户收卫生费的体验……

现在想来,当扫地工的生活对于在狱中度过二十年的路翎来说,当然是一种安慰一种解放。和妻子儿女生活在一起,走在北京的胡同里,在普通老百姓中间,那种政治上的压力相对减少。虽然每月仍要按时写出汇报,但毕竟不同于幽禁时期的孤独和压抑,备受精神分裂折磨的他,也才可能渐渐有一种稳定和放松的感觉。这就难怪他对扫地工的生活情有独钟,用清新温馨的笔调来描写它。

类似的心情,也反映在他这时创作的诗歌之中。

> 暮春,
> 扫地工在胡同转角的段落,
> 吸一支烟,
> 坐在石头上,

> 或者,
> 靠在大树上:
> 槐树落花满胡同。
>
> 扫地工推着铁的独轮车,
> 黎明以前黑暗中的铁轮
> 震响,
> 传得很远,
> 宁静中弥满
> 整个胡同。

(《槐树落花》)

　　这是令人难以置信的一种诗意。痛苦日子的生活,在晚年路翎那里,竟然酿出如此宁静与清新的诗句。这是真正的诗。

　　与晚年的散文相比,路翎的诗更能代表他的艺术创作力。它们表明,他内心中仍然以一种特殊方式潜藏着艺术激情和才华。在灵魂经历了痛苦折磨之后,在精神仍不时笼罩着分裂状态阴影的时候,他似乎更适合于把握诗的形式。在沉默的时刻,在给人一种近乎于呆滞印象的时刻,其实他的灵魂正在飞翔。

　　显然,他的内心,有一片供灵魂飞翔的天地。他时常产生一些常人没有的感觉,这些感觉便成为诗的内核。过去生活的影子,过去曾经熟悉的大自然的一切,都成为他的诗歌想象的基础。落雪,记忆与想象中的青蛙,奔跑的马,向太阳飞去的蜻蜓……在路翎那里,产生出奇特甚至有些怪异的感觉。我相信,假如不是那种精神状况,有些想象、有些词语构成是很难捕捉到的。心理学家或者医生,大概可以解释类似的生命现象。也许,正是这样一种精神状态,才更适宜寻找诗的意象,而路翎晚年的诗歌,由此而具有了特殊的意义。

飞翔是他潜在的渴望。于是,在他眼里,夜间周围的一切,便给他一个奇妙的感觉,它们都像是要飞翔起来。闪烁的星斗、街灯刺目的亮光、楼房顶端亮着的窗户,甚至夜的寂静和婴儿的笑,也"像是要飞翔起来"(《像是要飞翔起来》)。读这样一首诗,那个目光呆滞行走不便沉默寡言的路翎,一下子在我心目中活跃起来。我想象着,他坐在窗户前,凝望着外面的世界,内心一定有一种飞翔的渴望。正是有这种渴望,黑夜里的一切,才在他的面前旋转起来,飞翔起来,带着他的生命飞翔。

类似的感觉常常出现在晚年路翎身上。从而,他对色彩、声音、词汇有了与众不同的理解和联结。

他写战马:马的心脏有红色的火焰与白色的闪光外溢/它自己看见。

他感觉到蜻蜓心脏的燃烧:蜻蜓的心脏是有豪杰的火焰的蜻蜓的/蜻蜓。

他想象春雨中青蛙的欢欣——

> 池塘、岩石比以往更可亲,
> 撞击在岩石上而鸣叫。
> 它撞击是因为欢欣,
> 然后便轻轻跳跃上去了。
>
> ——(《春雨中的青蛙》)

整首诗前面十几行为一个整体,充满春雨般的欢欣,可是,路翎最后只用一行就突然结束了全诗:"冬天的时候在泥土与树的洞窟中。"在我看来,整首诗,因为有了最后这一句,才于突兀中显出了诗的张力。生命在这里形成苦难与幸福、压抑与自由的映照与联结。读到这里,我仿佛触摸到了路翎飞翔的灵魂。

如果将也收入本书的路翎写于1948年的长诗《致中国》,和他晚年的这些诗作进行比较,就不难看出其中的差异。长诗充满着理性的思考和呐喊，具备另外一种力量。但是，很明显，这种诗歌的震撼力产生于叙述方式，而非晚年这种对意象的发现。也许可以说，晚年路翎更像一个沉迷冥想的诗人，而非年轻时那个充满激情的诗人。

读路翎晚年的诗，总是可以感受到路翎内心强烈的渴望。他是否仍在留恋地回想以往创作力旺盛的日子？他是否意识到自己已经不再属于一个新的时代？我这只是一种猜想和假设，因为，在路翎的精神世界里，有我们难以透彻理解的东西。其实，我们很难与他对话。

但是，诗是一座桥梁。

非常感谢张业松和徐朗精心编选出这本《路翎晚年作品集》，使我们得以集中地欣赏路翎晚年的风采。读这样一些作品，心情当然不会轻松，历史沉重感也会油然而生。不过，同时也会产生些许安慰。毕竟路翎走过了磨难，毕竟路翎以他不屈的精神和富有独特性的创作，又一次呈现出他的艺术才华。

路翎的灵魂会永远在作品中飞翔。

1996 年 9 月 9 日

马国亮与《良友忆旧》

一

第一次翻阅《良友》画报,还是在八十年代初的大学期间,当时我正在上海复旦大学念书,开始研究巴金。二十世纪三十年代的《良友》画报,以及与它同期出版的"良友文学丛书",与许多作家的名字相伴随,是一个现代文学研究者必然会涉猎的对象。记得有段时间,每个星期我都会用上一两天时间,从复旦大学的所在地五角场,骑上自行车,前往上海图书馆位于徐家汇的期刊部,查阅1949年之前的旧刊,其中就包括《良友》画报。

当时翻阅旧刊,主要是寻找与巴金有关的史料,譬如,巴金曾在1933年的《良友》画报上发表过一篇短篇小说《玫瑰花的香》。

后来才知道,其实在世界,《良友》画报堪称领图像刊物风气之先的佼佼者。它创刊于1926年,早于美国《生活》画报。在抗战爆发之前的十年间,《良友》俨然已是中国最为重要、最有影响力的画报。天下的风风雨雨、世态万象都在上面留下了生动、形象的影子。

《良友》关注时事,有着灵敏的反应,而这种现实的感应能力,又是以历史感为支撑的。它所编辑出版的《孙中山纪念特刊》、《北伐画史》、《日本侵略东北》等,今天来看,无疑是极为珍贵的历史照片荟萃。至于当年的政治风云人物,从宋庆龄到宋美龄,从蒋介石到冯玉祥、张学良等都在上面一一亮相。新闻虽早已变为陈迹,照片却日显其新。这便是画报的优势,而《良友》更将之发挥到极致。

环顾当时种种报刊,新闻时政当然并非《良友》独家拥有的特色。日报自不待言,其他如《国闻周报》、英文《密勒氏评论报》等,都有其独到之处。《良友》的风格便在于它在官方与民间、政治与文化、文字与图片、高雅与流行之间找到了巧妙的契合点。战火前线的现场目击,并不影响好莱坞明星的中国之行,西北妇女的服饰与民俗等相继登场,漂亮的封面女郎一期期款款走来,突然间百岁老人、教育家马相伯也成了封面人物,却是有石破天惊之妙。政界人物纷纷亮相,文坛名家们的频频出场,显然增加了刊物的文化品位与分量。像极少愿意公开发表照片的鲁迅,破例答应《良友》为他拍摄了《鲁迅在书房》的照片发表。由《良友》策划的"名人生活回忆"系列,广揽政界、文化界等各界名人加盟,恐怕是第一次打出了名人的牌子,自创一类新文体。自述与图片相得益彰,为后人留下了那些名人的生动故事……

"上海地方生活素描"系列,尤显《良友》匠心独特。它约请文学名家写上海日常生活的方方面面。曹聚仁写风行一世的回力球及其赌球、茅盾写证券交易所、穆木天写弄堂、郁达夫写茶楼、洪深写大饭店……每篇妙文因有照片烘托,五光十色的上海生活更显得生动而形象。除此之外,《良友》还策划了西游记等民俗考察与旅游系列。因有这种策划与创意,《良友》才在新闻敏感性之外,凸现了文化的丰富性。这样的《良友》,无疑堪称当年上海文化的出色代表。

不过,当年虽颇为喜欢这一刊物图文并重和装帧考究的形式,但我对刊物本身并没有太关注,没有留意编者的大名——马国亮,当然,更没有想到有一天我会与他建立联系,并促成了《良友》回忆录的出版。

三

我注意到马国亮的大名，是在 1996 年前后撰写《人在漩涡——黄苗子与郁风》的过程中。

两位老人经常提到他们的朋友马国亮，讲述他的故事。从他们那里，知道了编辑《良友》画报的马国亮，是个多面手，写报道、写随笔、写小说、画素描、画漫画；知道了他与黄苗子一样，1957 年也被打成了"右派分子"，经历了多年的磨难；知道了他在八十年代初移居香港，然后，又去了美国旧金山，与孩子们一起生活……走进我的视野里的，就是这样一个经历坎坷而创作力丰富的文化老人。

惭愧的是，对于他，我过去居然一无所知。

在《人在漩涡》中，我写到了马国亮。

1937 年抗战爆发，随即广州沦陷。当时在广州省政府任职的黄苗子逃出了广州。1937 年 12 月 4 日，住在连县的黄苗子，给在香港的朋友、《大地画报》杂志的主编马国亮写信，把自己的见闻和思考向他倾诉。

马国亮与黄苗子都是广东人，前者是顺德人，后者是中山人。黄苗子在信中与马国亮探讨的是：平日异常自信的广东人，怎么能如此轻易地丢失了广州？

收到黄苗子的信后，马国亮将之发表在《大地画报》1938 年第四期上。在发表黄苗子的来信的同时，马国亮发表了《与苗子论广东精神》，就黄苗子提出的对广东人精神和性格的质疑与思考，展开进一步论述。这篇文章实际上是马国亮写给黄苗子的信，但是，烽烟滚滚，邮路艰难，黄苗子总是处在流亡波动中，马国亮不知道信是否能够到达他手中，就以公开发表的方式，让更多的读者能够了解到他们彼此的思考。

马国亮在《与苗子论广东精神》中说：

你我都是广东人，地方人物的特质当然都很明白。

我们不必自己夸张，也无须隐讳。广东人的长处诚如一般人所批评的是劲直刚强，任事敏捷。更因地理上三江所汇，土壤膏腴，物产丰饶，同时海航发达，交通上的便利，不但使广东人得风气之先，且在经济上更造成广东的富庶。但在这一方面的成功，同时也养成了自负甚高的自大性格。人人要在意气上争第一，结果往往是自相倾轧，于实际的事业仅能功过相抵。广东十数年来内政的无法整顿，民风性格上有极大的原因。

……

无论信不信，应该不应该，广州是失了。如果是广州暂时的失守能够给我们广东人以一个反省的机会，一个从新做人的方法，如你所说的一样，"让这事情作为最后一个教训吧！让它永远刻在每一个青年中国人——尤其是年轻的广东人的心版上"。那么这是一个很好的教训了。

我在传记中引用了马国亮的这篇文章，这算是我与马国亮先生最初的笔墨关联。

四

1997年冬天，经黄苗子先生介绍，我给远在美国旧金山的马国亮先生写信，希望这位《良友》当年的主编、年近九旬的老人，能够写一本关于《良友》的书的同时，我又寄去一册拙著《风雨中的雕像》请教。该书主要收录我当时所写关于老舍、邓拓、赵树理等一批"文革"受难者的文章，其中包括对他的朋友黄苗子郁风夫妇七年秦城监狱生活的描写。

马先生回信了。

李辉先生：

前信谅悉。读了大作，感慨万千。……文革是一场古今中外所未见的荒谬、把人性变成兽性的残酷的灾劫。我们这些深受磨难的,和你们这一代才能确知世间竟有这样的、使人难以相信的事。我怀疑后世的人是否会相信。巴金先生提议要建"文革馆",让后世代知道有这场惨绝人寰的浩劫不是没有理由的。因此我想到,您的某些雕像前面,如果能简单地、具体地叙述一下他当时所受的折磨,后世的读者才能理解著作更清楚,正如我们读《史记》,读了《××列传》以后,才能更体会"太史公曰"的话,不知阁下以为然否?

曾嘱香港开益出版社寄上拙著《浮想纵横》及《女人的故事》,不悉已收到否?

前信曾嘱写有关《良友》的回忆一事(近接郁风来信也转及此意)。事实上十年前我已写了。1984年《良友》在香港复刊,我应邀往香港参与顾问,其实我对编辑工作从不过问,我认为我三十年代的办报经验,不一定符合今时的新潮。当时除问一些老朋友如徐迟、吴祖光、秦牧等(当然还有苗子、郁风夫妇)为《良友》提稿以外,自己也写一些稿子。当时想到,《良友》在香港复刊,与创刊时相隔逾半个世纪,让目前的读者了解一下从前的情况,似有必要。因此便写了《良友忆旧录》,在画报上陆续发表,大概总有十万字以上吧。当时旧《良友》的影印本尚未全出,仅就一些现有的残本为基础,挂一漏万难免,但大致上还能概括的,现另邮,将复印一份寄上,请赐正。

收到后请来信。

专此,即请

著安!

马国亮
1998年1月3日

其实,在写来此信的前一天,1998年1月2日,马先生已经先行寄出了他的回忆录复印件。他附信如下:

李辉先生:

　　寄上拙稿《良友忆旧录》复印一份,请指正。

　　如有出版可能,拟改名为《回首当年——从一本画报看三十年代的中国社会》,或其他较佳的题名均可。

　　余详另函,即请

著安。

弟　马国亮
1998年1月2日

　　马先生写得很精彩。随着他的朴实而生动的叙述,我走进了一个色彩斑斓的世界。他所叙述的人物和场景业已远去,但这种历史距离反倒让人对它们感到亲近,因为,贯穿于他的回忆的是文化兴趣,是文化留恋,是现实出版业的映衬。过去,中国还没有过专门关于一本刊物的回忆录,马先生的著作无疑填补了这一空白。

　　万里而来的重托,老人暮年的期盼,书稿拿在手上沉甸甸的。我清楚知道,像他这样的老人,能看到回忆录的出版,是他一生中最后的愿望。

　　当时,拙著《风雨中的雕像》是由山东画报出版社出版的,这是一家新起的出版社,注重图文并重效果,而关于《良友》的回忆录,图片选用极为关键,我当即向该社予以推荐,并获首肯。

　　我把这一消息告诉了马先生。很快,他来信详细谈到了出版细节:

李辉先生:

　　来示奉悉。尊嘱,分复如下:

　　1. 委托书请先生全权代为处理一切。

　　2. 书名亦请先生认为合适的另拟。

3. 稿酬问题可由该出版社按照它的常规处理,本人没有任何意见。

4. 附上给《良友忆旧录》补充的两节:《郑伯奇》和《白色恐怖》。此两节当时写《忆旧录》时没写进去。最近因应上海鲁迅纪念馆之约,为该馆筹备出版的《赵家璧纪念文集》写了一篇《家璧和我》,提及此时,觉得有必要在《忆旧录》中叙及,因附记如另纸。《家璧和我》全文,为《香港文学》取去,据说先拟在二月份该志发表。

5. 书名是否请人题字,也请你酌情办理。

6. 相应照片,手头上全没有了。寄去复印稿中的,也只是全由《良友影印本》中翻过来的。原有的数以万计的照片,抗战后已不知踪迹,十分可惜,需要时也只好从影印本选用了。

拙作《良友忆旧录》,承向山东画报出版社推荐,至是铭感。当年我写此稿在香港复刊的《良友画报》发表,无非想让新读者了解一下过去《良友》的情况,没想到要把它结集出版。因为它只属于文史资料,销路不会很广。在目前经济效益摆在第一位的今天,是不易为一般的出版社接受的。虽然我写作是尽量不枯燥,力求通俗较能入胜,到底不像一般文艺性读物,有较大销路的希望也。因此能出版与否并不抱很大希望。如获接受,倒是意外了。

前曾嘱香港出版社寄上拙作《浮想纵横》散文集及小说《女人的故事》,不知已收到否?如未收到,望示知,俾再函促。

潘际坰先生返美已转告尊注,至感。明晚将再与他及罗孚先生共饭,届时将代达问好。

专复,即祝

春节快乐

马国亮

1998年1月30日

当年四月,他再来一信:

李辉先生:

昨奉手书,知承将拙著《忆旧录》已交山东画报社出版,至为欣感。

兹寄上拙著,在香港出版的《浮想纵横》及《女人的故事》各一册,请惠正。

苗子郁风闻已抵京,想得快晤了。

匆祝,即颂

著安

马国亮

1998年4月6日

就这样,我和马先生之间的通信围绕着这本书的出版得以开始。

五

出版一本关于著名画报刊物的回忆录,自然需要选配大量图片,未曾想,这却成了《良友忆旧》一拖再拖,迟迟难以出版的一个直接原因。在把书稿推荐到山东画报出版社一年多之后,插图事宜还未能解决。

1999年,马先生为此事专门写来两封信。

之一

李辉先生:

苗子、郁风夫妇来美,谈及先生为弟所写关于《良友》回忆的拙著挑选插图。据弟所知,解放初期,赵家璧先生曾将原版《良友画报》全套赠给北京图书馆,此其一。

另外,数年前上海书店曾将《良友》由1926年创刊至1945后重新影印出版,全套共23巨册,除供应台湾外,国内已销出900套,购者可能都是文化团体,例如《人民日报》、中央电视台等可能都是买家。先生不妨试为打听,当不难觅也。

又谈拙作付印时,需否写一些简单的前言?便中望示告。即祝

近好!

弟　马国亮上
1999年5月10日

之二

李辉先生:

潘际坰先生带来大作《人在漩涡》转收,至为感激。正在诵读中,你博采多方面材料,行文不落一般传记窠臼,自成一格。我和黄、郁相交六十余年,读时更觉亲切。五月就曾邀他俩到美国加州小住二日,得图快晤。

拙著承您为此奔走,既感且歉。记得解放前后赵家璧曾送北京图书馆原装《良友》画报一套,其中有一大部分用影写版印刷,图片清晰,比近年上海书店出版的影印本更好。如能借出制版,效果会不错。

您十分繁忙,劳您为此费神,不论事成与否,都应谨向您致谢也。匆祝即请

著安!

马国亮
1999年11月24日

找一套马先生提及的影印本并不难,但图片质量差,不宜再度

扫描。而要从图书馆借出一套原版《良友》使用，谈何容易，几乎不可能。因此，拖延了两年，山东画报出版社也无从操作。

几经周折，2000年有了转机。北京的三联书店承接了这本回忆录，并在范用先生帮助下，借出一套原版《良友》。书名最后确定为《良友忆旧——一家画报与一个时代》。

得知这一消息，马先生喜出望外，特地从美国旧金山打来远洋电话聊了许久。此时，他已九十二岁。他说因病不便行走，只能坐在轮椅上。但他的声音洪亮，底气十足，听不出是一个年过九旬的老人。

不过，书的设计、排版进度很慢。我很着急，老人也急。2001年8月我到美国东部逗留一个月，但未能亲往西部拜访他。我们通了几次电话，告诉他书的设计已到尾声，很快就会见书了。他很高兴，说他等着。

回到北京，终于看到了该书的校样。我当即给他发去一个传真——我因此才留下了唯一一封写给他的信：

马先生：我刚刚看过二校，用了几百幅图，很讲究。根据您的意见，我写了一篇序，忝列于前，特传来请阅正。根据目前流程，春节前后出版应该有可能。抱歉让您期盼了。

另外，请速寄一张近照，以放在书中。

祝长寿！

李辉

2001年11月8日

时间紧迫，来不及等照片寄来，便与责任编辑郑勇先生商定，选用了丁聪先生为他画的一幅肖像漫画放在封面勒口上，并配上了他的自述："左派变右派，抗日该劳改，欲辩已难言，耸一耸肩，我自逍遥自在。"马先生为这一自述做了这样的注解："1952年以左派为香港英政府逮捕驱逐出境,1957年被划为右派。抗战时期在昆明美军总部任职作抗日宣传工作,'文革'时被定案为'美蒋特务',囚禁一年,下放监督劳动改造五年。"这一自述可说是对他一生坎坷的高度概括,只可惜对主编《良友》的文化创造只字未提。

几经周折,费时四年整,《良友忆旧》终于由三联书店于2002年1月出版。可是,谁能料想,我刚刚收到样书,还未来得及打电话报喜,把书快递寄往美国,却传来了马国亮先生突然去世的噩耗,时间仅仅相隔几天!

老人最后的期待,在我手里竟成了泡影!

我曾设想,有一天坐在他的对面,听他讲述书中没有写到的一些往事,但我再也听不到他洪亮的声音,更无从见面了。

唯一可以告慰老人的是,编排考究、印制精美的《良友忆旧》,一经问世,即受到读者热烈欢迎。关于一本刊物的回忆,成了一个时代的特殊记录,作者马国亮的名字从而将永远留在读者的记忆里。

2007年9月3日

另一个邵洵美

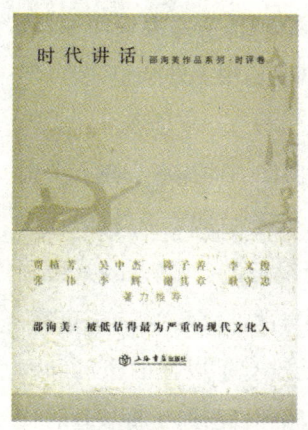

无缘见到邵洵美先生。潦倒落寞的他,在承受了牢狱折磨和"文革"震慑的一连串磨难后,1968年告别了这个世界。十年后,当我1977年有幸参加高考走进复旦大学时,上海哪里还能见到他的身影?最初的文学教科书里,也难寻他的名字。读他的作品,是在后来;知道他的故事,主要借助于他的同时代人的回忆。不同的人,不同的讲述,一个人的命运,泼墨而成一片五色斑斓:美妙、飘逸、传奇、委屈、感伤、悲凉……

我所交往过的文化老人中,唐瑜、马国亮、黄苗子、丁聪等先生,都与邵洵美熟悉。早在上世纪的三十年代,他们与邵洵美相交往,一起活跃在上海文化圈。年龄上邵洵美比他们大不了多少,文坛辈分却算得上他们的前辈,编辑文艺刊物,则是既合作,又竞争。丁聪先生曾对我这样说过:"当时上海有两个画报系统,良友出版公司属于广东帮,有《良友》画报等好几个刊物。时代图书公司属于上海帮,有张光宇、鲁少飞、叶浅予,以漫画家为主,邵洵美做老板,刊物有《上海漫画》、《时代漫画》、林语堂的《论语》等。"

丁聪、黄苗子虽在"良友系"工作,却与"时代系"的关系也颇为密切。譬如黄苗子先生,谈到邵洵美,他总是怀着感激与敬重。1929年,他在香港还是中学生,向叶浅予主编的《上海漫画》投稿并获采用。这对他是一个极大的激励,两年之后,他只身来到上海,随后成为文化圈的一员。在他的记忆中,邵洵美爽快而慷慨,既有才识,又有财力,引进世界上最新印刷机,用上好纸张,装点出上海期刊出版的一片美丽亮色。

丁聪不止一次在聚会中兴致勃勃地回忆一件往事。在上个世纪五十年代初,邵洵美拥有中国最好的一套彩色印刷设备,时代变迁,他已不再可能拓展业务,遂决定出让设备。丁聪时任《人民画报》副总编辑,他专程从北京前往上海,与邵洵美洽谈转让事宜。丁聪印象中,走进新时代的邵洵美,早已没有了以往的潇洒和飘逸,曾被鲁迅讽刺和批评过的他,似乎预感到自己迟早将被新时代抛弃的结局,显得落寞,甚或有些焦虑。他已经不再可能从事出版,这套设备没有了用武之地。他与丁聪没有讨价还价,以不高的甚至相对低的价格,让丁聪把这套设备运回北京,交由《人民画报》使用。丁聪说,之后,他再也没有见到过邵洵美。

知道邵洵美后来的行状,是读了恩师贾植芳的回忆文章《我的难友邵洵美》:"他身材高大,一张白润的脸上,一只长长的大鼻子尤其引人注目。他穿了一件古铜色又宽又长的中式丝绸旧棉袄,敞着领口,须发蓬乱,颇有些落拓不羁而又泰然自若的神气。"这是贾先生1950年第一次见到邵洵美时留下的印象。这一年,也是邵洵美把最好的印刷设备忍痛割爱之际。落拓不羁,泰然自若——呈现在我们面前的,是与丁聪记忆有所差异的另一种状态。

状态虽有不同,一个文人的大起大落乃至命运的不可预测性,留给后人的感触总有相近相似之处。黄永玉先生虽没有见过邵洵美,却对其人生旅程的辉煌与悲怆有一种透彻的感悟,为此,几年前他还特地写过一首短诗:《像文化那样忧伤——献给邵洵美先生》:

> 下雨的石板路上
> 谁踩碎一只蝴蝶?

再也捡拾不起的斑斓……
生命的残渣紧咬我的心。
告诉我,
那狠心的脚走在哪里了?
……
不敢想
另一只在家等它的蝴蝶……

在诗中,黄永玉以一个艺术家的体验,将邵洵美由盛及衰的文化使命,浓缩为一个凄美的词汇——"忧伤"。

在描述邵洵美的文章中,最感人、最具有历史冲击力的,莫过于贾先生的《我的难友邵洵美》。读过不止一遍,每一次读之,心中都有无限感慨满溢而出。

邵洵美在狱中闲谈时对贾先生的两个叮嘱,尤令人难忘。贾先生写到,五十年代末他与邵洵美在狱中同囚一室,邵洵美怕自己来日无多,希望贾先生日后如有机会,一定替他说明两件事:一,1933年萧伯纳来上海访问时,由他出面宴请并花费四十六块银元,出席者有鲁迅、林语堂、宋庆龄、蔡元培、杨杏佛等,但在公开报道中,他的名字未被提及。二,他的文章均由自己亲自执笔,而非鲁迅所批评的是请人捉刀代笔。

两件事情均与鲁迅相关。由此可见,在邵洵美心中,三十年代初期他与鲁迅之间发生的隔阂、争论,一直是无法释然的一个心结。哪怕穷困潦倒,身处逆境,耿耿于怀的仍是这两件陈年往事,而此时,鲁迅已去世二十多年。

可以理解他的这一内心纠结。尽管与鲁迅有过争论,他却并非像后来人们想象的那样,与鲁迅"老死不相往来"。相反,当时的文坛,文人之间一方面可以在刊物上公开而平等地互相争论、批评乃至讽刺挖苦,现实生活中却又并不一定都是仇人。邵洵美要澄清的第一件事,还原出当年上海一个真实的文化氛围。

在我看来,第二点误会的澄清,对于邵洵美本人更为重要。

邵洵美这样对贾先生说:

"还有一件,我的文章,是写得不好,但实实在在是我自己写的,鲁迅先生在文章中说我是'捐班',是花钱雇人写的,这真是天大误会。我敬佩鲁迅先生,但对他轻信流言又感到遗憾!这点也拜托你代为说明一下才好……"

一个写作者,难道还有比澄清自己不是"捐班"更重要、更紧迫的事情吗?

该为邵洵美庆幸。幸好他在狱中遇到了文学同行贾植芳,而贾植芳先生历来又以坦诚、正直、豪爽而著称——可以相信,正是在几个月的接触中,邵洵美感到贾先生是可信之人,才会与之恳谈,予以拜托。许多年后,贾先生写出了这些,他没有辜负邵洵美的委托。模糊的历史场景,扭曲变形的人与事,由此变得清晰而恢复常态。

这些日子,翻阅邵洵美这本《时代讲话》(《邵洵美作品集》第二辑之一种)的校样,我不时想到贾先生转述的邵洵美的第二个委托。这是从未听到过的一个遥远而陌生的声音,却依稀让人可以听出委屈、无奈与可怜。好在,这种感觉随着阅读的延伸渐渐淡去。因为,一本《时代讲话》,将邵洵美当年不为人知的另外一个写作领域——时论——的成果,集中呈现在我们面前。

当年邵洵美发表时论,大多署以"郭明"等笔名,因此很少有人知晓它们出自这位"新月派诗人"、出版家之手。这些年,在女儿邵绡红等人的细心而执著的打捞下,它们终于浮出水面,让我们看到了一位时评家的邵洵美。可以说,行至此时,时评与诗歌、散文、翻译等作品一起,才构成了这位作家的写作全貌。

议论时政,实为"五四"以来现代文人的传统,邵洵美是这一传统中的一员。在从事文学创作及编辑《新月》、《诗刊》等文学刊物之外,时政也在他的视野之内,诸多现实话题,成为他的议论针砭的对象。

本书命名为《时代讲话》,与《时代》画报相关。

《时代》画报创办于1929年,此时,TIME(《时代》)周刊已在美国获得成功,邵洵美将画刊取名为《时代》是否有意借鉴于此,不得而知,但《时代》画报贴近于新闻性则是显而易见的尝试,这里也成为他最初议论时政的主要平台。由此而后,从《时代》画报,到《论语》杂志以及中、英文姊妹刊物《自由谭》(英文版名为 Candid Comment),邵洵美一直没有放弃自己的新闻职责,他力图让一位诗人的敏感,帮助自己参与到时事的辨析之中,他的身上体现着一个文人的现实精神。《时代讲话》中的作品,首篇《容忍的罪恶》发表于1931年"九一八事变"日本侵略东北之后;末篇《明朝浴》发表于一九四九年时代转换之际,写作时间跨度近二十年。二十年间,中国乃至世界发生的诸多事件,几乎都在邵洵美的观察与议论之列。在当年知识分子议政的潮流中,邵洵美虽不像邹韬奋、储安平等一些著名时论家那样耀眼,他却以自己的方式发出了个人的声音,这声音早已融进历史的交响。现在,邵绡红女士将这本时论集命名为《时代讲话》,表达的正是她对父亲另外一种声音的理解与尊重,她让读者得以有机会,听到半个多世纪之前一位诗人兼出版家的"时代讲话"。

关于时论的写作价值,邵洵美自己这样说过:

> 要研究一个时代的文化、政治及社会状况等,每每注意到那个时代所有发表的言论。一个时代的言论,有时简直可以代表一个时代的历史。所谓"言论",当然范围极广:象征的或抒情的如诗;寄托的或叙述的如文;冠冕的或形式的如公事文件;通俗的或片断的如民间歌谣的征集,时人言行的记录……不论积极或消极,它们都正面地或是反面地显示着人类被当时的一切所引起的心理反映。

(《论语》"你的话"专栏小序)

说得真好。邵洵美当年撰写时论时,不知自己是否意识到,当后人如我者,重新阅读这些时论时油然而生一番感慨:他所议论的现实已成过往,而他的笔留存了历史。如他上面所论,这历史,既是随时间编年而记录下的时政的演变脉络,更是一个作者与现实的心理对应关系,两相映衬,使我们可以更深入地了解一个时代的具有代表性的精神状态。从这一角度来说,《时代讲话》既是历史读本,也是颇具个人化的读本。

一位时论家之所以关注现实,就在于有热情,有担当,在与当政者的对应关系中,始终保持独立思考的姿态,尽量用自己独有的语言方式来表达个人观点。所谓时论,无论内政或者外交都在审视、议论范畴,没有这些内容,恐怕谈不上是真正意义上的时论。写作时论的邵洵美,涉猎广泛,论题或深或浅,均与国内外大事相关。对于他,在时局动荡不宁的日子里,重要的不是议论是否全面、深刻或者激烈尖锐,而在于个人能否拥有一种自我言说的权利。他在《爱国不是投机,爱国不是反动》中,以非同寻常的激动,明确表达每个人都有诉求爱国、谈论国事的权利:

> 在一本文学刊物上,我读到一篇文章,大意是说:"目前的报章杂志里,充满了爱国的热烈的文字,这里面一定有许多投机分子,乘机来讨好读者。"这一位编者又说:"这种投机分子,不配写爱国的文字。"
>
> ……
>
> "绝对言论自由"的奢望,我们也早已几乎放弃了:奸淫盗贼,我们已不大敢斥骂;卑鄙龌龊,我们已不大敢指摘。但是最低限度的"爱国"是非讲不可的。指导言论当然是当局的责任,但是摧残言论乃是当局的过失。……
>
> (《爱国不是投机,爱国不是反动》)

就在发表此篇文章后不久,邵洵美在1933年8月出版《十日谈》(章克标主编),并在第一期发表长文《究竟有没有蓝衣党》(署名"郭明")。他以串联故事的方式,夹叙夹议"谣传"中的国民党内部的秘密组织"蓝衣党"(又称"蓝衣社"),笔锋直指国民党当局,并以反话的讥讽巧妙结束:

> 假如我所列的政治的程序是对的,那么,中国的法西斯蒂是否为同样的政治势力所促成的呢?……那么,所谓蓝衣党者,不过是帮助某一党派扩张势力的一种恐怖的工具而已。扩张势力不以政治的成绩取信于人,而用阴秘的手段来威吓成奸,实是自杀的政策。我们的国民党是决不会如此愚笨与野蛮。因此我的结论是蓝衣党是绝对不必需的,同时也可以推定蓝衣党是决不会在国民党统治之下出现。
>
> (《究竟有没有蓝衣党》)

"郭明"的讲叙与议论,立即招致打压。第一期《十日谈》在河南、广东等地被查禁,出至第三十九期终被罚停刊(后又复刊)。后来,邵洵美所出版的《人言》周刊,也遇到类似的打压与挫折。于是,在《言论自由与文化统制》一文中,邵洵美在表达言论自由的诉求的同时,不得不流露出历史语境中的无奈:

> 我们这般私人集资、出版刊物者,本无任何不法之背景,目的只在说几句真心话,我们也希望政府能一天天走上正轨;我们不怕审查,只怕有莫名其妙的制裁。
>
> (《言论自由与文化统制》)

无奈却不变初衷,时论家的邵洵美就这样发表了长达二十年的"时代讲话"。

其实,时论写作不仅重在锐气,也需要一定的敏感与预见,而预感与预见,则有赖于广博学识和敏于思考。所谓一叶知秋,应是对时论家能否出色的一个考验。《时代讲话》呈现出来的邵洵美，恰好证明了他具有这一能力。

1934年10月9日，奥地利总理陶尔斐斯遇刺身亡，震惊世界。陶尔斐斯虽然也实行法西斯统治，但反对德国吞并奥地利，遂被有德国支持背景的势力暗杀。这一刺杀事件，立即引发欧洲局势的动荡。邵洵美关注此事，但目光所及却是中国局势自身。他以"郭明"笔名在《人言周刊》刊文《中国应有准备》，其中写道：

> 奥地利总理被刺，德意军队均开发奥国边境整装待发，一般舆论家咸谓第二次大战又将因奥国而蔓延全世界了。
>
> ……不过，无论德国是否欲再蹈一九一四年之覆辙，世界的局势已一天天紧张了，欧洲各国势必群相秣马厉兵，而对于远东问题暂时放弃不管；假使日本乘此时机，出而争东亚之霸权，中国其惟束手待毙。
>
> 所以奥国政变我们一方面虽当时刻侦察欧美的动静，以定进退，而另一方面则不得不加紧准备以防万一；否则奥国的政变并未使欧洲和平破坏，却给日本以骚扰东方的机会：门外看热闹，家中强盗抢，幸国人勿留心了人家而忘记了自己。
>
> （《中国应有准备》）

两年多之后，"七七事变"爆发，邵洵美忧虑中的预见，不幸被证实。

凡关注现实并热衷于发表时论的人，必然有着强烈的历史责任感。目光所及，既有自己身边每时每刻的现实世界，又有穿越时空之后未来的场景，在他们那里，两者不可分割。评说时政，实际上也就为后人留存了历史。显然，邵洵美十分清楚这一关系。邵绡红女士回忆说,父亲在晚年曾对自己的作品的价值,发表过这样的看法:"我的东西只能起一种作用,便是说,留作一种资料,说明中国历史上曾经有过这样的一种东西,它反映了某些人的思想。将来或者把它们拿给文史资料参考编辑的负责人去看看,有没有用……"所言极是。

正因为有着强烈的历史感,当抗战刚刚获得胜利时,邵洵美便立即发表时评,以《赶快写定我们的战史》这一明确的标题,呼吁国人勿只顾欢呼胜利,而忘记对战史的整理。他将与同胞所亲历的抗日战争,放在中国漫长历史背景和世界范畴来考察,突出其重要性,强调撰写这一战史的紧迫性。他这样说:

> 以抗战的时代性而言,我们的"抗",抗之能持久,抗的区域之广,不输给当今任何国家。以抗战的永恒的可宝贵性而言,前有晋人,宋人,明人的南渡,都未能北返,而我们于不十年间,河山还我,风景不殊,似亦可较历朝历代为无愧。明乎此,吾人实无理由觉得沮丧。哀莫大于心死;不知认识战争的,莫谈建设和平;所以我们要呼喊"写定战史",而且要赶快地写定。
>
> ……
>
> 二十五史之对于我们,撇开它永恒的文学价值不谈,只是史料,只是死的史。新的,活的史呢,为现代人所能懂得,适合于现代人意识形态的史,似乎犹待写定。

(《赶快写定我们的战史》)

时隔六十多年,邵洵美在"时代讲话"中发出的这一声音,听起来,似乎还是那么清晰、有力。读这番话,不由让人顿生感慨。时至今日,抗战史的"写定"远没有完成,但是,今人的诸多努力,如史学家杨天石、袁伟时、杨奎松等人孜孜不倦于历史梳理,如新闻人崔永元等同仁以"我的抗战"系列致力于汇集抗战幸存者的口述实录,如作家张正隆等以纪实文学打捞抗战传奇……无不是在履行着各自的历史使命,在朝着"写定"的目标前行。不妨说,今人所做的这些,其实都与邵洵美1945年发出的呼吁遥相呼应。

具有历史感的人,彼此的心永远相通。

当年撰写时论的邵洵美,预想过他与今天的人们,还能有这样一种历史衔接吗?

2011年4月10日

长空万里,落叶萧萧

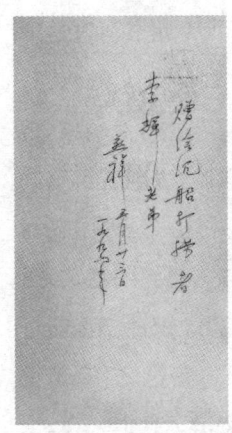

北京终于下了冬天第一场雪。雪花触地即化,如南方的落雪,虽不大,漫天飘洒的灵姿仍让人欣喜不已。

翌日,风轻日暖,云淡天朗。坐在家里的窗前,远山清晰可见。无论人在何处,我总爱看天,看山,看远近随光线变化而呈现的不同景致。一次兴致忽起,在电脑里专门设置一个照片子目录——"我的窗外",把在家、在外一年四季各处拍摄的窗外景致归纳一起。八方相会,四季替换,日出日落,云生云消,闲时浏览一番,旅游的回味与时间的感叹,全在窗户里了。

这一次雪后,我静静地看天。在肃杀的冬日,脑子里浮现的是邵燕祥的诗句"长空万里书何字,鸦雀无声雁有声"。这几日我正在读《邵燕祥诗抄·打油诗》(广西师范大学出版社,2005年9月版),此刻它就放在窗台上。白底封面如同雪地,书名之旁,点缀有几枝水墨荷叶,两朵莲蓬俏然而立,透出清高文人之气,又仿佛是在点染诗意,淡雅而醒目。

读邵燕祥,需要心静,需要摈弃世俗的浮躁。他以写新诗开始文学生涯,迄今已有六十年了。"文革"结束以来的这二十多年,他则以杂文、随笔和打油诗著称。他是诗、文高手,既能于委婉细微处奏响黄钟大吕,又能于电闪雷鸣时漫溢出诗意。在这一点上,我觉得他高出他的同时代的许多作家。十多年前,我在策划"金蔷薇随笔文丛"时,曾请他编选了一本《改写圣经》。我为此书写过这样的点评:"作者由写诗而转写杂文,许多篇章可视为杂文的'诗'。在这些短文中,他依然充溢着诗人的激情。他爱,他憎,他呐喊,他沉思。他更多的是用诗人的敏感,用杂文这一载体,表现着沉重的历史感、深刻的社会批判性。"现在看来,这些点评还只是停留在写作风格的表层上。其实,邵燕祥对于当今文坛和思想界的意义,更在于他的独立人格、道德勇气、历史责任感和思想敏锐性。难能可贵的品质,一旦与深厚的文史修养和才气相交融,警世之作、传世之作就在我们眼前出现了。我常常对人感叹:文坛幸有邵公在。

《人生败笔》书影

早就二十多年前当副刊编辑时,我就与邵燕祥结识了。在我眼里,他一直在思考,在寻找。用他前年出版的《找灵魂》这个书名来说,他是在历史中寻找失去的自己,在寻找中加深着对现实的理解。萧乾曾说自己年轻时不喜欢理论,要在人生旅程中"不带地图旅行",其间种种酸甜苦辣惟有心知。而当邵燕祥以编年体的方式,记录自己从事文学写作以来几十年里灵魂的失去与找回时,回溯历史之旅就显得更有内涵、更有启迪意味了。在《找灵魂》之前,他的另外两本同样类型的著作,回忆录《沉船》和个人档案《人生败笔》,曾列入我主编的丛书中出版。三本书构成一个整体,把一个诗人、作家的个人史,与整个民族的悲欢离合、起伏跌宕,紧紧地连在一起了。读它们,才会更深入地理解他,才会更真切地感受到他的灵魂为何如此沉重,他的笔为何不能不承载着如此多的历史与现实的话题。

《邵燕祥诗抄·打油诗》中附录了一篇《审诗》,把自己写作打油诗的由来叙述得颇为生动。1965 年,他买来一叠荣宝斋处理滞销的册页,看纸好,一时手痒,写了词九阕送给一位朋友。其中一首《永遇乐》,就一位苏联妇女亲手绣列宁、斯大林、毛泽东的肖像的故事而写,主旨是歌颂,开笔即是:"落叶萧萧……"一年多过后,在"文革"高潮中,他受到批判。一个抄件中"落叶萧萧"笔误为"落日萧萧",成为他攻击"红太阳"的罪证。

"邵燕祥劈头就写:落日萧萧……"

"不,是落叶萧萧!"

远远的、做记录的什么人手里举起他的手抄稿,"白纸黑字写在这里嘛!"

"那就是笔误。只能是落叶萧萧,落日怎么能萧萧,只有'落日照大旗,马鸣风萧萧'……"

转眼都成往事。

长空万里,落叶萧萧,飘落在遥远的历史场景中。

2001 年

历史追寻的诱惑

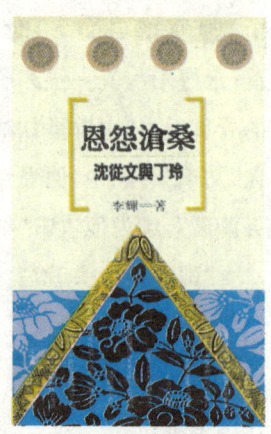

我们每日都在生活,每日都承受着现实的一切。翘望未来与凝眸历史,自然也是现实的一部分,它们充实着现实中的生命。

与此同时,生活一天天走向未来,也就一天天成为历史。历史,不管它是整个世界、民族、国家的历史,抑或是个人之间的历史,只要一旦成为过去,它就会是只将峰顶露出水面的冰山,人们也许永远不能知道水下面的一切到底是什么模样。

面向历史时,人们会显得多么渺小。描述、追索、解说,一切都会苍白无力。简单的、无意识的、偶然为之的某一历史瞬间,也许被解说为无比复杂而意味深远;错综复杂的、影响巨大的某人某时某地,却又极可能被视为林间随意飘过的一阵清风而逝于荒野。

河水每天都在流动,时间每时都不同于以往,阳光每天都闪烁不同的光芒。对于往事,即使每个人的回忆是准确的,也会因为情景有变幻、意识的更换,而得出相反的结论。

一切,一切,都是当面对历史事件、历史人物时,不得不产生的彷徨和犹豫。然而,诱惑也往往与彷徨犹豫相随。不管自己的生活有着何种何样的矛盾、困惑伤感,历史人物和事件的回溯,总是会让自己感受到乐趣。故纸丛中,悠悠往事,依然活现着生活的新鲜和复杂,活现着一个个丰富的性格。在历史的观照下,寻找现实生活的脉络和意义,有什么能比这样的追寻更富诱惑呢?

看来,我会不断地追寻下去。这也就是我在完成《胡风集团冤案始末》之后又选择写沈从文和丁玲的缘由。同一个震撼中外的千古冤案相比,沈从文和丁玲的恩怨沧桑,的确显得轻飘。但是,把笔触伸向这样一个历史话题,并非是疲倦的旅人,躺在清凉的草地上以获得美妙的小憩。

沈从文、丁玲,作为中国二十世纪两位著名作家,他们各自的成就和人生道路,本身就可视为独立的巨大存在,有各自的风景。他们即使从不相识,他们即使没有恩怨沧桑,他们的生活仍然可以在历史舞台上不减其丰富色彩。但是,历史既然安排他们相识,相识在五四新文化蓬勃兴起的时代,相识在他们开创各自未来文学生活的开端,那么,他们的恩怨沧桑,就不可避免地成为他们人生的一部分,折射出二十世纪中国知识分子的生活和性格,反映这一代人的心境历程。

从二十年代相识,到八十年代相继去世,沈从文和丁玲的交往经历了友好、冷淡、隔膜、攻击等不同阶段,他们的人生观念和生活的喜怒哀乐,是随着中国政治历史的变迁而不断变幻着色彩。他们的人生是一部大的交响乐,相互的恩怨自然是密不可分的乐意,哪怕它最后发出不和谐的声音。惟其不和谐,更显得复杂和重要。惟其重要,才诱惑人们去聆听,去在历史的追寻中更深地了解他们,感悟未曾感悟的人生,感悟他们独特的性格。

一个现实的人,很难对历史人物作出准确的评说。但力求通过客观的、言之有据的叙述,来勾画历史的轨迹,总是作者的愿望。简单的是与非,简单的评判,不属于作者的笔。为人们描绘史料中呈现出的性格和有意味的话题,这便是作者写作时时常飘飞的思索。

对于沈从文、丁玲这类一生经历过一次次大起大落的文人,不管从哪种角度审视,大概都会有意想不到的收获,并能给予人们以启迪。从某种意义上说,阅读一两个文人的生活也就是在阅读历史。对他们的情绪、品行、性格的了解,也就是在审视文人丰富多彩的层面。看到沈从文丁玲不同的性情、不同的人生态度、不同的文学趋向时,我自己仿佛觉得又多了一些人生体验,多了一些对历史的认识,甚至对于现实中文人的认识,也会因此而丰富起来。

沈从文和丁玲,即使在关系最为密切的二三十年代,性格的不同,也是显而易见的。

以性格而言,沈从文温和,丁玲泼辣;沈从文以一种虽然带有愤激,但总体是平和的目光审视人生和社会,丁玲则以火一样的热情和嫉恶如仇的目光,对待一切使她不满的生活和体会。

沈从文并非如丁玲所言习惯安于现状,他也有一种对改变自己生活的热情,但他的这种努力和追求,是默默地不停歇地朝着一个自己确立的目标走去。譬如,为了走上文学殿堂,他孜孜不倦地写了一年又一年,最后终于获得成功。这就使得他把文学一直作为一种事业,一种独立的生活。而作品本身,虽然同样也有对社会的批判性勾画,但更多的是以自己独有的艺术家的视角,关注人的生命及其生存方式。

丁玲则始终怀着一颗躁动不安的灵魂,热情充溢全身,时刻等待着迸发的机会。她并不像沈从文或胡也频一直做着文学的梦,但她随着热情的释放,突然就名震文坛,在她那里,小说与其说是文学,不如说是她的感情、灵魂与社会的一种交叉,一种对生活的介入。所以,她的作品常常以对现实生活的及时反映,以愤激、以灵魂的躁动,在文坛产生轰动,引起人们的强烈共鸣。

不同的性情,不同的艺术天性,决定了他们各自的文学取向,同时也决定了他们对社会、对政治的不同态度。从而,他们的恩怨沧桑,最终也必然以无尽的遗憾而画上一个残缺的句号,留给人们久久的感叹。当透过故纸堆和众说纷纭的回忆看到这一点时,我真正感到了追寻历史人物的盎然意趣。

他们的恩怨已成过去,但他们的恩怨沧桑却是他们写出的另外一种作品,它和他们的所有作品一样,属于现实和未来。人们会像阅读他们的其他作品一样,时时翻开它,寻觅旧的痕迹,作出新的解释,获得不同领悟。

说不尽的沈从文,说不尽的丁玲,说不清的恩怨沧桑。生活,或每个人,就是在这种说不尽或说不清的感慨之中成为了历史。

1990 年 12 月

从文家书

沈从文喜欢写信,常常下笔千言,宛如文学创作一般,在书信中表现出他的才华。在为远东出版社开始策划第二套"火凤凰文库"时,我想,如果能够编选一本沈从文的书信选,那一定会是一本非常精彩的书。现在,经沈从文家人的精心编选,《从文家书》终于得以出版。

读沈从文和张兆和两人长达几十年的通信,的确是一种享受。从三十年代初开始恋爱的那些记录开始,我们仿佛走进一道情感风景长廊,他们多彩的笔,带我们领略他们的人生风景。从热恋,到战乱,从《边城》等一部部杰作的酝酿创作,到时代转折关口的彷徨与苦闷,从参加土改,到对重返文学的一度期盼,沈从文留给了人们弥足珍贵的文字。它们是一己情感的真实记录,却又分明是历史的折射,是沈从文全部才情的凝聚。

沈从文的笔是多彩的,他的创作心境也是多样的。和许多作家不同,他能如同一位迷恋景致的游人,在文体的千姿百态的山水之间徜徉。他不愿把自己的艺术触角,囿于狭小的范围,而是乐于尝试,乐于探险,在适合自己才情的广阔天地里漫游。他的这些家书同样如此。他用自己的方式倾吐心迹,也用自己独有的语言向妻子描述所见所想所感。无论滔滔不绝的一泻千里,抑或精粹的议论,甚至在精神呈分裂状态时随手写下来的片言只语,都与他人大大不同。它们给予我们多样的感受，轻松的，愉悦的，沉重的，困惑的。在产生这样一些的感受时，我们也就更为深切地了解了他，理解了他，并会为二十世纪中国文坛拥有这样一个最具才情的作家而满足，而自豪。

人们通常把沈从文归为平和淡然。其实，在给妻子的家书中，沈从文表现出他同样是一个热情如火的人，几十年里，他从未淡化过这种情感。他一次次用他多彩的笔，详尽地倾吐自己的思念，为妻子描绘他所见到的景色，发表富有生命哲理的议论。对于他，生命始终与妻子同在，无论发生过什么样的不快或者误会，这种执著几乎从未改变。正因如此，历来不太情愿过多谈论个人情感的张兆和，这次在为《从文家书》撰写后记时，却以朴实感人的精粹文字，非常真实地表露出她重新阅读这些家书的感受。她甚至为自己在沈从文生前未能更充分理解他而感到内疚。

沈从文对大自然有着特殊的感觉。人们说沈从文是一个独特的艺术家，就在于他的艺术感觉总是那么新鲜，他从大自然那里可以体会到生命的丰富和伟大，找到一种爱与美的情感。用他的话来说，这就像寻找到一种伟大的宗教一样。在给张兆和的信中，对风景的描述占据了重要位置。我特别看重他在五六十年代前后写的那些信。已经告别了文学创作的沈从文，他的全部语言才能，全部艺术感觉，可以说只是在诸如此类的一些书信中才得到了充分表现。书信对于他，当然不再仅仅是互报平安的功能，而是他的另外一个创作天地。他描写风景，他议论音乐与美术，他把大自然与自己心中的艺术紧紧地交融在一起，从而使他的家书达到了一个很高的艺术境界。

张兆和不止一次对我说，她急切地盼望着《从文家书》的出版，她说这是她最喜欢的一本书。当我第一次一口气读完书稿时，我理解了她的这种心情。

1996年

施蛰存的海外书简

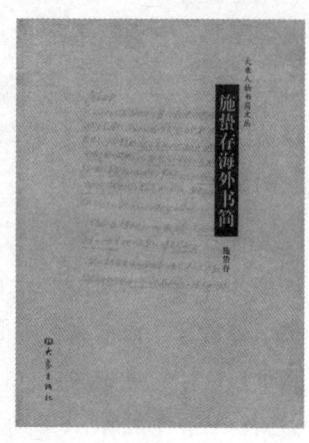

一、古剑之功

第一次开始用电脑写下——准确地说应是"敲下"——一行行文字,是在 1988 年的冬天。写纪实文学又写小说的贾鲁生兄,在文学圈算得上是一位电脑写作先行者。他渲染又渲染电脑写作的诸多好处,又带我到北京东四,走进东北角邮局旁边的一个门脸很小的打字机行,帮我买下了平生第一台电脑——说是电脑,有些勉强,与当时已经被一些人使用的 286 电脑有所区别,它其实是电脑程序的文字处理机。使用汉语拼音输入系统,可以修改,储存于软盘,但不能与其他电脑兼容。即便如此,它的写作与修改、打印的便利,让从来害怕写字的我用上之后,就再也无法离开了——它足以藏拙。

哪里想到,不断更新换代的电脑伴随着互联网很快大大改变了我们的生活。电子邮件——一种全新的鸿雁传书,方便、快捷,继电话之后,在相当大的程度上"摧毁"了传统的通信方式。

欣喜与兴奋之外,另有一番复杂心情。1993 年,我写过一篇短文《面对电脑的悲哀》,感叹手稿和传统写信方式的衰微。进而,我觉得,传统书信的搜集、整理与出版,显得尤为紧迫与必要。

几年后,大象出版社支持我主编一套"大象人物书简丛书"。

在"书简丛书"总序中,我这样写道:

> 上网的人们,仍在写信,仍在相互倾谈,但已是与以往完全不同的情绪波动的过程。风格各异的信笺,被千篇一律的鼠标所取代;书写信封、张贴邮票的亲切,被键盘清脆的敲打声所取代;等待邮差敲门的焦急,拆开信封的激动,躺在床上一页一页翻阅的悠闲,被电脑显示器上的随时出现的字母和数字所取代……一切都是全新的形式,全新的体验。不必伤感,不必失落。新的交流方式最终也会形成一种新的书信文化,在这一点上,我很乐观。不过,正因为如此,传统的书信方式更值得我们重视,更值得我们尽可能地予以关注。

"大象人物书简文丛",迄今已出版近二十种。在新近出版的一批书信集中,《施蛰存海外书简》是我特别喜欢的一种。

《施蛰存海外书简》得以结集出版,全仰仗于香港友人古剑(辜键)先生之力,之功。他以完成这本书信集的搜集与整理,来兑现对施先生的承诺。他在《编后琐语》中写道:"为什么要编这本海外书简?在施蛰存先生生前,有次我去上海探访他,跟他表示要编一本他的书信集,他说你能搜集到就编吧。那时我设想,倘若能收集通信双方一来一往的信,可相互对照。因难度太大,放弃了,转把重点放在海外,以完成作为后学晚辈的责任,兑现当年的承诺。"

古剑的"兑现"极为出色。《施蛰存海外书简》一书,搜集了美国、新加坡和港台地区的学者、作家、学生、朋友的书信二百九十七封。作为一个热衷于搜集散见书信的爱好者,我深知这种四处寻找线索,然后再加整理、编选的辛苦与难度。而古剑兄以一人之力,费时数年,终于兑现承诺,使施先生这些海外飘散的书信,"不致随时间的流逝而灰飞烟灭"(古剑语),的确功德无量。相信施先生在天之灵也会为之欣慰。

古剑兄多年在香港编辑文学刊物，退休之后方有闲暇潜心于整理个人藏书与往来信札。他说，他喜欢读作家书信。他认为："书信乃私人之间交流，没有公开于众的顾忌，言而由衷，可见其真性情、真学问。况且作家书信是研究一个作家的重要资料。……正因作家的书信是随心随性而写，没有掩饰，更不造作，其学养修为，为人处世，气质爱好，都自然流露在书信中。记得孙犁在阅读《写给契诃夫的信》时，曾说过'这是最好的自传'。更何况，文人书信中还透露了一些鲜为人知的文坛'掌故'，也给研究者提供了线索。"（《编后琐语》）此论甚是。我之所以喜欢《施蛰存海外书简》，不只是因为我曾与施先生熟悉，与他有过一段时间通信往来，有一种亲切感，更是因为，如书名"海外书简"所指，在给远离内地的海外友人写信时，臧否人物，敞露心迹，施先生有了多一些轻松自如、少一些左顾右盼的可能。因此，他的书简提供了丰富的个性色彩与历史信息。

在写给美国学者李欧梵的一封信中，施蛰存谈到对美国汉学家金介甫《沈从文传》及沈从文的看法："金介甫的《沈从文传》有中文译本，我才看到。此书第七节涉及沈从文对现代主义的批评，也有金介甫的评论，使我诧异。沈从文不会理解现代主义，不足为奇，金介甫也不理解，十分奇怪。现代主义是一种新的创作方法及表现方法，不是指题材内容为大都会中的现代生活。沈从文一看到描写舞场、咖啡，就生气；金介甫似乎也有同感，怪不怪？"（1986年1月12日）

施蛰存与沈从文是同时期著名作家，当年在上海又有密切来往，且都被鲁迅严厉批评和讥讽过。即便如此，谈到沈从文时，施蛰存依然不加虚饰，坦率而言。

施蛰存对沈从文所持的这一态度，我在九十年代初已有印象。当时，我为撰写《沈从文与丁玲》一书向他请教史实，他在先后两封信中分别写道：

"丁被捕后,沈作《记丁玲》,此书中颇有讥讽丁玲的话,也有讥讽左翼作家及左联领导人的话,我当时看了,也觉得沈过甚。我不知丁玲什么时候看到沈这本书,想必在南京时已见到,从此丁对沈很不满意。"(1990年4月25日)

"沈从文记丁玲一文,当年我就觉得不好。他是两面开刀弓,两面不讨好,一面讽刺左联,一面批评国民党,两方面的措辞,也并非半斤八两。不过,我不相信丁玲到八十年代才见到从文此书。她在南京时,肯定已见到了,早有人传言,丁玲对从文不满。"(1990年11月15日)

今天,再读这些信,它们正好印证了上面所引古剑之论:"因作家的书信是随心随性而写,没有掩饰,更不造作,其学养修为,为人处世,气质爱好,都自然流露在书信中。"

与鲁迅的关系,对鲁迅当年对自己的批评与讥讽的看法,是施蛰存晚年不断被人问及的话题。有人谈到,施蛰存似乎对此事有过反省,对鲁迅不再有怨言。但在1979年写给香港《文汇报》副刊编辑吴羊璧先生的信中,他一一回答吴的提问,在"关于书报检查员"一节中,他专门谈到鲁迅对他的这一指控:

> 这是鲁迅对我的诬蔑,这个"定论"是鲁迅给我的"定论",党并没有给我作这个定论。经过多次审查,我的政历从来没有人肯定我做过国民党的书报检查官。只要举一个铁证:我只有在1926—1927年间是国民党员同时是共青团员,当时的团员党员都加入国民党左派,都是跨党的;1927.4.12以后,我脱离了两方面的组织关系,从此没有和国民党发生关系,既非国民党员,怎么会做书报检员?
>
> 这是鲁迅对我的批判,我是不服的。但看他对周扬、夏衍也奚落得不成样子,我也只好自认晦气,不该触怒一个文坛霸权。他现在的还是一个"老虎屁股",所以我始终不吭一声。(1979年1月25日)

写信者,更接近于历史环境中一个真实的施蛰存。

二、遗憾

我与施先生的交往始于上世纪九十年代初。在十余年的交往中,他曾托我办三件事,我却都没有帮上忙,遗憾至今。

第一件事。他热心向我推荐赵清阁先生的一本怀念友人集,希望我能帮忙找一家出版社出版。

在一封信中他先写道:"赵清阁近日在编她的第二散文集,你为她介绍一个出版社,行吗?"(1994年8月20日)一个星期后,他又写来一信,讲得更加具体,还把赵先生编好的篇目随信寄来。他在信中说:"赵清阁杂文已于1989年由西安华岳文艺出版社印行,有30万字,印了5000册,最近将库存底货拿出来加价出售,也卖得差不多了。清阁是邓大姐的老友,现在的生活待遇,多半是邓大姐照顾。她这一本及现在编的第二本也以回忆六十年女作家朋友的文章为多,她给我一个草目,今附奉,可参考。你考虑后,如有可能采用,可先给她去信,我已为你介绍了。她的地址是……"(1994年8月28日)

不像当下,民国往事和文化老人的作品比较热门,各出版社竞相出版,而在九十年代初期,出版界普遍不景气,散文集因赔钱更是很少有出版社愿意出版。我曾为华侨出版社策划一套"金蔷薇随笔文丛",出版二十种后,无疾而终,这样,施蛰存所托之事也就不了了之。既没有完成他的托付,也失去了与赵清阁先生进一步交往、听她讲述诸多往事的机会,令我一直耿耿于怀。

第二件事。施先生在同一年还希望我帮忙联系出版《现代作家书简》第二集,甚至还提出要与我合作编选第三集。

1994年,施先生写来一信:

李辉仁兄:

亡友孔令俊编过一本《现代作家书简》,1937年由上海生活书店出版，1980年代，广州花城重排再版，1986年，上海书店又用生活书店原版影印了一版。此书甚得海外研究中国现代文学者重视，以为有不少史料。

　　令俊还留下许多未用信件，大多是当时还不便发表的。现在由他的女儿孔海珠增加材料，至1949年止，编成二集。现在我处，代她审定。

　　此书正在寻求出版社。本来花城要出，后来说不想出了。上海各出版社积稿甚多，已吃不进。

　　你问问北京各出版社，有人肯接受否？

　　我又想和你合作，编第三集，从1950到1978，你在北京找稿，我在上海找稿，我想有200—300封信就可以成书，并非难事。此事你有兴趣不？你考虑一下，如有兴趣干，我们再谈具体编法。

　　杂文集已在编，至少还得二个星期。近来事多，精力不足，快不出来。

　　问好。

施蛰存
五月二十八日

　　同样因为出版社难觅，孔海珠先生遍的书我未能帮上忙。这样一来，合作编选第三集《现代作家书简》一事，也就无法继续下去，我失去了在他的直接指导下搜集作家书简的机会。我常想，如果"大象人物书简文丛"能早几年启动，那该多好？有他的参与，一定会有精彩的选本出现。

　　第三件事。施先生长期收藏古代碑拓，一直希望出版一套藏品集，九十年代期间，每次我去看望他，他都提及此事，希望我能促成之。

　　施先生对碑拓的痴迷，在《施蛰存海外书简》中多处可见。1975年，他为搜集汉碑（鲜于璜碑）的拓本，多次致信天津的张厚

仁先生(后移居美国)求助:

　　天津博物馆有人认识否？有一块新出土的汉碑(鲜于璜碑)，我希望购得一个全拓本，你如有人认识，可否设法问一下，有无办法。我十年来就只有收藏碑版，兴致未衰，其它的文艺活动都无意从事了。(1975年6月10日)

　　鲜于璜碑和另外一个南阳出土的许珂瞿墓志石(带画像)都已见于去年八月号《文物》杂志。因此我知道这两块汉碑都是好东西，我极想得到一个拓本。我收集的汉碑已有了十之八九，旧时流传拓本的碑，差不多都有了，而解放以后新出土的古代石刻，简直不可能获得拓本。我为这两块碑请托了许多朋友，南阳的许珂瞿墓志总算在上月得到了，是一个在开封的朋友，辗转认识了一位在南阳做文物工作的青年，帮我拓得的。今天你这封信使我对鲜于璜的希望死灰复燃，希望转请你父亲的朋友为我设法一个全张整拓。此石两面有字，故一份该有二张，再加碑头二张(正背各一张)，如能得到这一全份，无论什么条件都可以从命，拜托拜托。(1975年7月17日)

　　早在1978年，施先生就有出版碑拓的想法。他在致吴羊璧信中说：

　　我收藏碑拓三十年，汉唐名碑大致都有，不过不是古拓，而是整张全拓，多数是清嘉庆道光间的拓本。近来完成了一个著作，名曰"唐碑百选"，我选定了字迹最好的一百种唐碑，每碑写了一段简介，名曰"解题"，又收集历代以来书家对该碑的评论，名曰"集评"，总共一百篇，统名曰"唐碑百选叙录"。另外打算将每碑选印二页至四页字样，名曰"唐碑百选图谱"，这一部书，一本是图，一本是文字，对唐碑作一个系统的介绍，尤其是集评部分，过去没有人做过这个工作，我自以为这个办法对书家大有用处。人们都欣赏唐人书法，但唐碑有印本者一共不到三十种。我所选的，有大半都是从来没有人印过的，这一百种碑，可以代表唐人各体书法的全貌。

我希望此稿能印行，但国内目前恐无条件，亦无机会，因此顺便向你们谈谈，不知你们有兴趣承接印行否？如有可能，我无条件奉赠版权。全书大约图版一册，三百页左右，文字一册，十五万字左右，文字已誊清，随时可以来取，图版则待拍照。（1978年8月21日）

不知何故，到了九十年代，施先生的愿望仍未实现。受他之托后，我多方寻找出版社，不果。

一次，与时任浙江文艺出版社副总编的黄育海先生谈及此事，他颇有兴趣，我特地陪他一同去看望施先生，并具体商谈此事。那一次，施先生颇为高兴。遗憾的是，育海兄不久即离开杭州，到上海另闯天下，所议之事，也就耽搁下来。而施先生的夙愿，直到他去世也未能实现。

读《施蛰存海外书简》，想及此事，怅惘不已。

2008年8月

思想者永不寂寞

一

知道孙越生先生去世的消息快一年了,我却一个字也没有为他写过。

1997年8月,一天他打来电话,很高兴地告诉我,说是他的一本诗画配《干校心踪》(社会科学文献出版社)出版了。我说去取,可他却执意要送来。第二天一大早,年逾古稀、重病缠身的他,真的拿着一捆书来了。他一下子给我十本,说他很乐意让我转送给可能感兴趣的人。那天他看上去很疲倦,但也很兴奋。书一交给我,他就匆匆走了。

他真的匆匆地走了。永远。可是,我当时不知道。

当年12月1日,就在我到日本去的头一天,我为在《新民晚报》上开设的专栏"静听回声"赶写出来一篇写孙越生的文章《孤独者并不寂寞》,谈我对他的印象,介绍他的《干校心踪》。我担心他的身体,我愿意更多的读者知道有一个叫孙越生的人,曾经在苦难中执著地沉思着,在思想的美丽里找到生存的信念与勇气。我哪里知道,就在我写文章的两天前,11月29日,他已经告别了这个世界。可我居然没有听说。一个月后我回到北京,等文章发表之后我才听到他去世的消息。本想让重病中的他能够读到我的文章，谁料想，匆匆之作，最终成了祭奠他的心香一瓣。

我和孙越生见面的次数其实并不多。多年来，我们往往主要是在电话里聊天，或者通信，到他家的次数更是有限。可是，从他那里，我总能受到思想与学识的影响。我能感觉到他对我的信任，一种平淡、质朴、真诚的友谊。对我这样一个年轻人来说，这是一种快乐和幸运。

二

第一次知道孙越生的名字，是读了他的一篇杂文《蚯蚓现象》。1988年，他以这篇杂文获得《人民日报》大地副刊举办的"风华杯"杂文征文"一等奖。以蚯蚓的以首生身、以身生首的生理现象，来概括中国两千年封建官僚政治，让我看到了一位学者的敏锐与深刻。在他看来，专制君主与官僚政治是相互依存的。用他的话来说："大小官僚们帮助大皇帝打天下，坐天下，树立起'真命天子'的偶像崇拜和'替天行道'的绝对权威之后，他们从中分一杯羹的特权地位也就有了依据，有了庇荫，有了保障。"

我当时参与主持这次杂文征文，孙越生文章中的历史感和深邃思想性顿时打动了我和不少编辑、评委。大家不约而同地赞誉这是一篇难得的佳作。那些年里对"文革"批判的文章有过不少，但还很少有像他那样以一篇千字文来对历史现象做出精粹概括。印象极深的是他出自亲身感受，对"文革"做了这样的描述：

> 想当初，那几个小帮派，为了当"共产主义女皇"或其他什么"龙首"，把个人崇拜、个人绝对权威或一元化领导体制推进到了多么荒唐的地步：人人挂忠字牌子，个个戴表忠像章，家家立像，户户供佛，条条街道漆成"四个伟大"的红海洋，个个机关树起新式门神或照壁。那个"最高指示"一下达，举国若狂，涕泪横流，半夜三更起来敲锣打鼓、游行庆祝，比对待皇帝的圣旨还有风魔万倍。五千

年文明古国的十亿个脑袋一下子不许再有自己的思想，非得屏息等待那一个脑袋不时地作出指示来推动不可，甚至这个脑袋已经成为植物人脑袋了，还要"假传圣旨"地发布"最高指示"，按什么"既定方针办"。而和这种史无前例的个人专制相匹配而生成的四人帮官僚政治，就成为古今中外和平时期对人民犯下打砸抢抄抓杀等罪行最骇人听闻和破坏生产力最严重的超级专制官僚政治。如果把这些罪行编一部百科全书，世界上任何百科全书都将黯然失色，自叹勿如其洋洋大观。在这种超级专制官僚政治下，不仅平头百姓活不下去了，就连原来的上层也活不下去了。

他获得了杂文一等奖。如今学者随笔蔚然成风，孙越生可以看作其中的先行者。他把自己终生的思考和研究成果，用散文随笔表达出来，他愿意以这样的方式与读者见面，他愿意更多的人与他一起分享思想的果实。

我认识了他，并且知道了他是我国老一辈经济学家王亚南的弟子。他告诉我，1945年，他在厦门大学听王亚南讲授政治经济学，从此，在恩师的指导下，开始研究经济学，后又研究中国官僚政治制度。王亚南的学术名著《中国官僚政治研究》，当年就是由他用毛笔从头到尾誊清的。正是这样一种学术经历，才酿就了他的与众不同的随笔。

后来，在1993年出版的《散文与人》（邵燕祥、林贤治编）第一辑上，我兴奋地读到了孙越生的《历史的肖像——读曹吉冈的〈长城组画〉》，留下极为深刻的印象。我没想到，研究政治学、经济学的他，对美术也是行家里手。这是一篇洋洋洒洒数千字的散文。没有刻意作文，更没有在体裁上做过多选择，他只是随思想的流动而潇洒挥笔，把自己对中国历史的研究，和对长城的认识，酣畅地表述出来。作为一个长期研究中国古代官僚制度的学者，他的这篇谈论绘画的随笔,却具有凝重的历史感与史识,成为他理解和描述《长城组画》的厚实背景。只有在体味到他对中国封建社会政治的认识和对长城的理解之后,我们才会从那些对"组画"所做的生动细致而形象的描述中,感到一种深沉的美,看到了理性与印象在文字上完美的结合。这正是他的随笔最引人注目最值得评说的地方,他以自己杰出的才能,为随笔创作增加了一种难得的凝重和酣畅。

他想走进长城的灵魂深处,而在他看来,长城魂实际上就是中华魂的一个象征、一个缩影。在他的笔下,长城的悲壮就是中华民族悲壮历史的象征:"以分散的小农经济为基础的大一统官僚政治造成的这种伟大的苦难和苦难的伟大,就像钢爪攫物、恶梦缠人一样,紧紧抓住、牢牢束缚中华民族二千多年的历史和亿万人民。这就是悲壮的中华精魂之所在。"文章的最为酣畅之处,莫过于他对中华魂与长城魂的渲染,以及对两者之间关系的描述:

中华魂就是善与恶的共生;

中华魂就是祸与福的互倚;

中华魂就是最悲壮的美与最卑鄙的丑的相互渗透;

中华魂就是最大的忍耐和最暴烈的造反的不断交替;

中华魂就是人性的激昂高扬同兽性的执著狂热不断地发生冲突;

中华魂就是一个人最大的自由和亿万人最大的不自由的结合;

中华魂就是最高度的统一和最大的分散的奇妙的合生;

中华魂就是以几亿人的规模、几千年的时间跨度、几百万平方公里的空间距离在搬演形影不离的最伟大的成就与最伟大的破坏、最伟大的压榨与最伟大的奉献,最伟大的智慧和最伟大的愚蠢！

明白了中华魂的精义，就不难理解长城魂的所在。

由一块块分散的城砖砌成为一个伟大整体的万里长城，就是建立在最分散的小农经济基础上的这个大一统专制官僚政治的活生生的写照，齐整整的同构。

长城是人类文化的丰碑，也是人类野蛮的记录。

长城是帝王家天下的不朽设计，也是平民百姓为之牺牲的伟大坟场。

在长城身上，帝王个人的野心和千万苦役者的耐心都创造了世界无双的记录。

当他写出这些满腹忧愤的感叹时，他就不再是一个冷静的书斋学者，而是一个充满激情的政治诗人。读过不少学者的文章，但还很少有人像他这样有着诗人的气质。

三

他真的是一个诗人。虽然他从未有意当诗人，也没有人把他看作诗人，但在万马齐喑的年代里，在人性被扼杀思想被阉割的日子里，他却写出了真正意义上的政治诗。

在读了他的这篇文章之后，我找到孙越生，建议他编选一本随笔集，收在我当时正在为华侨出版社主编的"金蔷薇随笔文丛"第二辑中。我最初想到编辑这样一套随笔丛书，是有感于散文创作的狭窄和风格的柔弱，想有意识地把随笔作者的范围扩大到艺术家、学者等。在第一辑中，除了几位小说家之外，我挑选了吴冠中、于光远，在第二辑中，则挑选了李锐和孙越生。我感到，正是他们的入选，使这套随笔丛书有了新的意味。

为取他的书稿，我到他家去，这是认识他好久之后第一次去登门拜访。交谈中，才知道他当初曾习练绘画，后才由美术而转为经济学、政治学的。一间小书房里，悬挂着几幅水彩画，画面是乡间景色。他告诉我,这些都是当年在五七干校时画的。更令我吃惊的是,他送我的一摞书中,也都是与美术有关的,如《俄国风景画家列维坦》、《巴比松派风景画》、《俄国画家列宾》等,都是他翻译的。他把编选好的书稿交给我,这便是1995年出版的《历史的踌躇》一书。

他为这本《历史的踌躇》准备的代序是一首诗,这下子我才知道,他不仅画画,而且还写诗。这首诗是1972年2月他为那幅水彩《雪后初晴》而写的。画面上一排小树倔强地挺立在开始消融的雪地中。色彩虽不明丽,但也不阴沉。在诗中他写道:

> 无知的知识在无知的权力下哭泣,
> 这是科学的踌躇;
> 渺小的智慧求伟大的愚蠢宽恕,
> 这是民主的踌躇。
> ……
> 效率和公平如何才能兼顾?
> 自治和集中怎样取得同步?
> 这不是短暂的烦恼,
> 这是历史的踌躇。

即便写诗,他还是表现出学者本色。他在那种特殊情形下用诗与画的形式来寄寓他的思想。第一次读这首诗和看他的画,我的确感到震动。我同他商量,从这首诗中取"历史的踌躇"来作为这本随笔集的书名,他欣然同意。这是一个很好的书名。不仅仅映照一个知识分子的心绪,更是他的思想与生活的一种历史的联系。

踌躇也许永远是历史的状态。

我为他的这本书写了这样的介绍:"他曾把绘画作为文化修养的熏陶,但研究封建官僚政治却成为毕生学业。艺术与历史,在他心中,是那样界限分明,可又为何交相辉映地出现于他的笔下?作者深知,理论的深刻如果不能采取妥当方式予以表达,便会失去它的价值。于是,他探索着新的学术随笔风格。他想用这样的文章完成思想与艺术的阐释。这里,没有消闲,而是让人感到思想的分量。"

去取书稿那天我和孙越生谈得很多。

他说,他重新拿起画笔是在五七干校期间。特殊环境中,学术的研究已无可能,他有一种思想的痛苦。而大自然的美丽,才让他感到真正的安慰。不仅仅画画,他还第一次写起了诗。说着,他从房间里拿出几个笔记本给我看,上面有当年的日记,有零散写下的诗句。它们中的一部分,他后来整理出来,这便是收录在《干校心踪》中那些诗作。

我曾经在《旧梦重温时》文章中感慨过,知识青年上山下乡和五七干校是"文革"中两大社会迁徙,但知青中走出了一个个作家,知青文学由此引人注目,而五七干校的生活,除了几本回忆录外,却几乎没有产生引起轰动的作品。一场涉及千家万户的历史变动,仿佛没有在那些当事者中激起多少浪花,仿佛一夜之间轰然而起的骚动,又在一夜之间趋于平静,趋于沉寂。造成这种原因可能多种多样,譬如年龄、环境、心情等等,两代人会有很大差异。但是,我仍然不能想象,千千万万"五七战士",思想都已枯竭,情感都已苍白,面对"文革"惨状、面对历史困惑,他们会死一般沉默。

当然不会。顾准的思想与人格重新引起关注,证明了在那段历史的场景中,一直有着坚毅的身影在闪亮。在那些为数不多的、值得今天人们敬重和研究的前辈知识分子中,孙越生无疑也有着特殊价值,值得我们重视。

他在五七干校期间思想从来没有停止过思考。他从来没有让沉重的现实把自己的精神压垮。尽管他不得不和所有人一样劳动,生活的空间是那么窄小,可是他的精神却时常拥有一个无比自由的空间。他可以独自一人思考,他可以在散步田野时让思想的翅膀自由飞翔。何况,他有一支画笔,伴随画笔的还有政治诗人的思想与灵感。

我把他称作"政治诗人",是因为他的这些写于五七干校期间的诗,几乎每首都贯穿着他的政治思考。和那些当年歌颂五七干校的诗人完全不同,孙越生从来没有在诗中陶醉于所谓的田园风光之中。即便描写风景的那些作品,其实也体现着他的批判精神。他从那些美丽的风景背后,看到了当年农村的贫困,他从芸芸众生的生活万象中,思考着分配、权力制衡、民主等政治研究的课题。在这一点上,读他的诗,感到他与他所倾心的俄罗斯知识分子和诗人颇有些相似与相通之处。他的画和诗,记录着一个学者思想与艺术的美。阅读着它们,不能不让人仿佛看到一个孤独的身影,徘徊于历史的远景中。

四

读孙越生的诗和画,总是让人感到他与所倾心的俄罗斯知识分子颇有些相似与相通之处。也就是说,他在干校期间,能够沉静下来,不让精神陷入茫然,并拿起笔创作诗歌,与他对俄罗斯文化和知识分子命运的深入了解和体味有着直接关系。

孙越生早年喜爱美术,后来虽然改学经济和政治学,但对美术的兴趣从来没有完全消失。他学习英语、俄语,长期参与外文刊物和外国学术资料的翻译、编辑工作,业余爱好之一就是不断翻译美术方面的著作,特别是有关俄罗斯画家的传记和回忆录。去世前,他先后翻译出版了《俄国风景画家列维坦》、《巴比松派风景画》、《俄国画家列宾》、《列宾回忆录》等著作。列维坦、列宾等人身上所体现出来的十九世纪俄罗斯知识分子精神特征,无疑对他产生了很大影响,特别是列维坦。

列维坦是十九世纪俄罗斯著名风景画画家,他的风景画被认为不仅具有娴熟的技巧,能够在最平凡的景色中揭示出无限的美,而且,他的不少风景画,以具有深邃的思想性和政治性而著称。尤为著名的是他的那幅描绘流放者通往西伯利亚的道路的杰作《弗拉基米尔卡》。

研究列维坦的专家说过,在俄罗斯民歌中,在普希金到布洛克的百年来的俄国诗歌中,道路这一题材被描写得生动尽致,它和对祖国的命运的深思紧密地联系起来,并且象征着人民的生活。列维坦在《弗拉基米尔卡》一画中,就继承了这一传统,他以道路为题材,借助于由道路而引起的关于流放和"囚徒的悲哀"的诗意联想来表现丰富的社会思想和深刻的感情。他的一位朋友回忆列维坦创作《弗拉基米尔卡》的过程:他们打猎回来,走在弗拉基米尔卡大道上,景色非常优美,道路像一条白色的长带,穿过小树林子伸向蓝色的远方。在道路的远处可以看到两个女朝圣者的身影,一根倾斜的墓顶十字架带着被风雨侵蚀的圣像,说明这是古老时代的遗迹。这一切看起来是多么温柔、惬意。但是,就在此时,列维坦说:"请停一停,这就是弗拉基米尔卡。从前,沿着这条道路,有多少不幸的人,在叮当的镣铐声里,走向西伯利亚。"他当场朗诵阿·托尔斯泰《带足枷的囚犯》中的诗句:

> 草原上夕阳西沉,
> 远处的羽茅草金光如焚,
> 囚徒的脚镣,
> 扬起道路的灰尘……

列维坦很快完成了这幅《弗拉基米尔卡》的创作。画面上,阴云沉沉,凄凉而晦暗,画面中央,一条坑洼不平的道路,伸向遥远的天际,伸向阴云覆盖的尽处。当时,它就被视为具有强烈政治色彩的风景画。在沙皇专制实行恐怖统治的年代,列维坦用描绘哀悼流放道路的作品,来向专制挑战。

　　孙越生一直对列维坦的人与画非常喜爱。早在1957年,他就翻译了关于列维坦的回忆录和传记交上海美术出版社出版。在后来的日子里,列维坦和列宾这样一些俄罗斯优秀的现实主义绘画大师有意无意之间成为他的精神支柱。"文革"时期,与那些备受折磨遭受囹圄之灾的人相比,相对来说孙越生受到的冲击和迫害要小得多、轻得多。但是,他作为一个思想家,一个曾经师从王亚南研究封建官僚政治的学者,对五七干校这种惩罚知识分子、贬斥知识的方式,在精神上感到难以接受。他熟悉俄罗斯知识分子的历史,在他看来,中国知识分子所面对的其实是另外一种意义上的"流放"。便是在这种情形下,他在列维坦这样的俄罗斯画家那里找到了精神寄托,那些一代又一代被流放的俄罗斯知识分子的伟大形象,在他的心中闪现。1983年,《俄国风景画家列维坦》经他修订和补充后重新出版时,他在"译后记"中便这样写到在干校时列维坦带给他的影响:

> 记得在那实行"知识流放"的痛苦年代里,我曾独个儿拉着板车走在夕阳西下、径路茫茫的田野上,那时我是多么感谢列维坦的《弗拉基米尔卡》这幅画给我带来的慰藉。我真奇怪,列维坦作为一个想象的旁观者,竟能如此深刻地体验当事者的心灵与情绪。我的现实中的痛苦,被移情后的诗意缓解了,我的眼前的动荡不安,被永恒自然中的宁静催眠了,使我顿悟到只有自己内心的信念,即随着自己而被流放的知识,才是驱使自己永远移动双脚奔向未来的根本动力。

　　孙越生便是这样拿起画笔,画干校周围的风景,同时为每幅画配诗,开始了一个"知识流放者"的精神自救。

五

孙越生在干校期间创作的诗,目前所见共31首,均收录于《干校心踪(诗画配)》(社会科学文献出版社,1997年)。

在诗中他思考得最多的是知识与权力的关系。他在多处用几乎相似的句式、语言来写出自己的忧思、困惑与质疑。除了前面引过的那首《雪后初晴》中的诗句外,他在另外几首诗中也这样写道:

> 我被发配到
> 知识的流放地五七干校
> 无知在知识的宝座上狂舞
> 知识在无知的淫威下哀号。
>
> (《夏寨之秋》)

> 无权的知识
> 和贫困的农村相结合,
> 有多少建设性成果?
> 让受教育者看到
> 教育者无知的苦,
> 却不能消灭这种苦。
>
> (《潘庄早春》)

我觉得,下面写于1972年4月的这首诗,最为集中地反映出孙越生的政治诗的特点:

> 天边的晚霞,
> 散发出余烬的光芒;
> 我拉着板车,
> 孤独地走在田径上。

卑微的身躯，
在瑰丽的自然中神伤；
无权的知识，
在无知的权力下彷徨。

为什么今天又要用渺小，
去渲染伟大的荣光？
还要用愚昧，
来塑造圣殿的辉煌？

生命多么短促，
生活多么乖张；
在那长眠的墓地，*
黑梦也不能悠长！

晚风阵阵吹来，
余霞渐渐烧光；
只有求知的心灵，
留恋自然的苍茫。

风景与心境、思考交融在一起，感性与理性相辅相成，产生出诗的力度。一句"只有求知的心灵，留恋自然的苍茫"，把作者那种不甘沉沦、与命运抗争的知识分子的精神力量，表现得富有意境，漫溢出醇厚诗味。

---

* 作者注：在林彪下达"不吃饭、不睡觉也要把'5·16分子'统统挖出来"的动员令后，有位学员不堪逼供信的冤屈和凌辱而自尽。此处所指墓地，即是其葬身之所。但入土当晚即被人掘开，剥光衣服和塑料布，暴尸荒野。后由学员再次掩埋。途经此坟，每有同悲，故作。

读这些写于五七干校的诗,我感受着一个学者思想的分量。在我眼里,孙越生可敬可爱。他身处极为艰难的处境,却在艺术世界里找到了寄寓心灵的地方。他没有让思想沉寂。在当时情形下,他是思想的孤独者,但并不寂寞。他有自己精神自由的天空。"我并非画家,亦非诗人。但因孤独的痛苦而感到亲近自然的乐趣,使我产生强烈的愿望,要拿起未经科班训练的画笔和用初次尝试的诗句来记录心灵和自然的对话。这是一种特殊社会历史条件下痛苦心灵和美丽自然的对话。"(《干校心踪》序)

说得多好。

六

孙越生去世时七十二岁,他实在还有不少课题要做,他在1989年完成的《官僚主义的起源与元模式》,也一直未能出版,每想到此,便令人悲痛而遗憾。

但他毕竟留下了书稿,留下了这批干校的诗。前些日子,我仔细阅读了《官僚主义的起源与元模式》的手稿。在这部完成于1989年的专著中,他仍然充溢着激情,继续着在五七干校时期开始的思考。当然,更为系统,更有理论性。他的侧重点在当代社会,他的思考背景是"文革",但是,他的眼睛注视着未来。这样的人,从来不会失望,不会冷却激情。读这样一本政治学专著,我却仍然感到了他滚烫的心。

我在那篇《旧梦重温时》中还曾经说过,在干校的知识分子,他们会根据自己的亲身经历,根据周围发生的一切,来重新认识自己在生活中所处的尴尬和无奈。于是,干校的种种,对于他们就不再是被动的承受,而应是某种意义上的催化。正是在这样一个环境里,许多干校中人,才有可能从一片懵懂中走出来,开始冷静地思索自己,思索"文革",思索历史,从而为后来的彻底否定"文革"做了最好的历史铺垫。不同领域的人,正是在干校时期开始了他们对"文革"、对历史的反思。个人崇拜逐渐淡去,务实精神重新得到重视,这样的反思,为哲学、经济学、政治等方面注入了前所未有的活力。我们难以想象,没有这样一批人的影响和积极参与,"文革"后的中国,会在思想解放和改革开放时表现得如此活跃,如此充满勃勃生机。

我在写这样一些话时,脑海里闪现出的一些身影中便有孙越生鲜明的影子。如今,重新读他的诗,读他的手稿,他的身影更加清晰。

如今,读他的诗,读他的手稿,又仿佛坐在他的面前与他交谈。又想起那个夏天,他大汗淋漓送来《干校心踪》时的模样。所有他过去留给我的印象,重又活跃起来,刺激我的神经,敲打我的心。我似乎感到一种必须写写他的责任。我愿意更多的人知道他的名字,认识他的价值,进而在他的作品和思想中感叹"历史的踌躇"。

在《干校心踪》的扉页上,孙越生写了这样一句题辞:"献给在'文革'中受我连累而共担痛苦的家人。"其实,当他用笔写

孙越生《干校心踪》

下他所有的思考的时候——无论诗还是文章,他便把一个正直、热诚的知识分子的全部热情、人格、思想献给了今天和明天的人们。

人们会渐渐认识他的价值。因他所写的一切,人们将不会忘记他。

我希望如此。也相信会如此。

初稿于1998年底,修订于1999年11月26日

"二流堂"堂主不了情

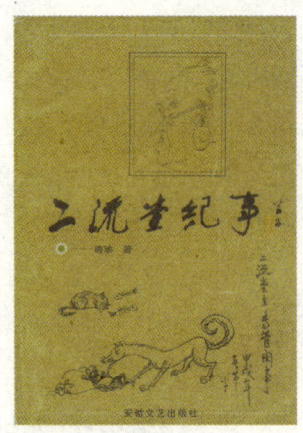

唐瑜先生爱聚会。九十三岁的老人,有时甚至和老伴搭乘公共汽车,跋涉二十多公里走进京城来参加聚会。他最年长。耳朵听不见,声音便格外洪亮。每次我们轮流用笔提问,然后,就听他一声声高亢入云的高谈阔论。

看他老天真的样子,我总是会想象一番六十几年前他和"二流堂"友人的风采。

1943年抗战期间的陪都重庆,有一批文艺家格外出名。他们嬉笑怒骂,无拘无束,在战争阴云密布的城市里如同一束快乐亮光。这批人被称为"二流堂",其中有唐瑜、丁聪、吴祖光、冯亦代、黄苗子、郁风、金山、盛家伦、凤子、叶浅予、张光宇、张正宇等。夏衍、潘汉年也是这里的常客。

没有唐瑜的热心慷慨,就没有"二流堂"。难怪他被戏称为"二流堂"堂主。

这是一个旷达、幽默、豪爽、热心的人,即便到了晚年,历经沧桑之后,他也仍然如故,完全一幅性情中人的洒脱。

唐瑜是缅甸华侨,三十年代初到上海后,他结识了潘汉年、夏衍,并在潘汉年直接安排和领导下主编《电影新地》、《小小画报》、《联华画报》等报刊。因此,每次聚会,谈起三十年代上海电影界,他总是眉飞色舞,有一肚子逸事掌故。今年纪念中国电影百年,却不见有电视台和报刊找他,实在是个大遗漏。

唐瑜的胞兄是缅甸富商,对他常常予以慷慨资助。抗战期间滇缅公路通车之后,唐瑜曾到仰光去,返回重庆时,胞兄送给他两部大卡车和一部小轿车,一部卡车上装有当时可以畅销的物资,一部卡车上装上食品,供重庆的朋友们享用。大家需要用钱时,唐瑜就拿出一部分物资去出售,最后把车都卖掉了。

听吴祖光讲过一个故事:他和唐瑜一起走到重庆一个路口,远远开来一辆豪华轿车,唐瑜一见,便忽然停步不走。大雨初晴,积水很深,汽车飞驰而过,溅了他们一身污水,唐瑜的脸上也是泥点。他没有反应,只是呆呆地注目轿车失去踪影,然后说:"这车是我的。"

唐瑜几乎成了重庆当时一批文人的"摇钱树"。此时从香港、桂林流亡到重庆的文人,大多穷困潦倒,衣食住行是最大困难。唐瑜似乎一夜之间成了"建筑师",竭其所能,为熟悉的朋友提供住所。夏衍带着妻子儿女一家四口来到重庆,唐瑜卖掉哥哥送给他的半只金梳子,在中一路下坡盖了两间"捆绑房子"(战时重庆穷人住的泥墙、竹架的一种特殊建筑)。唐瑜和夏衍各住一间,没有门牌,为了寄信方便,夏衍在屋前竖了一块木板,上面写了"依庐"这样一个很好听的名字。

来到重庆的朋友愈来愈多,唐瑜索性盖起一幢两层楼的大屋子。他在离"依庐"不远的坡下租一块地,自己绘图设计,亲自监工建造,盖起了一间可以住十多人的屋子。用夏衍的话来说,唐瑜"呼朋引类",让当时没有房子住的朋友都住了进去。

"二流堂"后来二十年里风雨飘摇,不少人经历坎坷,但旧日情谊却一直是唐瑜的精神支柱。"文革"结束之后,他的最大愿望是为挚友潘汉年做事情:收集潘汉年手迹、编书撰文、呼吁建纪念馆、塑铜像……他几乎把这当作生命的全部内容。每次见到他,或者他给我来信,没有一次不是与潘汉年有关。

可以理解他的情感。刚二十岁时唐瑜就在潘汉年领导下工作,六十年代初,一次在王府井大街他意外地见到了潘汉年。此时潘汉年尚在劳改农场,他悄悄将潘带到家中。自1955年被捕以来,潘第一次有了与老友私下畅谈的机会。

谈了些什么,唐瑜总是语焉不详。曾劝他回忆得详细一些,多一些历史细节。他摇摇头,神秘的样子。

没有说什么?不便回忆?看看我,他还是摇摇头。

每次聚会结束时,年过九旬的老人总爱问:"下次什么时候吃饭?"

2001年

《依稀碧庐》编后记与「备忘录说明」

新年刚过,北京大六部口街的一个四合院里顿时热闹起来。这是夏衍的故居,这一天是夏衍逝世三周年纪念,汇聚这里的这群人则是以"二流堂"健在者为主体。他们有黄苗子、郁风、吴祖光、丁聪、冯亦代、高汾、吕恩。张光宇的夫人年已九十多岁,居然也兴致勃勃坐着公共汽车前来。另外还有他们的文坛朋友王世襄、范用、姜德明、邵燕祥等。

这是一次难得的聚会。除了远在美国的唐瑜之外,"二流堂"依然健在的"骨干分子",差不多都来到这里。他们怀念着死者,他们追思着往事。夏衍、叶浅予、张光宇、张正宇、盛家伦、戴浩、金山等,对于他们来说,这些故去的朋友,仿佛还在他们中间。他们说着,笑着,依然是嬉笑怒骂,依然是妙趣横生。

性情依旧。

这是一个特殊的文人间的"物以类聚"。很难用一个简单的概念来界定他们,也很难将他们一一描述,但他们却又是不能忽略的一群人。因为,"二流堂"这一特殊的"名称"将他们紧紧联系在一起,随着"二流堂"的形成与演变,随着他们由此而在1955年、1957年、"文革"中蒙受的磨难,他们的命运在风云变幻的现代中国所具备的历史分量,就不仅仅属于他们个人,而且留给人们加以解说和思考的话题。

想一想四十年代初他们在抗战期间的重庆的相聚,到今天竟然已是半个多世纪了。当年他们在那种环境中相聚,他们也就以自己的方式体现出个性。他们对万事万物有着自己的独立见解,有对现实状况的敏感观察与反应。虽然他们大多数人很难说思想多么深刻,目光多么犀利,但是,他们近乎于透明的性情,使他们有着强烈的是非观,该恨就恨,该骂就骂。

可以说,这是战争期间特殊条件下文人之间一个特殊汇聚。即非自由组合的艺术团体,也非艺术趣味和追求相同的某一艺术流派。这不过是艰难情形下的一种"物以类聚"而已。他们中有画家、剧作家、演员、翻译家、音乐家、记者等。他们不属于那种甘于寂寞偏爱孤独的艺术家,而是喜欢热闹,喜欢轻松自由的气氛。他们是天生的乐天派,即便生活条件再艰苦,他们也乐意汇聚一起用暂时的快乐来忘掉生活中的烦恼。他们各自的领域和成就有所不同,但才华均以不同形式显露出来。对于这样一些人,无拘无束恐怕是最好的生活方式。该笑就笑,说哭就哭,悲悲喜喜,蹦蹦跳跳,随情形而定,随心境而发,一切顺其自然,绝不强求。

他们都没有想到,就是这样一种艺术家、文人的"物以类聚",在后来的岁月里会给他们带来那么多的麻烦、磨难、痛苦。不过,痛苦归痛苦,磨难归磨难,他们中的许多人,都挺过来了,哪怕北大荒伐木、监狱囚禁,都没有让他们趴下。用夏衍风趣的话说,这是因为当年"二流堂"在重庆的由唐瑜修建的那幢简陋房子风水好。

这当然与他们各自的乐天派性情有关。过去他们这样相聚,这样走过最为艰难的日子,现在依然如故。看着他们这些快乐的老头老太太们,我真的不知道该如何给苦难、苍老下定义。

也就是在这样一种心情下,我写完了黄苗子郁风夫妇的传记《人在漩涡》。给他们夫妇写传,有许多篇幅,实际上也就是在描述"二流堂"的历史演变和人物风采。于是,在传记完稿之后,我产生一个想法,将与"二流堂"有关的内容单独提出来,加以补充和修改，写出了一篇集中而系统描述"二流堂"历史演变过程的长文。在此基础上，我编选了这本《亦奇亦悲二流堂》。

本书中有各种样式的描写"二流堂"的文章、诗，读者通过这些诗文，可以大致了解到"二流堂"的形成、演变过程，并通过对它的了解，更为深切地认识他们走过的历史，感受这批艺术家、文人的个性。在我看来，自由的个性，永远是值得珍爱值得推崇的。

我还非常重视收在"备忘录"部分里的史料。它们有大批判文章，有当事人的交代，有片言只语的便条，但它们能从另外一个角度呈现历史的本来形态，也就因其而具备了沉甸甸的分量。需要加以说明的是，它们中的一部分，是我从旧书摊收集到的历史档案材料中挑选出来的，将这样一些史料刊载出来，我觉得对研究历史有着它们特殊的作用和价值。

早在十几年前，萧乾就曾不止一次建议我写一下吴祖光和"二流堂"，可是遗憾的是我一直没有机会写出来。今天编选这样一本以史料为主的书，也算了却多年来的愿望。在这里，我要特别感谢萧乾最初的建议，感谢所有同意将他们的作品选入此书的前辈。

"备忘录说明"

编选在"备忘录"部分的文章，均是在我看来与"二流堂"历史有关的较为重要的资料。

这些资料根据"二流堂"四个不同重要历史阶段的时间顺序依次排列。它们大致可以分为三种类型：

一、反右运动和"文革"中在报纸杂志（含红卫兵小报）上公开发表的文章，包括被批判的文章和批判文章；

二、与"二流堂"有关的官方文件；

三、与"二流堂"和"小家族"有关的档案资料。

第三部分资料需要加以特别说明。

1997年，我从北京潘家园旧书摊买来一批旧资料，它们主要是中国戏剧家协会的历年档案材料。其中，涉及胡风反革命集团事件和"二流堂""小家族"的材料为数不少。我从中挑选出较有代表性的几篇材料，作为描述"二流堂"历史的极为重要的补充放进本书。

　　批判也好，令人痛心或者啼笑皆非的归纳、总结也好，今天看来，是对当时历史的一种特殊注释。至于当事人在不得已情形下而写的"交代"，则是以另外一种方式为后人留下了不可多得的史料。读它们，心中不由得为那些受折磨者而落泪。我相信，把其中的一些交代编选进来，丝毫不会引起今天的人们对当事人的误解，而是会使读者更加同情之，理解之。同时，它们也会帮助读者更为深切、更为具体地认识"二流堂"和"小家族"，认识似乎久远却又遥遥可见的一段历史。

1998年3月26日

自然天成汪曾祺

认识汪曾祺先生很早,应该是三十年前我刚到北京工作后不久。我保存他的一份手稿——《〈朱光潜先生二三事〉是一篇好文章》,大约写于1986年,算算也有二十六年了。

当时,我在《北京晚报》编辑副刊,发表了一位老中医耿鉴庭先生的文章《朱光潜先生二三事》,汪曾祺读后,极为欣赏,很快给我寄来他的读后感。一见手稿,爱不释手。他以《北京文艺》专用稿纸书写,每页三百字,写三页半,约千字。他写得讲究,扑面而来清新、淡雅,如山溪自然天成,潺潺流淌,携两岸野草山花芬芳气息,少有烟火味。文字略有修改,却处理得干净利落,丝毫不减文稿整体美感。

因标题字数太多,记得发表前,与之商量,他同意改为《一篇好文章》。为何对一篇界外人士的文章如此关注,极力推荐?应是在汪曾祺看来,其文体现了他所推崇的文学观。汪曾祺作文,历来追求自然天成的一种境界,不张扬恣意,不故作姿态。他在《一篇好文章》中这样说:"这篇文章的好处是没有作家气。耿先生是医生,不是作家,他也没有想把这篇文章写成一个文学作品,他没有一般作家写作时的心理负担,所以能写得很自然,很亲切,不矜持作态。耿先生没有想在文章中表现自己(青年作家往往竭力想在作品中表现自己的个性,使人读了不大舒服),当时从字里行间可以看出耿先生的人品,谦虚,富人性,而有修养。"

富人性,有修养,这其实是汪曾祺从恩师沈从文那里承继的一种美学意义上的为人之道,作文之道。在沈从文与汪曾祺的作品中,我们读得出文人气息的恬淡、悠远境界。这一境界,其实并非故作高深,而是基于信奉一种艺术需要节制的文学观。汪曾祺说:"有感情而不外露,乃真有感情。这篇文章的另一个好处是完全没有感伤主义。——感伤主义即没有那么感情却装得很有感情。"在这一点上,汪曾祺可说是当年"京派文人"最好的传人。尤其是在"文革"之后,因参与样板戏《沙家浜》等剧的创作,他经历了大起大落的人生波折,对从事文学创作之初的体验有了更深的理解。他重新回归自己所推崇的艺术本真,在适应寂寞、享受恬淡之中,走进最后的创作高峰。

后来,我与汪曾祺的来往就多了。去他的蒲黄榆家中,和他聊天,看他挥毫写字绘画。我曾专门请他讲沈从文,讲萧乾,讲西南联大的往事,并专门整理一篇《听汪曾祺谈沈从文》。1990年,我为一家出版社策划出版一套世界名人画传,约请一批名家撰稿,我特地请他写《释迦牟尼传》,他虽勉为其难,最终还是应允,写出几万字的佛祖故事。后来,我颇觉得此举过于唐突,干扰了他的创作习惯,一直为之内疚。

1993年,我主编"金蔷薇随笔文丛"二十种,请他加盟,他编选一本,题曰《榆树村杂记》,取居住的蒲黄榆之义。我为此书写一点书评:"酒至微醺状态,他会变得尤为可爱,散淡与幽默天然合成。他的文章从不雕琢,如清风一样轻盈飘逸,读起来更让人陶醉。他不仅仅表现出一个小说家的才能,用炉火纯青的白描,描绘人与景,他也是一个学问家,散淡的文字背后,扑面而来的是浓郁的文化气息。"

最后一次见到汪曾祺,是在1996年冬天。他的老友黄永玉先生旅居香港十年后首次返京,几位热心人在东三环长虹桥附近的德式餐厅"豪夫门啤酒"举办两次大型聚会，其中一次由黄永玉开列名单，请来许多老朋友，其中包括汪曾祺。

那天，我与汪曾祺同桌。他的脸色看上去比不久前显得更黑，想是酒多伤肝的缘故。每次聚会，他最喜饮酒，白酒或黄酒，酒过三巡，兴致愈高，满脸可爱。那天只有啤酒，他喝得不多，兴致似也不太高。参加聚会的多是美术界人士，汪曾祺偶尔站起来与人寒暄几句，大多时间则是安静地坐在那里。

不久，便传来他去世的噩耗。他走得太早，还不到八十岁，本可以写出更多作品。一肚子的故事，挥洒不尽的见识，他人如何学也学不来的文字功夫，他把这些都带走了。

多可惜，他连一本完整的回忆录都没留下。

2011年9月

结缘《童年与故乡》

一、钟叔河念念在兹

顷接广州戴新伟兄来信,言及收到钟叔河先生惠赠的新著《小西门集》,读其中《记黄永玉》一文,方得知我与1998年《童年与故乡》的重新出版有关。他很喜欢这本漫画书,从家乡到广州,一直带在身边。新星出版社去年再出新版时,他又购得一本珍藏。他很想知道这本书背后的故事,建议我不妨详加叙述。

一个不错的建议。

且先从钟叔河的文章说起。《记黄永玉》一文写于2000年,钟叔河记叙他与黄永玉一年之前在长沙的一次相聚。文末一段,他这样写道:

> 临别时,我建议他作自己的画传,提到解放前吴柳西译过北欧某画家所作的一册。他立刻记起了是古尔布兰生的《童年与故乡》:"的确是妙不可言,好得很。李辉将它重印出来了,我要他给你一本。"

我没有想到,一本漫画书《童年与故乡》成了两位老人的一个话题(钟先生将中文版译者吴朗西的名字误记为"吴柳西")。

2010年,我送钟先生一册拙著《传奇黄永玉》,他请杨小洲兄带来一册《笼中鸟集》回赠,扉页上书写"李辉先生哂正,钟叔河奉,庚寅三伏于长沙"。写毕,他意犹未尽,又附言一句:"《童年与故乡》还能为我找一本吗?黄永玉说过,'我会叫李辉给你一本'的。"写此句时,距他们二人见面聊天十年有余,但他仍对《童年与故乡》一书念念在兹,足见他对此书神往不已。

等收到钟先生赠书并拜读附言时,我已无《童年与故乡》存书。适逢《读库》张立宪兄推出豪华全本《童年与故乡》(新星出版社,2010年),当即与之联系,他爽快应允速递一册至长沙,以纾解老人期盼之情。立宪兄还高兴地告诉我,这一版本颇受读者欢迎,不到一周,网上即售出近千册。

《童年与故乡》由文化生活出版社(以下简称"文生社")1951年版,沉寂近半个世纪后才重新浮出水面。可是,一旦浮出,即再获出版者青睐和读者喜爱,诸多书缘,串联如珠。

二、黄永玉促成"浮出水面"

1998年初春,在黄永玉先生那里,我第一次见到了《童年与故乡》。

我们夫妇在黄先生书房里聊天,其间,他问我们:"有本挪威画家的书你们看过吗?妙极了。"一边说,一边站起来,他从书架上抽出这本书递给我们。十六开,不到九十页,薄薄一册,封面白里泛黄,童年与故乡、古尔布兰生作、吴朗西译、丰子恺书,从书名到译者。封面上的这些内容,乃至书中所有配画文字,均由丰子恺亲笔书写,一本漫画书,设计考究别致,让人爱不释手。

"送给你们吧。"黄永玉当即在扉页题写一句话,大意是:几十年前出版的一本有趣的书。他还补充写道:其实,有机会可以重新出版。

回到家中,细细翻阅,边看边乐,忍俊不禁。果然如黄永玉所说,这是一本颇具生活情趣的妙书。作者以洗练而韵味十足的风格,讲述自己从童年至成年之间的一个又一个故事,童年的稚气、顽皮,小学生与老师间的恶作剧,新兵生活的滑稽等,在简约而夸张的配图呼应下,妙趣横生,温馨快乐,回味无穷。

"我四岁的时候,草比我高得多。别的东西我看见的很少,草里面却是很好玩的。草里面有鸟儿。它们把草茎连拢来做巢。小鸟们还没有眼睛。我用我的手指触着巢的时候,它们以为它们的爹娘来了,便把嘴巴张开。我就把我的唾液涂在草茎上喂它们。我把草茎插进它们的嘴巴里去。……"这是全书开篇,充满童趣,随即伴随一位大孩子为作者设计的一次恶作剧,一个人的一生如此这般铺开。

全书终篇,作者结束兵役回到家中。作者入伍的前一天,妻子为他生下一个孩子,他在军营一直牵挂母子,不停地给妻子写信,却从未收到回信,他为之忐忑不安。走进家门,眼前是这样一幕:

当我沿着围绕我的住宅的长廊行走的时候,地板也在我的脚下发出寂寞的声音。我推开起居室的门,她正坐在火炉旁边,两腿叉得很开,把孩子抱在膝上,好像我昨天才离开她一样。我站着,用手按在门上。

"啊,怎么搞的……你为什么不写信给我?"

没有回答。

古尔布兰生的童年与故乡,戛然而止。

最喜欢全书的最后一幅图。文字只有一个:完。画面上,一个如同天使般的小孩深深弯腰,只可以看到光屁股,背上伸展出天使的翅膀。他正在用左手熄灭蜡烛,烛烟袅袅,笔直飘至天空。作者以这一简约而有趣的画面,结束了韵味无穷的叙述,那道蜡烛余烟,长长的,就像全书留下的回味。

查《不列颠百科全书》,作者条目如下:

  Olaf Gulbransson(1873—1958),居尔布兰松。插图

画家,属于二十世纪初期德国讽刺画家之列,以肖像讽刺画著称。亦是最早讽刺希特勒的画家之一。早年求学于挪威画家绘画学些,曾在挪威几家报纸任职。1900年访问巴黎后,汇集挪威名人讽刺画像出版了第一部画册。1902年移居慕尼黑,开始与当时的重要刊物《质朴》长期合作。以讽刺温和、风格稳健、线条简练著称。

吴朗西将作者译为"古尔布兰生"。古尔布兰生,出生于挪威首都奥斯陆,后来旅居德国,故被称作"德国讽刺画家"。但《童年与故乡》所述,均是他在挪威的生活故事,这就难怪黄永玉、钟叔河都习惯将之视作挪威画家。

关于《童年与故乡》,吴朗西在"译者后记"中写道:

> 本书原名 ES WAR EINMAL 本应译为"从前",童年与故乡,系由译者改题的。
>
> 《童年与故乡》出版于一九三四年,是他的童年生活的纪录。四十篇散文,两百幅漫画,非常生动有趣地描述他的童年、家庭、学校、军队、初恋以及顽皮生活,同时旁触到北欧的大自然和它的动物、山林,以及纯朴粗野的农民生活。图画文字都有独特的风格。

作为现代中国最有名的漫画家和散文家,丰子恺以善于表现童趣而著称,他接受吴朗西之邀,乐于为中文版亲笔书写全书文字,可见其对之喜爱有加。他在"书者后记"中,对《童年与故乡》的画与文两者均评价甚高:

> 古尔布兰生的画,充分具有写实的根底,而又加以夸张的表现,所以能把人物和景物的姿态活跃地表出。他的文字近于散文诗,也很生动。他把童年在故乡所为、所见、所闻的精彩的片段,用绘画和文字协力地表现出了。有的地方文字和绘画交互错综,分不出谁是宾主。这种

艺术表现的方式，我觉得很特殊，很有趣味。这可说是一种特殊的连环图画。

读丰子恺的评价也不难理解，同样兼画家与作家于一身的黄永玉，为何对《童年与故乡》如此偏爱，最初的阅读印象与他相伴五十年，依然清晰。读黄永玉近年在《收获》连载的自传体小说《无愁河的浪荡汉子》，参照欣赏他所画自己的童年与故乡相关的插图，即可发现，他的童年记忆，他所描绘的妙趣横生的场景与对话，与《童年与故乡》恰有艺术的相通之处。

所谓艺术家惺惺相惜，就在丰子恺、黄永玉与古尔布兰生之间的历史关联中。

黄永玉说得不错，《童年与故乡》的确是一本值得重新出版的书。我首先想到了擅长出版图文书的山东画报出版社。

是年，山东画报出版社创办不久，由汪家明先生主政，因《老照片》系列的推出而有异军突起之势。家明兄读我在《收获》上的专栏"沧桑看云"，专程来京，两人相谈甚欢，商定编选专栏中所写"文革"人物命运的文章，结集出版，即《风雨中的雕像》——山东画报出版社创办后的第二本书。我们的合作也由此开始。我访问瑞典归来，带回汉学家林西莉女士送我的一本专著 *China, Empire of Living Symbols*（《中国，活的象征字的王国》），颇为喜欢，向家明兄推荐，他同意出版。我约请译者，并与瑞典驻华使馆取得联系，得到资助，最后将中文版书名确定为《汉字王国》出版。在此期间，我们夫妇翻译了一本瑞典画家卡尔·拉松的图文书《我们一家，我们的房子，我们的农场》，也交由他出版。《童年与故乡》也是描写北欧生活的书，将之推荐由山东画报出版社出版，自在情理之中。

家明兄爱书如痴，也十分喜爱《童年与故乡》。在他的努力下，1998年10月，古尔布兰生和卡尔·拉松的两本图文书，同时出版，令人高兴。

当然，也有缺憾。"山东版"完全根据1951年版本重印，遗憾的是,无新版说明,也未提及该书源自文生社初版。去年的"新星版"则弥补了这一缺憾。"新星版"有一出版后记,详述版本由来。尤为难得的是,立宪兄为求完美,费一番周折,淘来1934年《童年与故乡》德国原版老书。"新星版"恢复原开本,装帧也走精美、大气的方向,让人爱不释手。丰子恺当年书写文字时,尚是繁体字时代,"新星版"考虑当今读者需求,特地附录简体字文本,使之更完善,所谓后来者居上。《童年与故乡》六十年的中国之旅,恰是一个好的证明,堪称佳话。

不过,对我个人而言,却另有遗憾——"山东版"和"新星版"对黄永玉先生的促成之功,均未加以说明并致谢。更为可惜的是,他赠送我们的那本写有题跋的《童年与故乡》,在1998年的某个出版环节被遗失了。每念及于此,仍难释然,总希望还有机会再遇见它。

三、最初的亮相

其实,《童年与故乡》在中国的最初亮相,不是1951年,而是1935年,即在德国出版后的第二年。翻译与引进之快,足见当年中国出版与世界的沟通,相当敏感与顺畅。

吴朗西1951年在"译者后记"中写道:

> 我非常爱好古氏的作品,并认为有向国人介绍的必要。一九三六年我编辑《漫画生活》月刊(上海美术生活杂志社发行)的时候,除介绍古氏的政治性漫画外,并将本书译出一部分,发表于《漫画生活》上。后来《漫画生活》被迫停刊,译述也就中止了。

从姜德明先生处借来几本《漫画生活》,发现《童年与故乡》连载始于1935年2月(《漫画生活》第六期),而非1936年。该书最初的译名,既非"从前"也非"童年与故乡",而是"过去";作者的译名为"古尔卜兰生",而非"古尔布兰生"。

吴朗西留学日本时主攻德国文学,但他对美术尤其是漫画,情有独钟。"九一八"事件爆发后,他提前归国,参与创办的第一个杂志即是《漫画生活》。三十年代,在翻译连载《童年与故乡》之后,他还相继翻译出版过德国漫画家卜劳恩的作品《父与子》、亨利·遮勒的《柏林生活素描》,在引进国外漫画、推动中国漫画发展方面,厥功显著。

吴朗西主编《漫画生活》时,发表一组文章介绍几位外国著名漫画家,古尔布兰生是第一人。在开始连载《童年与故乡》时,他发表《奥纳夫古尔卜兰生及其作品》一文,谈及古尔布兰生移居德国后,与德国著名漫画杂志《质朴》(Simplicissimus)的关系。《质朴》名称,源自十七世纪德国小说家格里美豪森一部长篇小说中的主人公名字,此小说即《痴儿历险记》。吴朗西在文章中,特意介绍《质朴》杂志与现实政治的关系:

> 四十年来这本刊物(《质朴》Simplicissimus),本其一贯前进不偏不党至大无畏的精神,在帝政时代批评讽刺军国主义和"威廉主义",愈受压迫而斗志愈盛。因为编者坚持着思想自由发表的主张获得智识界的尊敬同情。托尔斯泰曾经称赞Simplicissimus有许多美德而"不说诳"为其最大的美德。所以就是在国社党的统治之下,而古尔卜兰生的漫画还是尖锐地讽刺批评希特勒及其党中的无理狂行。

《质朴》是漫画杂志,却与文学有很深渊源,为之撰稿的作者,包括德国的托马斯·曼,瑞典的斯特林堡、法国的法朗士等享誉世界的作家。吴朗西创办《漫画生活》,刻意借鉴《质朴》做法,除刊发漫画作品外,他还约请丰子恺、巴金等作家撰稿。漫画与文学携手同行,相互辉映,是吴朗西的出版追求,及时翻译引进古尔布兰生的图文作品,正与之相吻合。

吴朗西这样概述古尔布兰生的漫画艺术:

现在我们对于这位天才漫画家的作品且略事研究一下罢。

古氏的初期作品《易卜生的肖像》便充分地表现出他的天才的画腕,只看他在寥寥的几笔速写当中将一位勇敢斗士的全副神态活画出来。他的中期政治漫画如《迭尔加士的新骑》,描写德国因迭尔加士的外交而深感困恼时的情态(画中树上之鹰即系代表德国罢)。意思是非常简单恰当,笔调迅速而稳定,不过火也不须用冗长的解说。

近年来古氏喜用黑白绘,他的线条的经济,他用寥寥数笔表现一幅绘画的方法,我们在这幅画着希特勒与胡根堡在前德国总理布鲁宁门前的可笑的印象中便看得出来。

古尔布兰生画易卜生的肖像漫画

据查,《童年与故乡》在《生活漫画》上,只连载五期,在第十期结束。这一年的夏天,吴朗西创办文生社,请巴金担任总编辑,两人搭档,开创他们辉煌的出版事业。吴朗西在《生活漫画》十一期退出编务,《童年与故乡》即停止连载。这一中断,即是十六年,1951年,全本中文版《童年与故乡》才得以与读者见面。

将1935年与1951年的译文两相对照,发现吴朗西对文字做了一些修订。譬如,1935年《生活漫画》第九期发表时的一节译文:

他名叫"波儿叶勒哇"(Boljerava——巴威士话:"波浪")。他这漂亮的名字是从他走路的样子得来的。原来他走路全不像样。因为他有一只弯脚,用两根手杖支持着的身体行动起来总是浪来浪去。

他对于图画毫无概念。我只好永远画些葡萄叶和狮子脚。而且因为我的画稿脏,我总是拿到四张稿纸。

他很注重秩序,总想在我们最混乱的时候突然跑进我们的课堂里来。课堂的门上有几个小洞。我们知道,他欢喜从小洞里偷看我们。

1951年修改后的译文:

他的名字叫做波儿节纳瓦(就是"波浪"的意思)。他从他走路的步伐上得到这个漂亮的名字。其实他没有步伐。他由两支手杖撑着,波浪式地一上一下地走路。因为他有一只非常畸形的脚。

他对画画是外行。我一直只画葡萄叶和狮子脚。因为我的纸脏,我只得到丁等。

他管束我们很严,而且老是暗地窥探我们的教室。教室门上有一个小洞。我们知道,他真开心,好偷看我们了。

无疑，后者更准确顺畅，也更简洁而生动。其中，"四张稿纸"修改为"丁等"，自是妥当。

用了十六年，吴朗西才做完了一个圆满的梦。

四、至今犹忆吴朗西

再读《童年与故乡》，犹忆译者吴朗西先生。

拜访吴朗西早在 1980 年，距今已有三十一年。当时，因研究巴金，我与陈思和，把搜集与梳理文化生活出版社资料，遍访巴金友人，作为一个重要内容。我在笔记本上，查到这样两次记录：

> 1980 年 4 月 27 日，星期天，下午。上海
>
> 与陈思和到吴朗西家，在座的有毕修勺先生、吴夫人。

> 1980 年 5 月 11 日，下午，阴转雨
>
> 下午三点与陈思和一起第二次到吴朗西先生家。吴先生一个人在家，他事先已准备了我们的访问，在家里等我们，也拟了一些问题梗概。
>
> 谈话进行了一个小时十五分钟左右，因来了一个三十多年未曾见面的朋友，我们不便多谈，只好告辞。

这应是我们对吴先生最初的两次采访。

初见吴先生时，他已患中风，半身不遂，言谈虽不流畅，但表述无大碍，记忆也较为清晰。夫人柳静女士，是文生社创办时的早期投资者，在一旁协助吴先生与我们交谈。两次访谈，我们均有详细记录。后来，我们完成一篇长文《记文化生活出版社》，交由《新文学史料》发表，吴先生除了校改之外，还提供《文化生活出版社的资金来源》一文，作为附录发表。

吴朗西与巴金联袂经营文生社，推出"文化生活丛刊"、"文学

丛刊"等，汇聚一大批优秀原创作品和译著，鲁迅逝世前的最后几种著译，均交由他们出版。将近二十年的时间里，文生社俨然已成为现代中国出版业的佼佼者。他们两人有许多相同点：同岁，均生于1904年；同乡，均是四川人。不过，将他俩紧密联系在一起的主要原因，则是因为他们都曾信仰无政府主义。实际上，最初参与文生社的一些股东、编辑人员、作者、译者，如伍禅、朱洗、丽尼、陆蠡、毕修勺等，几乎都与巴金、吴朗西的情况相似。丰子恺虽不信仰无政府主义，但却与有着无政府主义背景的社团、学校，如匡互生的立达学园，与吴朗西、巴金等个人，都有着颇为密切的关系。丰子恺始终都是文生社的主要作者，这也是他欣然同意吴朗西的请求，为《童年与故乡》当一名书者的历史渊源。

三十年前，我们在《记文化生活出版社》一文结束时写道：

> 从出版史的角度看，文生社的性质同其他一些私人出版社也有所不同。他们是作家、翻译家办社，创办经营的目的不是为了赚钱，而是着眼于出书。文生社的成员中，吴朗西、柳静、巴金、丽尼、朱洗、伍禅等人都有其他方面的收入，为文生社工作完全是出于义务，并不取社里的薪水。出版书籍的收入，都作为社里的资金积累。同时，文生社作为一个私营企业单位，经办二十年中，不但没有发过股息、红利，就是在解放后公私合营后，朱洗、丽尼、巴金、柳静、吴朗西等大部分股东都没有领取定息。正由于他们不以单纯追求赚钱为目的，所以在所出的书籍中，选择是比较严肃的，内容上一般都是健康的，进步的，并不迎合读者中一时的不健康趣味，而是踏踏实实地为文学事业作着贡献。

重读这些文字，吴朗西、巴金等老一代出版家熟悉的身影，又在眼前活跃闪动。

如果他们健在,环顾当今出版界此起彼伏的"大跃进"似的改制热、集团热,面对出版越来越受困于"商品化"和"产业化"的挤压,不得不被浮躁、苍白、急功近利裹挟而行的现状,又该发出何种感慨呢?不敢设想。

好在他们留给了我们可以不断阅读、不断再版的书。

在写作此文过程中,姜德明先生为我提供《生活漫画》杂志,谨致谢。

写于2011年8月初

画里画外

一

认识吴冠中先生是在 1984 年左右。当时专门选收文学评论文章的《评论选刊》，有一期破例地转载了吴冠中一组关于画展评奖的文章。文章是日记体裁，活泼文风和坦诚吸引了我。没有常见的人云亦云，也不是死板枯燥的论说，而是细致地分析参展作品艺术的得失，理性与感情出色地结合起来，超出了一般评论文章的水平。说它是评论，却分明如随笔一样轻松活泼，对于长期以来评论文风贫乏单调的文坛来说，这无疑是由画坛吹来的一股清新的风。

我当时正在《北京晚报》编副刊，刚开设一个栏目"居京琐记"，专门邀请居住在京的文人撰写随感，每期文章都请丁聪先生配一幅作者漫画像。读了吴先生的评选日记后，我便写信约稿。他很快寄来文章，从此成了这个栏目的常客。其间，他的《宣纸恋》一文刊发过迟，差一点引起不快，幸好有丁聪插图在先，无形中成为缓冲，彼此误会方才化解。围绕这篇《宣纸恋》，吴先生有两封信分别如下：

> 李辉同志：我随全国政协考察团去长白山，恰好与丁聪为伴，天天同行，同住一室，我家里去信转告说您要约

丁插图,我已与丁谈及,并将《宣纸恋》大意说了一遍。今日与丁一同返京,并读您来信,请直接与丁联系即可,他亦曾谈及您。握手。吴冠中　卅日

　　李辉同志:我昨日刚从山西吕梁山区返京,读悉来信及晚报,谢谢!我早估计是有了不同意见,否则怎能拖延近四个半月。这篇稿子我认为很有意义,至少美术界是特别关心的,如我早投《中国美术报》或《羊城晚报》,很快就会见报的。后来晚报迟迟不发,曾想索回改嫁,但考虑到丁聪同志又画了插图,太难为你了,故只好作牺牲的打算,并已收编入我的文集中。请将这天的报寄我几份。代问薛涌好。吴冠中　十九日

　　误会过后,合作依旧。他们那一代文人,对年轻人总是宽容厚爱有加,至今令人感怀不已。

　　第一次去看他时,他还住在劲松小区的一间小屋,后来,他搬到方庄小区,一住就是二十多年。直到病重住院,他没有离开过这套依然不算宽敞的住所。

　　最初吴先生的画与人给我的印象是不一样的。八十年代他创作的以江南水乡为题材的画,清新淡雅,给人以平和静谧的感觉。我想,大概经过"文革"的风风雨雨之后,他更加留恋儿时家乡秀丽景色给他的印象,需要用水乡的温馨来慰藉疲倦的心灵。春天的江南,浅绿淡红,雨雾袅袅。在他的眼中,这素淡的色彩,也许很适合此时的心境。于是,他的笔下,平林漠漠,小桥流水人家,一派浅灰色调。他把这称作"浸透着明亮的银灰"。欣赏这样的画,感觉不出激情和热烈,而是清新,甚至还带着淡淡的冷静。

　　生活中的他却给我完全不同的印象。他很健谈,与他在一起,你甚至不必考虑多说话,或者提什么问题。他会随着自己感兴趣的话题,侃侃而谈。他一点儿不像个老人,即便到了前几年,他已

八十几岁了,我仍然感到他与过去一样,没有衰老,总是那样精力充沛,不知疲倦为何物。

他容易激动,容易被生活中种种不平所刺激,从而发出感情色彩浓郁的评判。前几年来他受那幅《炮打司令部》假画拍卖案的困扰和刺激,这种冲动似乎更加突出。每次见到他或者通电话,说到此事,他会气得声音发抖。不仅仅这一件与自己有关的事情,生活中有许多事情,他实在不能理解。不解,便为之苦恼,为之愤愤不平,他的不少文章就是这样写出来的。大到文艺创作规律,小到一张宣纸,都在他的议论之列。他看不惯外行官员对艺术创作的指手画脚,他看不惯画坛肆虐的吹捧风气,他看不惯生活中种种不道德的行为。读这样的文章,我再也不会觉得他仅仅是温和而冷静的风格,而是一团热情的火,还带有几丝辛辣。

后来读到他讲叙自己八十年代故乡之行的文章,我才深深体会到,他儿时的故乡印象为何那样深刻,也仿佛明白了他为何要用记忆中的温馨来描绘出风格清新淡雅的水乡。他写到:"土地不老,却改观了。原先,村前村后,前村后村,都披覆着一丛丛浓密的竹园,绿荫深处透露出片片白墙,家家都隐伏在画图中。一场大跃进,一次共产风,竹园不见了,像撕掉了帘幕,一眼就能望见好多统统裸露着的村子,我童年时心目中那曲折、深远和神秘的故乡消失了。竹园不见了,桑园也少了,已在原先的桑园地里盖起不少两层小楼房。"

这是一个艺术家面对自然界发生突变后的惆怅。于是,他的所有描绘水乡景色的作品,都可以使我们从美的角度走进他的内心世界。在淡雅和平静的画面里,漫溢热情与感伤。

二

吴冠中创作过一幅题为《修女》的油画。这不是传统的肖像画,而是采用立体派风格的笔法,主要以单纯的黑白色块来构成整个画面。海轮上两位修女倚窗而坐，一个完全是黑色的背影，另外一个侧坐的修女，也没有任何细部的勾画。没有眼睛，甚至没有规则的面孔，只有大块大块的黑色，涂抹出修女的长发和衣袍。这里，海只是无关紧要的背景，蓝得几乎近似黑的两小块色彩，仿佛就是修女的延伸。作者显然在追求宗教的、同时也是生活的表达。黑和白，一种静穆，一种安适，但却又显得深沉而悠远。

这幅画作于1987年，这一年吴冠中即将步入古稀之年。

像他这种年纪的人，在走过人生长途跋涉之后，所有的风风雨雨跌宕起伏都贮存记忆之中，所有的酸甜苦辣的体验也装在了感觉之中。画家的每幅画，未必一定都反映出画家的内心，未必都凝聚着他的整个人生体验，但对于吴冠中，这幅画的意义却非同寻常。

吴冠中曾向我讲述过创作《修女》的过程。这一过程，也许可以说是一个故事。一个几乎延续了四十年的艺术意愿，终于在晚年才得以完成，而历史的、人生的、艺术的种种体验，使他的这一完成，融进了更多的内容。

这幅画是1950年一幅素描的延续，那一年，留学法国三年的吴冠中从巴黎回国。归国途中当海轮行使在地中海上时，他注意到靠近窗户的一张桌子上，有两位身着黑色衣袍的修女喝着饮料，欣赏着窗外的海景。修女们很漂亮，也很悠闲而安详，没有一点儿忧愁和感伤。他用艺术的目光注视着他们，大海涌动，修女安详，黑色醒目，这无疑是一个很好的构图。他征得修女的同意，拿起笔，画了一幅素描。他计划回国后再在这个基础上画一幅油画。

然而，回国后他很快便发现他在法国所形成的艺术观，他所擅长的绘画方式，不适宜于盛行的时代风尚，甚至被视为"异端"。他说，他不得不放弃自己的形式和风格，转而走进年画、宣传画创作的行列。这样，地中海那一美丽的印象，没有变为油画，那幅素描也束之高阁。

艺术家的他却不可能抹去一旦形成的深刻印象。于是，当八十年代他进入自己创作的自由期时,他又拾起四十年前的那一瞬间,又重新端详那幅素描,他决定延续当年的意愿。不过现在的他,不再会像当年那样按照肖像画的笔法,将记忆中的修女重现。他不愿意那样做。他寻找的是印象,是感觉,而且要把自己人生体验融会其中。

他选择了黑白主体。他有意识地隐去人物的面容,突出黑与白的色彩给人的感觉与冲击。

他说过他爱黑,喜欢强劲的黑,黑的强劲。"文革"中虽然经历过所谓批"黑画"的遭遇,但这丝毫也没有割断他对黑的色彩的偏爱。生活中黑被用来象征死亡,但对于他,黑色则意味更为丰富。黑是沉静的,也是深邃的,黑是悲哀的,但也是热烈的。黑色是视觉刺激的顶点,当他的绘画在八十年代从具象趋向抽象时,正好与从斑斓彩色进入黑白交错是同步的。

在我看来,色彩既是画家的眼睛,又是他的生命。这就像诗人一样,语言绝对不仅仅只是一种工具,在很大程度上也是他的眼睛他的生命,对语言的拥抱程度,决定着他的作品,从而也决定着他的生命意义。吴冠中正是以一种独特的方式拥抱着色彩。色彩对于他,当然不是五光十色,不是赤橙黄绿青蓝紫交替出现的一种笔墨形式。在回望人生旅程时,他对色彩的理解,已经超出了单纯的技巧范畴,而是将色彩与生命的体验紧紧联系在一起的。

不少人把他视为典型的形式主义的画家,可是,坐在他面前听他讲述自己的故事,画的或者生活的,便会觉得他远不是那么简单,也很难以用"形式主义"这样一个概念来归纳他的艺术。而当你更加深入地走进他的人生之后,就更能发现,所有似乎是形式意义的东西,譬如色彩、线条、结构等等,在他那里原本是自己生命表现的一种方式。

三

　　1993年前后,我为华侨出版社主编一套"金蔷薇随笔文丛",两辑共二十种,除汪曾祺、王蒙、邵燕祥、王安忆、舒婷等作家外,我还特地挑选了于光远、吴冠中、李锐、孙越生等几位文学圈外人士,试图借拓展作者的范围来集中呈现随笔写作的新阵容,从而改变传统意义上的散文格局。

　　吴冠中很支持我的这一想法,将他的选本定名为《画中思》。在《画中思》的勒口上,印有我写的一段关于吴冠中随笔的点评:"画,是他的主要世界,在画布上挥洒他的美。画之美的背后,却是他对自然对人生独特而透彻的领悟。在大自然面前,他沉静地端详而思考。于是,多彩的画笔之外,他又拥有一支多彩的文笔,在长长短短的篇章里,他用细腻委婉的语言,把自然的感悟、美的理解、个人感情生活,铺成一幅幅流动的画面。"这是我当年读他的作品的印象。

　　《画中思》出版后,吴先生送我一册留作纪念,并在扉页上题跋如下:

　　　　金蔷薇随笔文丛多彩,小而精,其中璞玉如汪曾祺、投枪有邵燕祥……都令人喜爱。慧眼识文章,编者的眼力影响出版事业的发展、读者的品评。吴冠中,一九九三年。

　　他的褒奖,令我惶恐而感责任重大,而从题跋也可看出,他对文坛十分关注。

　　吴先生题赠的著作我藏有多种,而他的《我读石涛画语录》一书,则另有一番故事。

　　《我读石涛画语录》由范用先生转赠。一次去看望范先生,闲谈时,他顺手拿起这本书,说他有两本,可转送我一本,而且此本是封面设计者张守义先生赠送他的。只见扉页上写着:"范用先生存正。守义,丙子春。"我喜出望外。范先生当即又在扉页上题写道:"我有两本,特以此本转赠李辉。范用。"

《我读石涛画语录》由荣宝斋出版,收录吴冠中对石涛画语录的点评和他人所写关于石涛的评论。我很喜欢此书。2009年,我为大象出版社主编一套"名家文化小丛书",每种约三、五万字,此时,我想到了

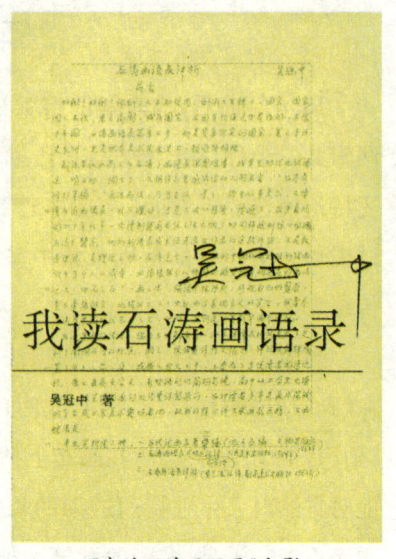

《我读石涛画语录》书影

这本读石涛。我觉得将书中吴先生的点评单独汇集出版,更方便一般读者阅读,应是不错的选题。我去信征询,吴先生同意了我的建议,并很快把出版合同亲笔签好寄来。

未料想,这一次信件往来,却成了我与他的最后一次联系。

惊悉吴先生逝世噩耗后,我们夫妇赶去吊唁。走进他的方庄住所,面对他的家人,我除了哀思,另有《读石涛》未能及时出版的遗憾。

如今,斯人远去,待《读石涛》出版时,欲请作者本人题跋于书,只能是幻想了。对于我,画中之思,已成书中之忆了。

完稿于2010年8月6日

且看那电闪雷鸣时

一

北京今夏天气很怪。忽而冰雹,一场接一场,豌豆大小直至鸡蛋大小,砸得人们目瞪口呆,只听取惊呼一片;忽而狂风乍起,午夜里来去匆匆,天明一见,但见树倒瓦飞,遍地狼藉;雷电也远比往年频繁而迅疾,稍不留神,一道光闪即携带霹雳穿透云层呼啸而至。也好,变化不定和出人意料,恰恰冲淡了烈日暴晒的炙热,让这一个酷暑多了一些变化,多了内容,多了夜间的清凉。

正是在清凉的夜间,这几日我在看《吴祖光日记》的校样。偶尔听到雷声滚过,仰头闭目,忽然有一种读日记听雷声相得益彰的感觉。这些日记写于1954年1月1日到1957年6月底,恰是吴祖光亲历的当代中国一段极为重要的历史时期。短短三年多时间里,中国社会政治气候变化异常迅疾,知识分子个人命运起伏跌宕,悲喜转换极为突然,一连串雷电交加般的事件令人目不暇接,颇令人喘不过气:高岗饶漱石"反党集团"案——潘汉年被捕——《红楼梦》研究风云及对胡适思想批判——"胡风反革命集团案"——肃反——整风——反右……是巧合却非偶然,吴祖光个人命运正是在这样的历史背景下发生着前后悬殊的变化。他的特殊地位和身份，他的交际广泛应酬繁多的特点，他的率真性格与落笔大胆的风格，使得这本只有三年半时间的日记，不再仅仅是文人雅趣、个人家庭日常生活的呈现——虽然这是必不可少的、十分精彩的内容，而是记录下了更为广泛的社会背景和极为丰富复杂的政治变迁，从而使一本个人化的日记，具备了重要的历史价值。

二

不少历史过来人对五十年代中苏关系蜜月之时的往事记忆犹新，感慨良多。当时，言必称"苏联"，不少地方一味抬高来华工作的苏联专家的地位，容不得提出半点不同意见。轻者受到批评，重者被批判之，被惩罚之。早在1947年，萧军在大连就为此而倒霉。他在为报纸所撰写的评论中，对苏军在东北的不妥行为多有不满，并予以隐晦的批评。这显然不合时宜，立即受到严厉批判，萧军也从此被打入另册。萧军的遭际，对五十年代的知识分子来说，是一个教训，更是警示。

作为一名富有才华、成就卓著的艺术家，五十年代初的吴祖光备受器重，干劲十足。1954年，他在北京电影制片厂工作，出任纪录片《梅兰芳舞台艺术》的导演。此时，各行各业正盛行聘请苏联专家出任顾问，《梅兰芳舞台艺术》也为此从莫斯科请来苏联专家，指导吴祖光的工作。艺术家的才华与个性，使吴祖光难以无原则地听命于对中国戏曲艺术根本缺乏了解的苏联专家，与之常常出现龃龉，甚至冲突。但既有前车之鉴，加之环境所迫，他不得不违心地做出让步。种种委屈、不满、困惑乃至气愤，只能在日记中以片言只语发泄出来：

1954年10月4日

晨去厂为专家讲分镜头剧本，与苏专家之合作，有斗争，有团结，极不简单也。

1955年2月20日

晨至厂召开摄制组会，苏专家参加，专家对中国古典艺术不理解，工作有困难。

1955年2月21日

午后至《人民日报》听苏联《文学报》编辑某某夫讲苏联戏剧发展前途，则多泛泛之谈，无甚道理，盖苏联亦多公式概念之流也。

1955年2月25日

晨在家作准备工作，午后到局，形势严重，局的三个专家，我组两个专家，王、陈两局长等皆一同看片，开座谈会，意见愈提愈严重，谈到六时，决定今日停拍，重新试片。与外国人谈中国艺术，真乃"秀才遇见兵"，苦恼之至。

1955年3月3日

晨到厂继续拍照至午后七时结束，倦甚。苏专家以病闻，李秉忠等去探病，据说昨日专家夫人在电话中骂街云。艺术而请苏联顾问参加工作，其一难事。十时就寝。偕尚义在西安食堂晚餐。

1955年5月13日

晨到厂讲今日欲拍之镜头，专家满口教条啰唣不清，可恼之至。此老之固执琐碎令人极难忍耐，但无法只得容忍也。午后开拍极不顺利，八时返家情绪恶劣之极。

1955年9月6日

晨到厂拍戏，因摄制小组工作无条理，计划朝令夕改，至无时间讲分镜头剧本，以至专家临时意见百出，指东杀西乱成一片。岑范老病复发，针锋相对，几无法下台。我极力维持，辛苦。整日拍得镜头二个耳。

1955年9月7日

　　晨到厂拍戏，专家又提莫名其妙之意见，王德成应声而出，语无伦次，岑范又与之冲突，经我制止，行使导演职权，方得进行拍摄，极不愉快。专家热情，而王则头脑简单，积极过火，水平太低，真乃秀才遇见兵矣。

　　半个世纪过去，今天再读它们，不由得同情和理解吴祖光，为他内心的苦闷和面临的尴尬而感慨。同时，难得的是，在盲目崇拜苏联专家的潮流中，他仍在独立思考。虽片言只语，却真实呈现出一个艺术家的精神自尊，他在晚年所表现出来的正直、坦率、大胆的独立人格，也可从中看出其渊源关系。

三

　　潘汉年的忽然被捕，是五十年代对吴祖光第一次最直接的沉重打击。

　　抗战期间在重庆，潘汉年与吴祖光、黄苗子、郁风、丁聪等"二流堂"一批文化界朋友交往甚密。从日记看，五十年代在担任上海副市长期间，潘汉年每次来京，常会与这些老友相聚，甚至外地写给潘汉年的信，也寄至吴祖光处代为转交，关系可见非同一般。

　　1955年3月，潘汉年再到北京，朋友们喜相逢。但谁都不曾想到，潘很快将有牢狱之灾。这一期间，在吴祖光日记里有多处记录与潘有关，文字虽简略，却勾勒出风暴突如其来的轨迹，更留下了他的纷乱心绪：震惊、不解、迷惘……

1955年3月20日

　　……晚夏公、潘公来，在四川馆晚餐。

1955年4月3日

　　……四时余艾青来，同去北京饭店，偕夏、潘两公及孩子们到康乐晚饭。

1955年4月4日

……潘昨晚失踪,甚奇。

从日记看,潘汉年的"失踪"应是在4月3日,而潘"失踪"前的最后一顿晚餐,是与吴祖光、艾青、夏衍及吴祖光的孩子们在一起。两天里,"甚奇"的事接踵而至,4月5日的日记中又出现了关于高岗、饶漱石事件的记录:"……今日报纸发表党代表大会决议,宣布高岗饶漱石叛党事件,但不详细,甚多使人难解处。"

事情还没有结束。随后的几个月里,潘汉年的名字又一再出现:

1955年5月7日

五时半有中共中央组织部汽车来取上海寄来转潘公之航空信,甚为紧急。潘公前此之失踪,证以今日之事,颇觉跷蹊。与夏公通电话,已来京,住华北招待所。

1955年7月20日

连日报载潘汉年反革命事,内情不明但罪状已定,此人党龄在三十年以上,何以不知自爱如此,百思不得其解,谈警惕亦太难。

所敬重的革命名人、老朋友,一转眼却成了"反革命",这是吴祖光无论如何也无法理解和接受的事。作为一个文艺家,他不可能知晓党内政治斗争的复杂与尖锐,他也就只好以"百思不得其解,谈警惕亦太难"来表达一种困惑。但就是这种敢于在日记中流露的困惑,半个多世纪后,证明了置疑的价值。

四

吴祖光自己遭受的打击是在1957年6月。这本日记的最后几页,真实记录了他在反右开始后面临批判的经历。

客观地说,在此之前五十年代展开的历次文化批判和政治运动中,作为文化界名人,吴祖光也曾以批判者的身份出现,或在座谈会和批判会上发言,或撰文发表,批判他人以表明立场。如在批判胡风期间,他的态度也是明确的。1954年12月8日这天,他参加了开始批判胡风的大会,日记中便这样写道:"晨九时半到青年宫三楼开文联主席团及作家协会主席团扩大会议,今日发言周扬极精彩,公正、诚挚、尖锐、有力。郭老、茅盾亦好。"

吴祖光的命运被彻底改变是在1957年。

1957年,开始整风时,吴祖光响应号召,积极参加鸣放。5月30日的日记写道:"连日整风,到处情况严重。党近年来已呈衰老现象,若不整风,崩溃堪虞。"第二天,5月31日写道:"午后二时半到文联为整风开会,翰老主席,我第二个发言,剀切陈词令人震动。谈至八时半,发言者六七人而已。"一时间,他成了戏剧界敢于直言、态度激烈的人物之一。仅仅几天,各方的鸣放邀请已令他难以招架:

　　　　　　6月3日

　　……连日因党整风来约开会的太多,且内容雷同,不能全去也。

　　　　　　6月4日

　　……午后《剧本》月刊开会整党,数电来约,我均未去。话已说完,锐气渐消。不若仍作缄口之金人为佳也。

　　去艾青家谈甚久。

转眼间大鸣大放转为"反右"。起初,吴祖光并没有意识到这将是一场涉及面广泛的运动,相反,只以为是针对罗隆基、章乃器等民主党派的政界人士,他甚至还准备材料参战。日记中写道:

　　　　　　6月14日

　　……连日各报反攻反社会主义右派之言论甚为激烈。罗隆基章乃器辈之投机分子遭此打击乃天理昭彰也。……

6月21日

……白天拾出52年罗隆基破坏齐白石影片文件,送《人民日报》。今日第一天着手写《吹皱一池春水》。

然而,仅仅两天过去,全国剧协针对吴祖光的批判就在剧协主席田汉的主持下展开了。关于吴祖光被打成"右派分子"一事与田汉个人的关系,近年来曾有不同说法和争议,这里,吴祖光的日记又提供了当事人的亲历记录,可作为佐证:

6月23日

……午后到剧协开会,田汉主席,是整我在《戏剧报》上发表的文章的。田声色俱厉,此为我平生第一次挨此等大会的批评。深觉出言过火,悔之不及。但自问是从善良愿望出发,决心今后不再提任何批评意见了。对戏改干部尤觉歉然也。田提到的文章三篇:①叶圣陶:领导这个名词,作家自己的哲学。②白尘:话剧需要领导。③我的发言。四时《人民日报》记者来接,去天桥。决定好生写剧本,今后亦不打算再接近戏曲了。

夜十一时半《戏剧报》张郁来,十二时《文艺报》张保华来,均谈及我走后田汉对到会之人点名发言,一时谩骂,扣帽子,锣鼓齐鸣。我幸而走掉,否则真会气死,此种会不知对我有什么帮助?不知何人挟嫌诬陷(因并无一人谈理论也)开此斗争大会。当夜致电夏公、周扬同志,韦明则未找到。周表示愿指示新华社发消息要慎重,并殷殷劝以不要紧张。

6月24日

晨致函田汉老,新华社未发消息,一宵未眠至此心下稍安。

中午田来电话，约晚上谈话。

王肇烟、张郁来，谈颇久。姚芳藻、梅朵先后亦来。致函韦明及总理，亦立此存照之意也。有负良师益友，多有恙灾矣。

晚与田谈话，田命我检查思想，谈了一个半多小时。事态可更趋和缓。《文汇报》发布了消息，只得由它了。

6月25日

晨起，起来又睡，精神已渐松弛下来了。午后到编辑处开会，厂内布置整风学习也。谈了罗隆基破坏"齐白石电影"事，与汪洋谈杨三姐事及此次剧协整我事。晚汪明来。午后田来电话，同意将《后台》一文撤去。

6月28日

晨写剧本，午后到厂学习。今日专谈我的文章，大家踊跃发言，颇多收获，思考问题须从思想上挖掘也。归后得田老电话，告以下周一再开会，嘱写文章准备，并约星期再谈一次话。

6月29日

今日整日写检查文章，至夜得五千字，仅完成第一部分耳。挖思想谈何容易，但此关如走不通则以后工作困难，下决心把检查做好。

6月30日

晨六时起来，续写文章，思想改造真难，心绪始终不佳。政治水平太低，事到临头始知不学无术之苦，奈何奈何。后悔何补，只有迎头赶上。不能怪别人也。

一本历时三年半的日记，至此戛然而止。随后，各报刊对吴祖光的批判铺天盖地蔓延开去，周扬曾许诺的"慎重"也不复存在。吴祖光从此跌进逆境，再过半年多，1958年春天，他就踏上了前往北大荒改造的荆棘之路，与他同行的有在日记中出现过的老朋友：

黄苗子、丁聪、戴浩、高汾等。还有另外一些在他的日记中出现过的朋友：艾青、张仃、陈铭德、杜高等，也与他一样成了"右派"。目前，尚未发现吴祖光之后的日记。如果有，该会有哪些内容？他会如何记录？无法得知。

五

与吴祖光先生相识是在二十年前。1984年，我在《北京晚报》"五色土"副刊当编辑时，负责"居京琐记"专栏，特约请在京的作家、学者撰稿，他们多为七十岁左右的老人，吴先生自然也在邀请之列，我们就这样建立了联系。当时，我刚刚开始传记写作，第一个人物是写萧乾先生。萧乾建议我接下来应该写吴祖光和新凤霞的传记。他在信中说："你写吴祖光、新凤霞伉俪。（1）故事生动（2）资料丰富（3）他们即住在……（4）符合你的侠义标准。"他还特地写了一封信，让我持信去拜访吴祖光夫妇。

我第一次走进了位于北京东大桥的吴家。当时，已有人为他们写过一篇报告文学，我本人的主要精力又放在《胡风集团冤案始末》的写作上，为他们写一部传记的设想未能实现，至今颇感遗憾。不过，自那之后，吴家成了我不时前往的地方。九十年代，在吴祖光的帮助下，我完成一篇叙述"二流堂"变迁的长文，并编选了一本相关图书：《依稀碧庐——风风雨雨"二流堂"》。

我喜欢听吴祖光畅谈往事，听他开怀大笑，听他鞭挞时弊。他特别留恋五十年代自己买的那个四合院，不止一次向我提到它。此次整理日记，才从中看到，原来为了购买这个四合院，他花费了多少精力和时间！难怪他对自己被打成"右派分子"后无端失去它而难以释怀，至死也耿耿于怀。

吴祖光说话一般从容不迫，显得儒雅。但说到激动处，他便会嗓门升高，拍打桌子，骂上几句。虽骂人，却极少用脏字，"王八蛋"——是他骂人时用得最多的词而已。九十年代，年过八旬的吴祖光,仗义执言,为在某超市被非法、无理搜身的一位弱女子打抱不平,撰文予以抨击,结果招惹经年不休的官司纠纷。那两年,每次见面,都会感受到他的侠义和刚烈。官司牵涉他许多精力,但他犹如困兽一般,虽遍体伤痕,精疲力竭,但仍要发出自己的声音。最终,他的这一举动,赢得舆论的普遍支持,赢得公众的敬重,从而他也为自己的一生画上了完美的句号。

吴祖光先生去世于2003年的春天,SARS即将肆虐京城之时。半年后,受吴公子吴欢先生委托,我开始整理这本日记。我把从事这一工作,作为对吴先生的最好怀念。

吴先生的日记笔迹相当潦草,难以辨认。且时代久远,有不少人名、地名、剧名等,难以确定。幸好得到一些前辈和友人的帮助,才有可能少一些纰漏和遗憾。对于他们我应该特别表示感谢——

我得到了在日记中出现频率颇高的"二流堂"友人黄苗子、郁风、丁聪等先生的指点与帮助。特别是黄苗子先生,虽年过九旬,仍认真地阅读日记,细细核对地名与人名,欣然接受我的访谈,回忆他与吴祖光的交往。他的回忆,为帮助读者更好地阅读日记、理解吴祖光,提供了重要的历史背景。

杜高先生也是在日记中多次出现的人物。他早在1955年就被打成吴祖光"小家族"的主要成员,1957年再以此罪名而被打成"右派分子"而锒铛入狱。他不仅帮忙核对地名、人名,还感情充沛地撰写了一篇长文,为读者阅读日记提供了难得的情感氛围。

章诒和大姐是戏剧史专家,且熟知五十年代日记所记录的历史。她和友人一起帮助校订人名、剧名,避免了一些错误的出现。

还要感谢吴祖光先生的儿女对我的信任和帮助,吴刚、吴欢、吴霜三位分别阅读日记整理件,提出不少重要参考意见。吴霜女士还特地撰写了一篇《读父亲的日记》,从儿女的角度回忆父亲,谈论日记,同样有助于读者阅读。吴彬女士是吴祖光先生的侄女,熟悉日记中所涉及的吴家事宜,她细心校阅日记,核实相关人名,以求尽可能准确。

　　两年多整理日记的过程,加深着我对吴祖光的理解。同时,从关心这本日记的整理和出版的一个个前辈和友人身上,我感受到人们对一个逝者的怀念与敬重,更有他们对历史细节的重视。

　　最后需要加以说明的是:由于日记笔迹过于纤细和潦草,仍有个别字难以辨认,只好以"□"代替;个别地方涉及家事,应家属要求,略作删减;个别人名应家属要求,不拟公开,故以"×××"代替。尽管经多人校订,恐人名、地名等仍有误,有待出版后再作修订。以上种种,诚望读者谅解之。

　　谨以上面的文字,作为这本《吴祖光日记》的后记。

完稿于 2005 年 7 月 20 日,北京正值酷暑"桑拿天"

《北京城杂忆》编后记

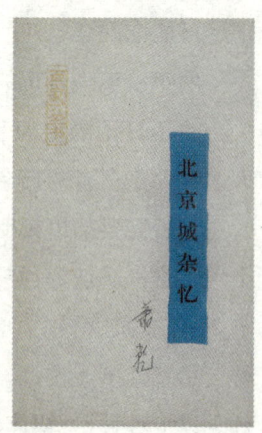

编书的人,无须多说话,尤其是在作者的文章十分精彩的时候,编者的话常常会显得十分蹩脚。

受萧乾先生的委托,为他编出这样一本小册子,使我能有机会集中地重新欣赏这些散文珍品。

这五篇长文,当它们还未定形时,我就有幸阅读初稿。其中的三篇:《"文革"杂忆》、《欧战杂忆》、《北京城杂忆》,是经我之手编发在《北京晚报》上,读的次数就不仅仅是一遍、两遍了。不过,此番编选时,催稿、校看,诸如此类为工作而忙碌的心理负担,却丝毫没有了。人轻松了,看文章时倒是会自以为琢磨出一点儿东西来。

萧老这几年常听到友人的劝说,无非是说到了写回忆录的年龄,经历过那么多事,该写一写了。他想写,可迟迟不敢动笔。回忆录的内容如何确定自然是一问题,在他,重要的却是怎样写回忆录。他不止一次对我说,回忆录也得写得活一些,不能都是流水账式的编年史。

他犹豫着。在犹豫中动笔,在动笔中摸索,写出了此书中的这五篇长文。除这五篇而外,更早一些写的《往事三瞥》、《一本褪色的相册》等,均可视为同类作品,即探索中的回忆录写作。

这些回忆录性质的散文,在作者俏皮、活泼、凝重、深沉诸多色彩的交替闪回中,显得多姿多彩。过去与现在、描叙与思考、民俗与心理……构成这些文章的要素,使回忆录避免了枯燥乏味、面面俱到,读来或妙趣横生,或感慨系之。在晚报发表的几篇文章,见报后每次都收到许多读者交口称赞的来信。可见回忆录的文学性在萧老的笔下,产生了很大的魅力。相信此书的读者再集中欣赏的话,会获得与编者相同的印象。

五十年前,就有人称誉萧乾先生有一支俏皮、多彩的笔。此言甚是。只是经过几十年的磨难,他于俏皮、幽默、活泼之外,又增加了坦诚、深沉。他不再仅仅是一个记者、作家,而且也是一位步入老年的历史深思者,一位将全部的爱奉献给人民,奉献给祖国的老知识分子。回忆,不是留恋逝去的岁月。在他的笔下,注重的是今天,是为了用历史的反思,寻找未来的亮光。

对文章来说,最有资格发言的是读者。作为读者,我说了上述话。作为此书的编者,往后就只有听听读者意见的资格了。

1986 年 9 月

《书评面面观》编后记

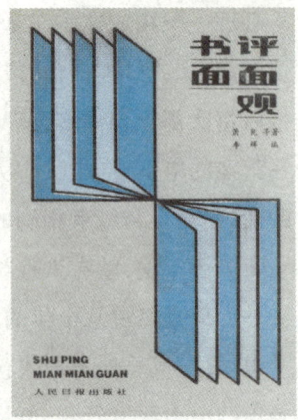

一

萧乾先生在代序中将自己对书评的倡导,喻之为"未完成的梦"。那么,我做的工作,仅仅是钻在故纸堆里,像村野间捕捉蜻蜓的顽童,捕捉他的"未完成的梦"的碎片。谁料想,当我把碎片一块块拼在一起时,却发现它并非如本人所讲的那样"残缺",而是一个极为完整的"梦"——比梦当然要实在得多。

二

姑且依萧老自喻,将他所做的工作分为梦的三部曲。

第一部曲:是他在大学期间精心编织的理论《书评研究》。此书1935年由商务印书馆出版后,从未再版过。这次收入时,请萧乾先生重新修订,在词句上略有修改,以符合当今读者的阅读习惯。为了比较完整地将原书面貌呈现于今天的读者面前,我没有听从萧乾先生的意见,固执地将原书中的附录四篇原样收入。依我看,这几篇小文不仅反映出作者当时对文艺现状的思考,同时也是对"书评研究"的一个补充。

第二部曲:作家、书评家、读者谈书评。这是萧乾竭力倡导书评的工作之一。他1935年自燕京大学毕业后,便到《大公报》编文艺副刊。为了倡导书评,他特地组织了有声有色的讨论,以"作家谈书评"、"书评家谈书评"、"读者谈书评"三组文章来为书评大造声势。今天看来,诸多名家的议论,虽然有的不免带有各自的偏见,但总体而言丰富了书评理论的探讨。

第三部曲:书评选粹。这是萧乾提倡书评为我们留下的显著成绩。他一方面在理论上探讨,一方面利用自己的阵地,在实践上努力耕耘。他组织起专门的书评队伍,如李影心、常风、宗珏、黄照、刘西渭等,又四方组稿,在短短一两年里,发表了大量有质量的书评。今天看来,这些书评给我们提供了宝贵的经验,也为现代文学研究留下了极为珍贵的资料。我们可以把它们当做范文品赏,也可以视为史料而寻觅出当年文坛的痕迹。从这个意义上说,对书评的理解,就不能仅仅局限于它的时效性。好的书评,如好的创作一样,同样具有长久的价值。在编选诸多书评时,我有意侧重收入带有批评性的书评,我们可以从中看到当时书评是如何争取保持客观性,对于当前书评界一味的赞誉之风,也许不失为一面镜子,一帖清醒剂。为了读者阅读的便利,我将各文标题规范化,对原题多有改动,是要加以说明的。

三

此书有它的新的意义,旧梦的追寻,也能给人新的回味。但,人绝不是梦的依恋者,需要的是从梦中走出来。将昔日的梦化为今日的现实。在这个意义上说,我绝不是对萧乾旧梦的偏爱,而是设想着这本书的问世,会使更多的人,用踏踏实实的工作和丰硕的果实,来充实、来完成前辈所未完成的"梦"——书评。

1987 年 12 月 5 日

《红毛长谈》的命运

储安平主编"观察丛书"之十:《红毛长谈》

储安平先生主编的《观察》,在 1948 年 6 月 5 日出版的该期刊物上,封底整版为套红广告,预告"观察丛书"第二批四种著作即将出版——《民主主义与社会主义》、《乡土重建》、《中国在戥盘上》、《红毛长谈》。其中,前三本书的作者为人熟知:张东荪、费孝通、何永佶,而第四本书的作者,却是一个颇为怪异的名字——塔塔木林。

"塔塔木林"即萧乾先生,时任复旦大学新闻系教授和《大公报》负责撰写国际社论的委员。"塔塔木林"是他 1946 年在《大公报》发表《红毛长谈》专栏时使用的笔名。

《红毛长谈》分正文和附录。正文七篇:法治与人治、中古政治、半夜三更国际梦、玫瑰好梦、神游西南、二十年后之南京、新旧上海。附录为三部分:一,"来函照登";二,"红毛文选"(假托译文,实为萧乾本人所写);三,"怀塔塔木林"。

《红毛长谈》列"观察丛书"第十种。先期出版的第一批六种分别是:吴恩裕《唯物史观精义》、吴世昌《中国文化与现代化问题》、朱自清《论雅俗共赏》、潘光旦《政学罪言》、费孝通《乡土中国》、储安平《英人法人中国人》。十种"观察丛书",堪称知识界精英的集体亮相。

与其他九种不同,《红毛长谈》属于讽刺文学。《观察》关于此书的广告如下:

> 塔塔木林先生两年前在大公报上发表了好几篇《红毛长谈》,曾经引起国内读者极大的讶异。他的文笔不文不白,自成一格;他的论见亦庄亦谐,另具慧眼。他深究中国政治及社会的种种流弊,并发出可怕的政治预言。他又以想像的笔调描出乌托邦的中国;他做玫瑰的好梦,他神游西南,他谈二十年后的南京,他论新旧上海的变化,令人想起十八世纪 Oliver Gldsmith 所著之《世界公民》。其离奇不下《西游记》,其讽刺尤胜《镜花缘》。自从《红毛长谈》发表后,有许多读者写信给他,有申斥他的,有同情他的,有赞扬他的,其中一部分他都选出作为附录,刊于本书之末。这是大战以后世界上最出色的讽刺政治文学。

民国出版界有一好传统,一套丛书的主编或出版社的负责人,通常亲笔为自己所编辑的丛书撰写广告,鲁迅、叶圣陶、巴金、施蛰存、胡风等,莫不如此。"观察丛书"的图书广告,从风格和观点看,似是主编储安平本人所写。

"这是大战以后世界上最出色的讽刺政治文学。"足见储安平对《红毛长谈》评价甚高。

"巴鲁爵士"沈从文呼应"塔塔木林"萧乾

《红毛长谈》附录中的最后一篇是"巴鲁爵士"的《怀塔塔木林》。

"巴鲁爵士"即沈从文先生。为何起这个笔名?黄永玉先生告诉我,"巴鲁"是沈从文的弟弟沈荃的小名。《怀塔塔木林》的行文风格,与《红毛长谈》相仿,也是假借"红毛"口吻,以半文半白的文字,针对现实,正话反说。在"巴鲁"后面加一"爵士",也是沈从文刻意所为,以与"塔塔木林"相呼应。

沈从文在1947年12月1日出版的《论语》杂志上,第一次以"巴鲁爵士"笔名发表《北平通信——第一》。文章开篇即与"塔塔木林"相呼应:

> 巴鲁爵士之名,不见诸经传及近世名人录,于读者印象似极陌生。……且余敢保证,此名与塔塔木林均非杜撰,加以岁月,亦可望如大文豪鲁迅之名,老幼咸知也。……大公报特写栏内,曾连载佳文数篇,作者即署名"塔塔木林"。此人名虽奇突古怪,然亦非伪造也。(《沈从文全集》第十四卷,第三百五十二页)

"北平通信"是沈从文以"巴鲁爵士"发表的一组系列文章的总称,《怀塔塔木林》为其中的第二篇,一个月后发表于《论语》,副题即为"北平通信之二"。

"巴鲁爵士"说,他之所以写《怀塔塔木林》,是因为第一篇《北平通信》发表后,有读者来信,多半认为他就是"塔塔木林",故他觉得有必要予以澄清:

> 误认余即忧心国事半年前于《大公报》发表《红毛长谈》之塔塔木林,盼余续写红毛长谈,且告余中国也已行宪,民主自由,可摸可触,担保定无笔祸。……张冠李戴,真是笑话!余不欲世人对塔塔木林之好印象,误移于巴鲁爵士之名分下,故大胆将余与塔塔木林之过去,略作叙述,投寄刊物发表。一经说明,诸君误会应即冰释矣。(同上,第三百六十一页)

关于与"塔塔木林"的关系,"巴鲁爵士"写道:

> 塔塔木林与余为表兄弟,年稍次于余。以彼之教育

材具，本可在欧洲作一标准绅士，努力于文化商业，发展得手，二十年中当可晋封一小小爵位。吃喝过日子，保稳定无忧匮乏。即头脑好动喜事，间或随便发表议论，亦不至于为人糊涂批判，以为反动糟糕也。惟当顽童时代，与余同爬至一四层洋楼屋顶，偷读《马可勃罗游记》、《天方夜谈》二书，未免着迷。于华夏文明，尤感倾心。数年之后，因与余同时冒险来至中国。中国古语说："同船过渡，五百年前所修。"意思是今日之事，实结缘于先世，亦影响及将来。此语用于吾二人之友谊，自更增加一种保证，且影响及其他。（同上，第三百六十二页）

沈从文虽是假托"红毛"口气而写，并有意追求幽默，但行文中他对"巴鲁爵士"与"塔塔木林"关系的描述，与他和萧乾两人的多年友谊相吻合。

萧乾三十年代初在辅仁大学念书时，参与编辑英文刊物《中国简报》，曾陆续采写一组现代作家的访问记，其中经辅仁大学中文系主任杨振声先生的引见，萧乾采访了沈从文。从此，两人成了朋友。萧乾后来进入燕京大学，并在沈从文的影响下开始小说创作，其处女作由沈从文发表在他主编的《大公报》"文艺"副刊上。1935年萧乾毕业时，由杨振声、沈从文推荐，接替沈从文编辑《大公报》副刊。在编辑思路与方式上，萧乾承继了沈从文的不少特点，包括经常公开答复读者来信，谈论文学写作与文学现象等问题。这些答复，结集为《废邮存底》由巴金的文化生活出版社出版，这是他们联名出版的唯一著作。因此，可以说，萧乾走上文学与新闻之路，与沈从文的影响关系颇为直接，因此，萧乾一直称他为恩师。

沈从文写"巴鲁爵士"与"塔塔木林"是"表兄弟"，也有所依据。抗战爆发后，杨振声、沈从文、萧乾等结伴流亡西南，年龄上杨振声为大，严格意义上也属他们的文学前辈，但一路上他们兄弟相称，并以年岁大小为序，杨为大哥，沈为二哥，萧为三哥。这一称呼一直延续下来。回忆萧乾时,黄永玉高兴地提到,1946年在上海第一次见到萧乾时,萧乾甚至要黄永玉也叫他"三哥"。黄永玉说,那不是乱了辈分?萧乾乐呵呵地说:"这有什么?我们不讲究这些。"当年沈、萧彼此关系之密切,之随意,由此可见一斑。

在《怀塔塔木林》中,"巴鲁爵士"对《红毛长谈》评价颇高:

> 惟自是以后,塔塔木林之文章,即不再见于报纸,或犯时忌,受警告,不得而知矣。虽陆续有何永佶费孝通二博士长篇时论刊载,才辩词藻,见称于时,然以中国人观点谈外国事,似终不如用外国人观点讨论中国问题,深刻活泼接触现实动人也。塔塔文笔思想之奇异美妙,实由于透澈理解本位文化而来,二博士容或能引拉丁古记,复述英美名言,于国学基础,则似不如塔塔深厚落实。冀北空群,使人惆怅,塔塔何适,终为一谜矣。(且即此以后,塔塔与余通信亦疏,彼或以为余忘却其友谊之真实,殊不知并未如此,彼之前途出处,固余所关心也。——括号里文字在编入《红毛长谈》时被删去——李辉注)(同上,第三百六十七页)

同年三月,"巴鲁爵士"发表"北平通信之四"《试谈艺术与文化》,再次说明自己与"塔塔木林"并非同一人,言语间,隐含现实政治讽刺:

> 复得另一读者来信,则一口咬定余与塔塔木林,似二而一;且以为从文体即可了然。并敢与予作赌,真理在彼一方,决少错误。即余前所发表《怀塔塔木林》一文,亦系故作玄虚,驾空拟一西洋人塔塔画像,不可尽信。甚矣,疑他人之不老实也,至于如此,其自信之坚也,又复如彼,中国人呀!中国人呀!个人小事,犹多纠缠不清,若用此专断唯己作风,以言治国平天下,宁不糟糕?推两位读者

盛意,因作通信四。……(同上,第三百八十二页)

　　塔塔对于中国政治经济,国际形势,心得较多。余则对于中国文史,古典文物艺术,特别倾心,亦若具有高度兴趣,及文艺复兴梦想。若干年前,余即刻一象牙图章,作小篆字十个,文曰"美育代宗教之真实信徒",以示对此中国具有儒家传统精神西洋进步见解哲人之向往。(同上,第三百八十三页)

　　适本刊编者,访知余与塔塔关系,试为执笔。固早知文笔平板,远非塔塔表兄之隽迈幽默可比。……又巴鲁爵士与塔塔木林决为二人,读者有心有脑,略作检讨,即可知之。至如文体相似,则目前犹为一秘密,不宜完全公开。然读者试一回想余与塔塔来处,如何同受华语训练,古籍熏淘,且合作同工已若干次,被誉被毁被诬害已若干回,则亦必哑然失笑,万一将来有一机会,二人之文同印一书时,亦将承认非复一人手笔也。(同上,第三百八十三页)

　　有意思的是,《红毛长谈》出版时,《怀塔塔木林》作为附录放在书的最后。恰与"巴鲁爵士"所言,"二人之文同印一书"之中。这是沈从文与萧乾继《废邮存底》一书之后的又一次特殊合作。这是他们当年的友谊写照,更是历史的记录。在9月21日所写的"北平通信"之《迎接秋天》中,"巴鲁爵士"特地这样谈到观察社出版的《红毛长谈》一书:

　　顷者表兄塔塔木林之《红毛长谈》,已由观察社集印出版,远道寄余,读之如对故人。若干预言,幸而不中,若干预言,又不幸而中。正言若反,语支蔓而心纯直,唯余知之。因书末并节录余一通信,令余觉悟,犹有一支秃笔

在握。此通信赖得继续。(同上,第三百九十六页)

从以上引文的字里行间,时而可读出作者的不满与怨气。所谓"被誉被毁被诬害",实有所指。

沈从文以"巴鲁爵士"笔名开始发表系列文章"北平通信"时,他已经受到来自左翼文化界的批评。沈从文在1946年冬天,先后发表《〈文学周刊〉编者言》、《从现实学习》等文章。在这些文章中,沈从文一方面继续坚持他的文艺观,强调作家就应该埋头于创作,用实绩来显示文学的伟大,另一方面,他对中国大地上进行的内战大发议论,随意评说。他认为,内战是"数十万同胞在国内各处的自相残杀",作为一个文人,一个崇尚"知识和理性"的"乡下人",他对战争双方都予以贬斥。萧乾在此期间发表的《红毛长谈》,也持相似观点。像他们这样反对内战、反对国民党一党专政,呼吁民主、自由的人,在当时知识界颇有代表性,"观察丛书"的许多作者,大致可归于同类。他们的政治主张,在当时的政治对垒中,被界定为"第三条道路"。

作为对"第三条道路"政治思潮批判的内容之一,沈从文1947年就开始受到左翼文艺界的批评。更为集中而激烈的批评,在1948年展开。这一次,相互呼应的"巴鲁爵士"与"塔塔木林",自然成了不能分开的批判对象。

批判沈从文与萧乾的文章中,最著名的便是郭沫若的杂文《斥反动文艺》(发表于1948年3月香港出版的《大众文艺丛刊》)。这篇文章集中批判沈从文、朱光潜、萧乾三个"代表人物"。郭沫若在文章中对朱光潜、沈从文、萧乾作了犀利的批评,他用蓝、红、黄、白、黑几种色彩来勾画他们的政治面貌。

其中,以"红"指沈从文:"什么是红?我在这儿只想说桃红色的红。作文字上的裸体画,甚至写文字上的春宫,如沈从文的《摘星录》、《看云录》……"

以"黑"指萧乾:"这是标准的买办型。……这位'贵族'钻在集御用之大成的大公报这个大反动堡垒里尽量发散其为幽缈、微妙的毒素,而与各色的御用文士如桃红小生、蓝衣监察、黄帮兄弟、白面喽啰互通声息,从枪眼中发出各色各样的乌烟瘴气,一部分人是受他麻醉着了。"(以上引自《大众文艺丛刊》)

这一火药味浓厚的政治批判,对沈从文和萧乾后来的生活道路都产生了直接影响,各自的命运,均相应发生根本性改变。另外,在后来的岁月里,两个人曾有的密切友谊,也随着时局的变化、个人生活处境的变化,起落不定,渐行渐远,直至晚年在误会、隔阂中不再见面,留下了永远的遗憾。

关于沈从文与萧乾的晚年矛盾,已有人从不同角度予以叙述,其间是是非非,其实难以简单判断。以后另有机会,我再根据自己所了解的情况,略作叙述。

无论如何,对于我,更看重他们在特殊年代这一次"巴鲁爵士"与"塔塔木林"的呼应。这关乎友谊,也关乎历史。

萧乾笔谈"塔塔木林"与《红毛长谈》

1986年,在完成了《萧乾传》之后,我萌生了将《红毛长谈》重新出版的念头,此时距《红毛长谈》在《大公报》发表整整四十年。萧乾既高兴,又迟疑,怀疑其可能性。不过,他还是很详细地回忆当年写作情况。这些回忆,萧乾分几次零散地写来,有重复交叉处,但对照阅读,仍有必要,故全部予以整理如下。

之一

木林:上海对外江佬称"阿木林"。

塔塔:任意选的。英上层社会妇女再见时用语。

红毛长谈——套"老生长谈"。

红毛:洋鬼子。

刚登出来时,上海大公报一天要接几次电话问"红毛"的国籍。他们问我如何回答,我说"西班牙吧"。

刚到上海想试写个专栏,想用洋人半文半白、似通非通的中文写。一则可隐身份;二则本身带点滑稽。

当时处于"迷茫"时期,但刚出去七年,回来见上海的特务统治,深恶痛绝。另外,当时一心只反内战,并无阶级观点。只求不打仗。第三,初到上海,看到许多不顺眼事物,乃以乌托邦形式抒写自己理想的中国,其实是资产阶级的民主国而已。

之二

1. 这是作者一九四六年夏天回国后为上海大公报所写的一组专栏文章。最初,不少人以为真是出自上海滩上一位洋人之手。作者那种半文半白、似通非通的风格只用在头两篇中。后来玩笑闯祸了,文字就又恢复了本来面貌。所以这一组文章在风格上并不统一。

2. 《红毛长谈》其实就是用西方的或者现代化的眼光,看国民党当时的黑暗统治。作者主要突出三点。他一上来即抓"人治与法治"这个问题,以无限节来指出国民党那套连法西斯也够不上,只不过是野蛮统治而已。其次是反对军阀的黩武主义,反对打内战。在这一点上,作者还用两篇"假的翻译"这种隐蔽文体来进行抨击。六篇中有四篇都以"梦游"方式的乌托邦,进一步揭露黑暗统治,并抒发了作者本人的理想国。

3. 从数量说,《红毛长谈》在作者的创作中占的比重很小,然而这里集中地表现了作者观点和思想,也表现了他对讽刺文学写作的强烈兴趣。作者从小爱听相声,从事外国文学翻译工作时又总倾向于选译西方讽刺文学作品,如菲尔丁、里柯克、哈谢克的书。解放后,作者有意地收敛。然而《上人回家》写得还是很辛辣的,从讽刺中,最能看出作者想什么，写什么。

4. 作者是在英国待了七年，乍回上海写的"长谈"。不言而喻，这不是出自马列主义者之手的。然而在笑骂中，不难看到他对祖国当时现状深切的悲愤之情。

有意思的是，今天中国的现实，有些已超过他的梦想，有的也许还在梦想中。

之三

1. 很少使用笔名。"塔塔"由于文体（开头）别致些，内容又为当时苦闷中的知识界出了点气，所以颇轰动一阵。第一天刊出后，大公报即接到不少电话，打听"塔塔"的真正国籍。这里故意说是爱沙尼亚人（以其地偏僻也），卖杀虫药可□安，暗指国民党之黑暗。

2. 我因小时听相声，大了读了不少讽刺作品，一直倾向于写讽刺文章。可惜只四六年的"红毛"及五六年"上人"写这二次，解放后一直克制。

3. 这里，是一个在资产阶级民主的英国待了七年，乍回上海，目睹国民党的法西斯统治，敢怒而不敢言，才以这样曲折笔法表达。这里有正面讽刺（法治与人治），有以乌托邦方法影射。最后是两篇假翻译，并借音乐戏剧抨击国民党的凭武力一党专政。

4. 总的来说，这一组文章说明作者对那黑暗统治的深切憎恨，但又不能直言，乃以曲折笔法，间接影射，笑骂文章来鞭挞之。

之四

1. 法治与人治。

仿国民党总理遗嘱语气，夹杂一些《古文观止》半文半白,语句欠通但又勉强懂得。

2. 骂国民党连法西斯也不够资格,还是原始蛮性政治。用交通灯象征国民党人治而不搞法治,希望走上法治之路。

(自然,根本上未看到国民党根本不可能搞什么法治。)

3. 半夜三更国际梦(删)。

4. 玫瑰好梦。

讽刺做官的不理政务,整天争权夺利,争吵不休。

讽刺芸芸众生,鬼混日子。

尾部(梦)如乌托邦(梦讽刺迷信外国货)

幻想旅游(今已成现实!)

5. 神游西南(中间有一段讽内战,半斤八两了!)

有幻想理想前景,有讽刺当时国民党社会(如古迹由美国出资修缮)。

尾部"选昆明小姐",是说,妇女要平等,要靠本事贡献,不可只靠姿色。

6. 廿年后之南京。

讽当时的国民党社会,报纸官办(此点可能今天也不妥,望批一下或删)。

言论自由。

少数民族与汉人平等(我访滇时很不平等,还有土司),讽国民党不管民生。

讽国民党强迫人入党,党臭得无人愿入。

讽国民党丘八为所欲为,当官的贪婪专权。

讽国民党新生活运动。

讽美干涉中国内政。

4、5、6全是用 Irony 反讽、反话方式表达自己人愤慨,受英讽刺作家为 Henry Fielding 影响。

反讽的力量

《红毛长谈》值得细细品读。

通篇运用反笔进行讽刺,这是萧乾讽刺艺术的突出特色。在三十年代,萧乾曾创作过讽刺小说《鹏程》,那是采用正面揶揄、嘲弄的笔调,刻画主人公卑劣的阴暗心理,是一幅夸张的漫画式形象。《红毛长谈》中则采用大量反笔,以"伟大"写卑微,以庄重写滑稽,以光明写黑暗。正像英国作家亨利·菲尔丁,他的《大伟人江奈生·魏尔德传》,自始至终都采用反讽手法。后来萧乾将菲尔丁的作品陆续翻译出版,可见他确实受到了这位英国十八世纪经典作家的影响。

萧乾撰写《红毛长谈》,主要是对现实进行批判、揭露,但在数万字的系列文章中,几乎没有一处直接地加以抨击。《玫瑰好梦》一文开头,他写道:

> 窃塔塔木林不见报方两周,竟累得各方读者探问安全,有的甚而要开追悼会。唯言登记手续并不易办,言语间似有请死者代为接洽疏通之意。余感激涕零之余,深惊异中国朋友下结论之迅速而一致。以为人一不见,非死于非命,即被绑架,未免对世事太悲观矣。此种古怪心理,即在独裁统治下之爱沙尼亚亦未见也。莫非苦战八年后之中国人,犹生活于抖擞战栗中耶?夫"抖擞"精神可,而"战栗"心魂则不可。为巩固贵国治安(盖治安为政府之根基),坚定人民之忠贞(人民忠贞为政府之靠山),余恳劝中国老幼国民,毅然决然放弃此种恐怖心理,庶中国不再有恐怖事件发生。夫祸患大半产生于脑中。(未审诸君同意否?)

这里作者巧妙地对特务肆意捕人、杀人的现状,做了辛辣的讽刺和批判，文字却又显得轻松、活泼、潇洒，这正是萧乾的讽刺艺术的魅力所在。他一句话也不指责当局造成的恐怖环境，而是委婉地批判人们不该产生这种心理，读来却自然明白笔锋指向。

萧乾同样采用反讽来写国民党强迫学生集体入党。他虚构二十年后重返南京，看到位于中山路的国民党总部门前，站满一排男女青年，原来他们都是等候领到一纸党员请求书。萧乾这样写道："我们问他们填完请求书就可以入党吗？一个中央大学的毕业生很沮丧地摇头说，他请求已快两年，还没被录取呢！因为做一个党员，不但身体要好，能吃苦；学识要好，并且品格要好。……国民党因吃透了败类的亏，所以牢守宁缺毋滥的政策，对请求入党者抉择严于任何政党。"（《二十年后之南京》）几句话，初看毫无剑拔弩张气氛，却藏着利刃，刺中要害。

萧乾杂文的讽刺艺术不仅仅表现在反讽手法的运用上，有时他更像一位高明的导演，在舞台上导演出一场逼真的戏剧。当你为戏中人物、情节所吸引、所迷恋时，你会直觉地认为，他的戏就是舞台上所表演的模样。其实不然，狡猾的萧乾，他让你上当了，他要表现的真正的戏不在台上，而在后台。这个特点与反讽相似，不过更隐晦、更巧妙而已。

如，他佯作译文而写《中国舞台的歧途》，表面看是论述中国戏剧面临的危机，传统戏与西洋剧的冲突，将来戏剧舞台的发展，其实这舞台即是暗指中国社会的政治舞台，并非就戏剧而言。据说，当年这篇文章还真骗了不少人，田汉也郑重其事地写出商榷文章，讨论起中国戏剧的优劣来。另一篇《中国音乐往哪里走》也同样。萧乾用音乐来暗指中国政治。他指出中国音乐的特点：无乐谱、无指挥、演员可即兴发挥，西洋乐却重乐谱、靠指挥。言下之意，无非是批评当时中国无法律可循，各行其是。

萧乾同期还发表另一篇文章《侦探小说在华不走运》，未收于《红毛长谈》，但风格与之相同。他借探讨侦探小说的特点，对随意抓人的现实进行辛辣讽刺。文中写到,英美等国为何侦探小说盛行,并有福尔摩斯这样的大侦探?因为在那里即使猜出案子是谁干的,但若无确凿证据,就不能抓人。而在中国则不然,"中国所以不会有侦探案,正是因为中国法外有抓人的便利;捉进去,不必像'七巧图'那么七拼八拼,只要一顿刑,要什么就有什么了。有这么直截了当的'捉审'办法不用,而雇个福尔摩斯出入四马路的漆黑弄堂;捉到了人后,犯人硬嘴不承认,而又用飞机四处去接证人,无怪读者认为全是矫揉造作,缺乏真实性了"。一个属于文学研究范畴的专题,与中国现实的揭露,就这样巧妙地结合起来,看似谈文学,实则谈政治,只有对这种现实有深切感受的人,才会觉察作者之用意。这就难怪后来曾有一位研究中国侦探小说的美国汉学家,竟误认为写过此文的萧乾,曾经研究过侦探小说!

新版《红毛长谈》好事多磨

八十年代再版《红毛长谈》,一波三折,好事多磨。

起初,我把书名起为《萧乾杂文选》,一是因为《红毛长谈》没有全部收录,二是新补充一批散见讽刺性杂文,如前面提到的《侦探小说在华不走运》,1957年鸣放时期的杂文《上人回家》等。但后来萧乾来信建议,仍用《红毛长谈》书名,由此也可见他对此书的重视。

1986年年初,新编《红毛长谈》交湖北一家出版社,计划年底出版,但随后又犹豫不决,直至退稿。后来,又先后转福建海峡文艺社、三联书店、华夏出版社等处,均

新版《红毛长谈》

未果。最后,由台声出版社于1990年出版,作为祝贺萧乾八十华诞的礼物。

新编《红毛长谈》的出版,前前后后,历时四年。四年间,围绕该书的出版,萧乾多次来信,谈编选,谈出路,谈困惑。他还为再版《红毛长谈》特地写过一篇跋,当时未能刊用。谨将萧乾来信与跋,一并整理发表,可视为八十年代出版史料的补充。

(一)1986年9月12日来信(自英国剑桥大学)

李辉:

信收到,甚感。看到应红的报道,自很高兴,但其它两个消息使我很沮丧。希望此信到时你的"面瘫"已痊愈(中国字都不会写了!)。倘若需什么特效药,我去香港时可为你找。这里无处方什么药也买不到!和穆熙信使我十分沮丧,甚至影响了我的《搬家史》(已成四万字,可能还得写两万!)的写作,但我一定咬牙把它写完,不发表也写完了它。

关于湖北事,我看大可趁此了解一下情况。洁若同我均不知如何办好。(1)她还把"红毛"部分编入花城文库了。要出乱子,她也得抽回;(2)然而四六年骂国民党统治的文章,何以登不得?穆熙不会轻易这么否定,是不是有来历?还是由于他本人这么看?此事不宜大意。书宁可晚点出,能拖到我回来最好。至于收姜德明书中尚在其次。主要是摸清和穆熙不肯放的背景原因为要。我固然不想再遇风波,你更宜稳些。现在虽然和缓了,但棍子还在,大意不得。我这篇《搬家记》没提具体的人,没提机关名,但仍是改了又改,现在也只能是写完再改。(拟由此航寄给孟伟哉来判断。他比我们都了解行情。)五七年我任性过,现在不敢那么任性了。洁若(她誊清)是第一道关。可是有些文章把了几道关,最后仍会出乱子。

我此文又涉及了一些大人物。总之,我仍不忘柳杞把送我的八个大字:居安思危,乐不忘忧。写出来真泄气,但生活中可怕的例子太多了。这次出来又建了些友谊。将来需要书,会得处讨了。

我这里简直如神话世界,但每天除去餐厅走一遭,全在工作。时常两、三点(夜里)爬起来写,但人很健康。我们九月三十日飞美。再来信寄纽约大学吧(见前信)。问双好

洁若附候

萧乾
1986年9月12日

(二)1986年12月7日(自北京)

李辉:

我把全文又重读了一遍。1,你既然已在前边说明这批文章的局限性(当时我还没读过一本革命书);2,又指明全是反话,则只有白痴才会认为我在粉饰什么。说我揭得不彻底,完全正确,甚至皮毛。然而我当时对现实的不满情绪,总是跃然纸上。

萧乾
1986年12月7日

(三)《红毛长谈》跋(写于1986年12月15日)

本书编者李辉同志发现《红毛长谈》是我写的之后,就非要把它们编入此集不可,并在我出国之际,就把序言登在《散文世界》上,对那几篇拙文大为谬奖。然而书稿送到出版社,那里的领导却担起心思,他一愁尽管文章是四十多年前写的,万一人家硬用八十年代的尺子来量,咋办?二愁文章自然全是反笔,万一人家硬当正面来读,咋

办?三愁写的是四十年代中期国民党统治下的上海,万一人家硬说是影射当今,咋办?

最初,我认为这三个"万一"和三个"咋办"是杞人之忧。然而出书的总编辑首当其冲,他这些忧虑完全可以谅解,何况三十年前,天对我(也对他)又确曾塌下过?

一个办法是在书末附我一篇检讨,使劲捆上自己几个嘴巴。三十年来,这种事儿我可没少干!可是不管捆得怎样响,倘若硬要抓辫子,也照样跑不掉。为此,我失眠了几宵。一个声音劝自己:还是乖乖照出版社建议的抽掉吧。多一事不如少一事。都满七十七了,何不求个双保险!

可李辉这小伙子不干。他没戴过帽子,看样子连批也没挨过,是位不怕虎的牛犊。他不服气,说如今光天化日之下,哪能还那么"硬"来!他说,一个人的思想总是一点点摸索过来的,四十年前的认识肯定不如现在。可不管怎么说,这几篇"常谈"写得尽管曲折,你对国民党统治下的社会的憎恨,对当时现实的不满,总是一目了然的吧!他责备我太低估了读者的鉴别力。他哪里晓得:读者并不克人,专有克人的。

那么,我就豁出去了。

是为序。

萧乾

1986年12月15日 于北京

(四)1987年3月2日(自北京)

李辉:

"刘文"已读了,甚感。

我现给福州海峡出版社社长张健行写一信,请你阅后发出。这可为你打通了路。

书稿我又翻了一遍,实在没必要那么紧张。听了海峡的意见吧。所以

(1)请你有便把书稿(以及《文学评论》等)取走(请把"张文"等带来)由你转发吧。

(2)请在稿前(封面书名页否换一张纸)把你的住址写明,以便由她直接与你联系。希望她今年把它印出来。

祝双好

萧乾

1987年3月2日

(五)1987年8月29日(自香港)

李辉:你好!

我也赞成董秀玉这个办法,不用"杂文选",用什么咱们一道想想,不外乎:

1. 红毛长话

2. 话说当今英格兰

回来再定吧。

反正责编已有了——苑兴华

回来见。

张权说,不能那么委屈你,还是她家人去轮值。

祝好

萧乾

1987年8月29日

(六)1988年8月26日(自北京)

李辉:

走之前来一坏消息:华夏把你编的杂文集《红毛长

谈》退回来了,稿在洁若处望你再设设法。你的序文写得真热情,可惜这家出版社受处分后,更从赔赚出发了。回来见。匆问

双安

萧乾
1988年8月26日

（七）1990年7月8日（自北京）

李辉:

你好!

香港《文汇》有一书评。《读书》本期听说会有人评一下。

《红毛长谈》说本月可出书。我越来越觉得此书比79年后我的其他书更为重要。因为它说明了我在1946—1949年间对美蒋的立场,也即是反驳了郭权威。祝

双好

萧乾
1990年7月8日

一封刚刚开头的信

时间真快,再过几天,1月27日,就是萧乾先生百年诞辰纪念日,而他去世（1999年2月11日）也已将近十一年。重读《红毛长谈》,整理他为此书写来的说明、信和跋,我在回忆中缅怀他。

与萧老交往近二十年,他先后来信约二百封。在信中,他纵谈往事,臧否人物,更多的时候是指点我、开导我,乃至毫不留情地批评我。如今,一切,都成了难忘的记忆,也是可遇不可求的人生经历与体验。

1998年年底,我收到了萧老寄来的最后一封信。在信中他还

在说要努力写作下去。"我的记忆已开始模糊,趁我全未糊涂。当然,我要挣扎尽量晚老化,只怕我干不过自然。我一定努力。再一次告诉你,我以能交上你这个朋友为幸。"

他的最后一句话,也是我想表达的一种情感——我也为自己在八十年代初结识萧老,并不断得到他的指导和帮助而感幸运。

原以为这是萧老写给我的最后一封信。

未想到,在他去世三年之后,我收到了文洁若老师的来信。文老师在2002年8月16日的信中说:"萧乾给你的半封未发出、未写完的信找到了,从笔迹看,系98年底至99年初所写。……他承认自己胆小,最后几句反映了他在医院里的心态,很有意思。"

一次又一次拜读萧老刚刚开头的这封信,远非"感动"二字能表达我的心情:

李辉:

谢谢你的来信,你总是那么会出点子。

我不记得在给你的信中,我都写了些什么了。反正没有见不得阳光的事,你选后让我看一眼当然很好。我这人胆小,怕惹是生非,而四六——四七年我惹了不少是非,并且还有离婚。自然,那时我们还不相识。总之,为了使我这胆小的人安心,给我看一眼二眼更好。

信刚写到此,戛然而止。在病房里,一次偶然摔倒后,萧老就再也没有醒过来。

信中所说"点子",是指我当时提议将他写给我的信整理出版。他坦承自己"胆小",而且又一次提到了写作《红毛长谈》期间的个人状况。由此可见,这本书在他的记忆中,占据着极为重要的位置。

开始草就此文时,我并没有想到,萧老在生命的最后日子里留给我的刚刚开头的这封信,可以成为一个最好的结尾。

一个人的历史,与一本书命运的叙述,有了彼此呼应的关系。偶然,常常于不经意之间印证着必然。至少在我此时的感觉中是如此。

谨以此文纪念萧乾先生百年诞辰。

2010年1月24日

萧乾与福斯特

第一次知道英国作家福斯特(E. M. Forster)的名字,是读他的《小说面面观》。1980 年左右,这本薄薄的小册子,在文学界和中文系学生中可谓一时风靡。《小说面面观》根据一次系列演讲结集而成,福斯特将传统文学观与现代意识相交融,别出心裁地提出"圆形人物"和"扁形人物"的概念,令人耳目一新。虽是演讲,却不啻为精彩随笔,智慧、学识、文采交相辉映,呈现出这位杰出作家的丰富性。

几年后,他的两部长篇小说《印度之旅》、《看得见风景的房间》,相继改编成电影,在 1985、1986 年获得多项奥斯卡金像奖,并在中国公映。恰在此时,我结识了萧乾先生,从他那里听到了更多福斯特的故事。

二战期间,萧乾旅居英国七年,与福斯特结下忘年之交,有着频繁的书信来往和互访。如同不少英国人一样,福斯特对东方有着强烈兴趣,曾在埃及、印度旅行和工作,东方经历成为他的重要创作内容,譬如《印度之旅》,如今已成经典。萧乾告诉我,福斯特对青年、对异域人感情特别深厚,这与"世界主义"的思想有关。福斯特甚至公开宣称:"如果有一天要我在朋友与国家之间来选择的话,我希望我有勇气来选择朋友。"

福斯特非常欣赏和喜欢来自东方的萧乾,他得知萧乾正在研究乔伊斯等人的现代小说,特地从银行保险箱里取出自己的《莫瑞斯》手稿交萧乾阅读。《莫瑞斯》是一部反映同性恋生活的小说,创作于 1913 年,福斯特曾约定在他去世之后方可出版。作为朋友和研究者,萧乾成了直接阅读《莫瑞斯》手稿的读者之一。半个世纪后,萧乾夫人文洁若将之翻译出版,由此了却萧乾的早年心愿,也是他们对福斯特友谊的一个回报。

回报,其实也是愧疚中的一种弥补。上个世纪五十年代初期,萧乾因身份和环境所限,中止了与海外的所有联系,包括福斯特。"文革"爆发时,不少海外来信和书籍,也在恐慌中被他毁于火中,其中包括福斯特的信与赠书。

幸运的是,福斯特写给萧乾的几十封信均存有副本,保存在英国图书馆中。这些信,写得机智、幽默、温暖感人,我写《萧乾传》时特地将之翻译出来,成为重要的参考资料。翻译福斯特书信,也是我一度斗胆集中翻译福斯特的散文和小说的开始。因此之故,萧乾将侥幸逃过火劫的两册福斯特著作,题跋后转赠于我。

其一,1923 年出版的《Pharos and Pharillon》:

> 这是四十年代福斯特送我的一本他早期所写关于埃及题材的书,在英国也不经见。当时他还曾(赠)了我不少其他有关埃及的作品——因为我作为一个东方人正在研究他。可惜都毁于"文革"那场大火中。李辉接过了我对福的研究介绍,此书理应送他。

萧乾,一九九三年三月

其二,1931 年出版的《A Letter to Madan Blanchard》:

> 这是福斯特于四十年代送我的,经历了"文革"大火,居然存在下来了。现转赠李辉

萧乾,一九九三年三月

惭愧的是,我并没有如萧乾所期待的将对福斯特的研究进行下去。此刻,惟有再读萧乾题跋,又一次感受他因友谊在历史风雨中失落之后满溢心底的那种无奈与惆怅……

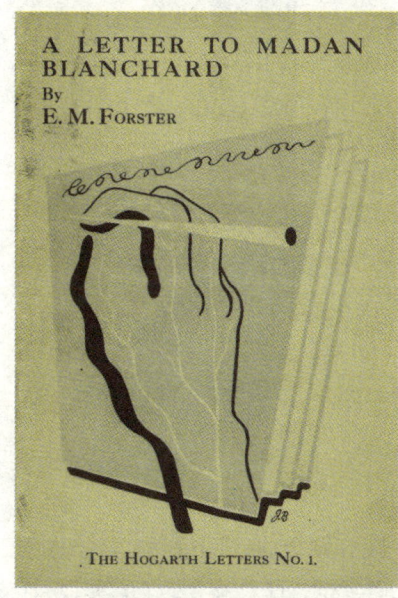

萧乾转赠福斯特散文集

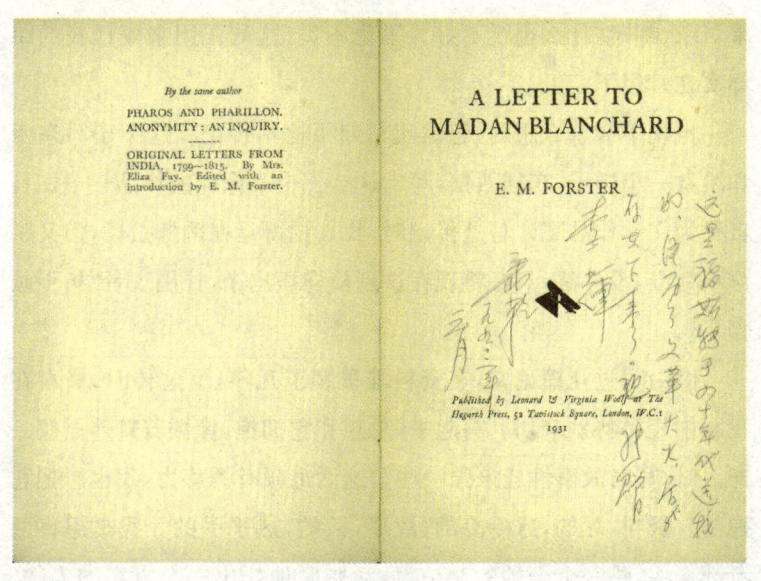

萧乾题跋

《浪迹天涯——萧乾传》后记

一

有两年，我曾是个舞迷，几乎凡有舞会，必丢下别的事，挤进嘈杂的人群，在围观者指手划脚下扭动起身体。舞，真让人着迷，什么样的都敢试试。老天偏偏不长眼，没给我一个跳舞的躯体，结果，什么都跳，什么也跳不好。不伦不类，这词儿用来概括我的跳舞实在妙极了。

也说不清怎么想的，忽然我写起了这本传记。这下子写东西和跳舞一个样子，东摇西摆，写出这么一个不像样的作品——姑且自称为文学作品吧。写这传记时，我真觉得是在跳摇摆舞，但又跳得不标准，没办法，只好将现在这副模样摆出来，让围观者"指手画脚"了。

因为写过几篇论文，在资料堆里爬了几年，写这传时，资料在我眼中显得特别亲切。写起来，总想和它拥抱，像搂着舞伴摇摆一样。"你写时故事性应该强一些"，这话也颇有诱惑力，我也想把它抱住。资料，死的，冰冷冷的；故事，活的，热乎乎的。我真想将两者都搂住，跳一个美妙的交谊舞，活脱脱地托出一个真实的人物。无奈，天老爷没给我一个跳舞的躯体，笔下自然也画不出和谐的舞谱，我左右摇摆，该出左脚时，偏偏抬起了右脚；该出右脚时，左脚却拼命往前踩。结果,总是错了脚步,踩住了对方的脚,让冰冷冷的、热乎乎的两个伙伴打起架来,不可开交,在本应是漂亮的舞池里,搅成一团泥。虚构、客观、确切,等等,每一种都是不老实的元素,在这部传记中被我捏在一起,组成鬼才知道它是什么物质的分子式。

不会跳舞的我,写传记依然是个蹩脚的表演者。

说来也怪,会跳舞的好像总不爱到舞会上露面。那么多舞会,场上总没有闲过。一对又一对,一个又一个,谁也不愿放弃表演的机会,谁也不怕露怯。管他跳得像什么,只管跳,总有一天会跳得好一点。

我跳着,等着人们的指点,或许我不至于太笨,慢慢跳下去,会有跳得好看的时候。

如果有人工作之余还有兴趣到我这儿来,看看这副不伦不类的摇摆舞的模样,那么,我也就不怕露怯了。说不定,这舞会让你说上几句。管它说好说坏,我都乐意听。因为,那样我总算不是一个寂寞的跳舞者。

二

在撰写这部传记,我得到了许多热情的帮助,谨致谢:

冰心、巴金、沈从文、冯至、卞之琳、李济生诸位前辈,或是面谈多次,或是通过信件,给予我热情鼓励和帮助。

从英国来华主持中央电视台"星期日英语"节目的彭文兰小姐,热心地提供许多萧乾在英活动的资料,并将她在英采访的记录供我参考。

高立林兄从始至终帮助全书的构思,在病床上阅看初稿,提出许多中肯意见。评论家雷达先生阅看部分初稿,提出修改意见。

在查阅资料过程中,得到了首都图书馆社科参考阅览室、北京图书馆报库、北京日报资料室的大力帮助。

撰写此书时,主要参考下列著作:《沈从文文集》、《巴金文集》、《杨刚文集》、《诗与真·诗与真二集》、《新闻研究资料》、《中国新闻报业史》、《第二次世界大战》、《兵不厌诈》、《外国新闻通讯选评》、《E. M. Forster: A life》、《Madly Singing in the Mountains——An Appreciation And Anthology of Arthur Waley》、《斯诺在中国》。

1986 年

了不起的杨宪益

一

此刻,2009年11月29日,上午10时30分,杨先生的遗体告别仪式正在八宝山举行。我没有去现场,而是开始了这篇怀念文章的写作。

我知道,杨先生一定不习惯告别仪式,更会为身后的哀荣而吃惊。这些年,他不止一次说过,他去世后一切从简,与十年前去世的妻子戴乃迭一样,悄悄地走,连骨灰也不保留。经历一生大起大落大喜大悲大怒大哀之后,他真的把许多事情看得很淡,活得洒脱。这一时刻,对于我,除了尊重他的意愿,还有更好的悼念吗?

杨先生最后一次住进医院,是在今年的"十一"期间,家人说这段时间病人少,找病房方便,为他选择了煤炭总医院。过去他住院,都是几个人一间的大屋,这一次,他终于有了自己单独的病房。房间不大,但有单独的卫生间,有两张床,另一张床正好可以让日夜照顾他的小年师傅使用。未曾想,这里,成了老人九十五年生涯的最后一站。

9月下旬,我将去南京,行前特地去小金丝胡同家中探望他,以便将他的近况转告他的南京妹妹杨苡老师。外表看,他与前不久没有太大差别,脸色红润,神态慈祥。一开口说话,却让我有些吃惊。声音低而嘶哑,几乎没有清晰的字句。不过,交谈几句后,开始恢复正常,与以前一样可以连贯地与人交谈,声音也不再细弱无力。他指指脖子,说,喉咙里长了东西。我一看,脖子上可以看到一个鼓起的包,是瘤子在挤压声带。

他还是习惯地拿起一支烟。如以往一样,我为他点燃烟——虽然清楚这是严重违反医嘱。

我们闲谈。我告诉他,杨苡老师说冬天她还要来北京住几个月,等着为你祝寿。他说,他们家里人都长寿。"我母亲活到了九十六,我今年也快九十五了。够了。"很骄傲的样子,说完,淡淡一笑,又吸上一口烟。

我心里咯噔一下。九十五岁当然已经是了不起的高寿,但眼前这位极其可爱的老头,随意说出这句话,还是让我联想到一些现实中的预兆,不免有些伤感。一个老人,如果心里有个未实现的愿望,它时常会支撑他活下去。前年,杨先生曾大病过一次,大家担心他能否过关。当时,他惦记着与两个妹妹的约定,等杨苡腿部骨折伤好,从南京来北京过冬,三人一起庆祝他的九十四岁生日。他一直念叨着这件事,他真的挺了过来,高高兴兴地等到了三兄妹的欢聚。

这一次,在快到九十五岁生日的时候,他又住进了医院。手术当天下午,去看他,他还能正常交谈,但气力与声音已不如半个月前。几天后,他忽然需要鼻饲,再去看他,与我的交谈,就只能用闪亮的目光和温暖柔软的手了。

与杨先生的最后一次见面,是在他去世的前三天。杨苡老师上午来电话说,哥哥呼吸忽然困难,医生与家人商量,如果严重,是否可以切开气管抢救。杨先生和家属的意见比较一致,届时放弃这一抢救手段。我想,对于杨先生,这也是不错的选择,不再让老人受折磨的痛苦,让他平静地远行。下午,我赶去医院,走进病房,却惊喜地看到他居然又挺过来了。气力虽衰,但神志清楚,眼睛还能睁开,看见我走近,他晃晃右手,伸过来。手依然温暖、柔软。

无法交谈了。告诉他,我第二天要到外地去,回来后再来看他。临走告别,他用手指指沙发。沙发上放着一包书,这是他的一本合集《去日苦多》,由青岛出版社出版,书赶着印出来,清醒中他看到了自己题签的新书。我取起一本,放进书包。看他虚弱、渐趋衰竭的样子,对他的康复我真的不抱太多乐观。

11月22日下午,我在外地接到杨苡老师电话,说:哥哥可能快不行了,低压只到了30—50之间。她很镇静——这些日子她一直表现得很镇静。她说,她已经做好了最坏结局的精神准备。第二天,早上,八点钟,电话又响了。她说:"我哥哥走了,早上六点多钟走的。"

翻译家、学者、诗人杨宪益先生,永远走了。他不再为去日之多而苦了。

二

结识杨先生是在二十多年前的八十年代中期,记得还是作家张辛欣带我第一次走进他家。

杨先生住在百万庄外文局大院里。当时,他是英文刊物《中国文学》和"熊猫丛书"的主编,负责把中国现当代作家的作品翻译出版,这是当年新时期文学走向世界的唯一途径。于是,他和戴乃迭成了不少作家的朋友,一时间,众星拱月,热闹非凡,杨家就是一个文学沙龙,成了中国作家与外国客人交往的场合。喝不完的酒,抽不完的烟,聊不完的天……在经历过"文革"牢狱之灾,承受了爱子自焚的痛苦之后,历史转折时期的全新环境,"往来无白丁"的热闹非凡,尚能让这对夫妇,以酒浇愁,以酒忘忧,全身心投入到另一天地。

1988年年底,我所供职的"大地"副刊,请居住北京的七位前辈在新的一年里联袂开设一个随笔专栏,名曰"七味书谭",他们分别是：金克木、杨绛、黄苗子、杨宪益、冯亦代、董乐山、宗璞（其中最年轻的宗璞老师，如今也已年过八旬了）。为开设这个栏目，曾请他们聚会，除杨绛和董乐山外，其他五位前来。虽然七人未到齐，但也属难得。我为他们五位拍摄了一张合影，杨先生笑眯眯坐在中间。

"七味书谭"于1989年年初开张，几个月过去，局势突变，七个人中，出国的出国，退隐的退隐，本可以热热闹闹精彩万分的专栏，也就偃旗息鼓，不了了之。随后，负责编辑这个栏目的钱宁兄也漂洋过海，存放"七味书谭"的卷宗留在了铁网丝文件筐里。"七味书谭"存稿没有再获刊发，放了一两年，有的退还给了作者，有的则不知去向，其中好像有杨先生的两篇文章。

进入九十年代，杨家一下子清静了许多。退休，退隐，八十年代的热闹已是过眼烟云。这时，与他相聚的大多是过去结识的老朋友。老朋友中间，他不算年龄最长的，但他好像格外受到大家的照顾甚至"宠爱"，聚会时常就安排在他的住所附近，特别是在戴乃迭病重和去世之后。

戴乃迭去世之前，他们已从百万庄搬到了友谊宾馆，聚会经常安排在国家图书馆大院里的东坡酒家。戴乃迭去世后，他单独搬到尚在修建的西四环路旁边的一处新寓所，大家相约，驱车到他家里聚会。最近十年，他搬到了后海小金丝胡同的女儿家里。连续几年为他过生日，就他的方便，聚会一般都安排在什刹海周围的饭馆。如有聚会，他很乐意参加。天冷时节，裹着大衣，头用围巾包得严严实实，他坐在轮椅上，沿着小路被推到饭馆。

聚会时，他言谈并不多，总是笑眯眯地在一旁听，兴致一来，顺手拿来饭桌上的餐巾纸或口袋里的烟盒，在上面写上几句打油诗。大家传看一圈，或有人当场续上几句，或被哪一位放进了口袋带走。

有一年，为他过生日，正逢雪后，什刹海一片白茫茫。我去把他接出来，大家在什刹海东南角的一个客家饭馆里聚会。郁风老太太后来写了一篇《雪漫什刹海》，以诗意之笔描述了这一次聚会。她写道："这地方并不豪华，却有前面、右面三扇像电影屏幕似的大玻璃窗，雪漫什刹海的全景尽在眼底。我坐在宪益左边面对大窗的位置，冰雪中游滑着的小人儿，比桌上的菜还要清楚地在我眼前飘动。我们每人面前是陶器小钵头盛满糯米酒香甜味的花雕，这不至于使杨宪益醉倒。有一次类似的聚会，他喝下一整瓶二锅头，又喝威士忌，又喝花雕，结果好玩极了，白发朱颜的瘦高老头被两人搀扶着向外走，左晃右晃像跳摇摆舞。……"

这一次生日之前，杨先生刚被检查出病，家人都建议他去住院治疗，但他拒绝了。他的确是一个奇迹，从小抽烟、喝酒的他，到了九十岁，居然还从来没有住过医院。这也是他在疾病面前常常若无其事的本钱。席间，他拿过一张餐巾纸，写上打油诗一首递给郁风："无病莫求医，无事莫写信，信多事必多，医来必有病。"

这样的聚会有好多次，但惟独这一次，才被郁风老太太的文章详细记录下来，留住了那一天的雪景，留住了杨先生被白雪映衬的豁达。

两年前郁风走了，今天，杨宪益也走了，两个有着同样豁达性情的老人，要在天堂相逢了。他们会不会谈到什刹海的一次又一次的聚会？会不会谈论起郁风为戴乃迭画的那幅有名的水彩肖像画？这幅画，杨宪益一直挂在房间。画上还有郁风写的一句话："金头发变银白了，可金子的心是不会变的。"这句话，像诗。

三

人们常爱说杨先生散淡、潇洒，似乎超然于世外。他讲话，总有英国绅士似的舒缓，从容，从不疾言厉色；烟不离手、酒不离口、陶醉于微醺的习惯，让他获得"酒仙"美誉；他有个口头禅"无所谓"……这些自然容易给人留下他似乎对一切都持无所谓态度的印象。其实,并不尽然。他一直关注现实,他有鲜明的是非观,他有超出许多人的直觉判断。他思,他忧,他怒,他哀。有些事情,在他心中永远不可能化作无所谓的一丝轻烟——哪怕他用"无所谓"的方式来表述。

譬如,他对戴乃迭的痴情,就从来没有"无所谓"。

戴乃迭晚年曾写过一篇英文自传(可惜没继续写下去),其中谈到了她与杨宪益的爱情与婚姻。我在写《杨宪益与戴乃迭:一同走过》时,曾将之引用于书中。这位在中国出生的英国传教士的女儿,美貌惊人,她与杨宪益在牛津大学相爱,但遭到母亲反对。"如果你嫁给一个中国人,肯定会后悔的。要是你有了孩子,他们会自杀的。"母亲这样严肃地警告她。但她还是选择了杨宪益,并随他回到抗战烽火中的中国,从此,她的命运、她的事业永远与杨宪益合为一体。只是她没有想到,母亲的警告成了谶言。"文革"期间他们夫妇遭遇牢狱之灾,儿子也因此而患精神病,后来自焚身亡。可是,晚年戴乃迭仍不后悔选择了杨宪益,她在文章中这样说:"母亲的预言有的变成了悲惨现实。但我从不后悔嫁给了一个中国人,也不后悔在中国度过一生。"这是两个人半个多世纪的情缘。它是真正属于个人的相知相爱,早已超越了国界,没有了丝毫世俗的、物质的气味。

九十年代后期,戴乃迭患老年痴呆。几年时间里,杨先生谢绝了许多聚会,一次也不到外地去。他说,他要好好陪乃迭。

这两天,我找出一封杨先生一九九七年写给我的一封信,唤起我的记忆。信中写道:"我目前因老妻有病,整天坐着陪她。什么事也没作,除了家务事而外,也从未给朋友写信,也无法出门,电话倒是常打。但您的电话我也没有,有空欢迎来玩玩。……"

我去了。他们住在友谊宾馆的一套公寓里,此时戴乃迭衰老得完全变了一个人,不能交谈,坐在轮椅上,呆呆地看着我们。杨先生与我谈话时,他总要常常转过身看一眼她,还站起来自己去喂她一口水,喝好,自己拿小手绢帮她擦擦嘴角。过去和后来,我从没有见过他这样乖巧和细心,哪怕对自己。

1999年11月中旬,戴乃迭因病去世。送去火化,连骨灰也没有留下。杨先生很难过,甚至说,他的生命也等于跟着走了。随后,他赋诗一首如下:"早期比翼赴幽冥,不料中途失健翎。结发糟糠贫贱惯,陷身囹圄死生轻。青春作伴多成鬼,白首同归我负卿。天若有情天亦老,从来银汉隔双星。"一位朋友将这首诗书写后裱好送去,他挂在卧室里,与之整日相对。这首诗,一直挂到了今天。

戴乃迭去世后,亲友们都在想办法如何帮助杨先生散散心,尽快摆脱痛苦。当时,郑州有一个越秀学术讲座,由沈昌文先生与郑州越秀酒家合作创办。这个讲座一直由沈公主持,后来他忙,便邀我协助他,每个月请一两位文化界人士前去,讲座后,再陪主讲人到外地旅游。我与杨先生商量,请他去讲一次,讲什么都行,顺便去开封转转。他的女儿杨炽大姐也很赞成这个提议。开始我们担心他不愿意到外地去,没想到他迟疑后同意了。演讲题目定为《中国诗,外国诗与打油诗》。于是,12月10日,在戴乃迭去世不到一个月后,杨先生有了一次河南之行。这一年,他八十五岁。

在那次讲座上,大家见识到了杨先生的"酒仙"风度。午饭,他照例喝几两白酒,下午演讲时,问他喝什么,他说:"随便。"我知道,他说的"随便"并不包括茶水——因为他很少喝水。我倒上一杯威士忌递给他。于是,前所未有的演讲场面出现了。他抿一口,讲一讲;又抿一口,再讲一讲。微醺中,随意朗诵几段诗句,那神态,那语调,让听者陶醉。我们早已不在意演讲内容是否系统,是否有条理,甚至是否有学术性。难得一见的文人形状与文化情景,已足以让我们快乐无比了。

第二天,我们去了开封,一起陪同的还有大象出版社负责编辑《寻根》杂志的周雁女士(可惜她后来英年早逝)。杨先生是第一次到开封,走进天波杨府,最让他好奇和兴奋。他说:"这是我们杨家。"听得出他很为自己与杨老令公及一家英豪同姓而骄傲。整整一天,他一点儿不显疲倦,一直兴致勃勃。他甚至对我说:"开封真好,我应该把北京的房子卖了,到这里买套房子,住在开封。"这话他说了又说。听起来,自然显得夸张,但也可见他还有换一个生活环境的想法。

这次河南之行,我与杨先生商量写写他与戴乃迭的故事,他很高兴。我住在他的隔壁,照顾方便,谈话也方便。几个下午,在不受任何干扰的情况下,我听他娓娓而谈。谈儿时家事,谈与戴乃迭的恋爱与婚姻,谈"文革"的牢狱之灾,谈翻译的体会与苦衷……这一次,我特地录了音。回到北京,将这次的谈话整理出来,起了这样一个标题《那些得意伤感悲哀的往事》。

其实,得意、伤感、悲哀,三个词汇远远不能概括杨先生一生的行程。他的外表与内心,有着强烈的反差,即便我们想努力认识他,理解他,恐怕也很难做到。何况,我们看到的只是在"文革"之后的杨宪益,他过去的性情如何,并不清楚。不过,有一点可以推定,儿子杨烨的不幸结局,应是对他们夫妇的最大打击,这也是他们人生态度的转折点。2001年我在《一同走过》中曾这样写道:

> 朋友们感觉到,从那时起他们仿佛有一种万念俱灰的感觉。酒喝得更多了,更频繁了,但他们两人感情也更加深厚,更加不可分离。自那之后,许许多多的身外之物他们看得更淡,人从此也过得更为洒脱。名利于他们,真正是尘土一般。收藏的诸多明清字画,全都无偿捐献给故宫等地,书架上几乎找不到他们翻译出版的书,几十年间出版的百十种著作,他们自己手头也没有几种,更别说凑上半套一套。

看淡身外之物,绝非把人世间做人的原则、正义的评判淡忘。相反,从"文革"磨难中走出之后,杨宪益和戴乃迭对人间是非有了更加明确的态度……

的确,生活中有些东西在他们是不可能忘掉的:责任感、正义感、友谊。这些很容易在历史波动中被扭曲、被阉割的东西,在历尽磨难之后令他们更加珍爱。拥有它们,便会在历史关键时刻激发出难能可贵的勇气和魄力。可以说,无私才能无畏这句话,在他们身上得到很好的印证。在这方面,许许多多熟悉他们的朋友,都自叹不如。也正因为此,朋友们才从心底钦佩他们。

多年过去,我觉得这些文字仍能用来表达我对杨宪益的认识与理解。

《一同走过》出版后,戴乃迭的姐姐几年前在九十岁高龄时将之翻译成英文,计划在英国出版,未果。后来,南京一家出版社曾想出,但又告知市场论证后被否决。这两年,每次见到杨先生,他总是问:"怎么英文的书还没有出来?"我知道,他在意的不是宣扬自己,而是为了戴乃迭。他在想,应该有一个英文版本,让戴乃迭的故乡人能更多地了解她。

最终他没有看到英文版《一同走过》的出版。如今,这成了无法弥补的遗憾。

四

杨先生还享有另外一种幸福与快乐——两个妹妹的崇拜与关爱。两个妹妹都已高龄,大妹妹杨敏如生于1916年,今年已过九十三;小妹妹杨静如(杨苡)生于1919年,今年已过九十。她们对哥哥的情感,从儿时一直延续至今天。在这一点上,在我熟悉的前辈中,没有别人能有他这种幸运。

敏如老师毕业于燕京大学,是顾随先生的弟子,多年研究古典文学,尤其以对唐宋词研究精深而著称。杨苡老师毕业于西南联大,是著名翻译家,《呼啸山庄》是其代表作。两人在各自的专业领域都各有成就,但在她们心目中,哥哥才最了不起,哥哥永远是她们的偶像。只要谈起哥哥,她们马上显得非常激动,都是九十岁的老人,却还拥有一份可爱的纯真。

敏如老师惜墨如金,但偶有文章,却很精彩。戴乃迭去世后,杨敏如老师撰文怀念嫂嫂,在题为《替我的祖国说一句"对不起,谢谢!"》文章中这样写道:"我的畏友,我的可敬可爱的嫂嫂,你离开这个喧嚣的世界安息了。你生前最常说的一句话是'谢谢',甚至'文革'中关在监狱,每餐接过窝头菜汤,你也从不忘说'谢谢'。现在,我要替我的祖国说一句:'对不起,谢谢!'"

我觉得,在所有悼念戴乃迭的文章中,这是最有震撼力的一句话!

敏如老师几乎把心思都放在哥哥身上,事无巨细,她都过问,即便啰嗦、挑剔,也显得可爱。读到她写启功的长文,我打电话去,建议她多写写北京师范大学的同辈教授,可以写成一本书。她却说:"不,我要多写写我哥哥。"这几年,她一直在写哥哥的往事,真希望能早日读到它。

远在南京的杨苡老师,与姐姐一样,最关心的是哥哥。几年前,她在家里摔倒腿部骨折,卧床多日。但她一再说:"我会好的,我还要到北京去,为哥哥过生日。"去年冬天,八十九岁的她真的在女儿的陪同下,来到北京,庆贺哥哥九十四岁生日。

两个月前,在南京见到杨苡老师,她说计划今年冬天再来北京,为哥哥过九十五岁生日。

杨苡老师来信不多,但凡有信,必然要提到哥哥。这几天,我找出十年来她写给我的信,又一次读她对哥哥的崇拜、认识、理解。如今,在杨先生远去之际,再读这些文字,更加令人感动。她的信远胜过我的叙述,且摘录几段如下:

李辉同志，您送给我您的散文集《秋白茫茫》早已读完，非常欣赏，好久没有读到这样的好文章了。一直没有给您写信感谢，非常抱歉，由于德要我参加写文章读读书，我也未答复，非常抱歉，我目前因老妻有病整天无生气，什么事也没作，许多家务事而外，也没看书，电话倒去年打，但任何朋友写信，也无法出门，电话倒来玩，过去纪红倒常来，现在的电话我也没有了，同德红同志好，我的地址是西城白石桥路友谊也好久不见了。尚

宾馆颐园63012号，电话打友谊宾馆转63012，或直打68492271转下

此致
杨宪益
六月七日

杨宪益致李辉信

您在11月29号写给我的信早已收到,拜读长文(指拙文《一同走过》——李辉)后我十分十分感动!……我只是当时打电话告诉我哥你真应该再写长些。另外就是杨烨的自焚而亡这事发生在1977或78年的冬天,我始终不忍跟我哥谈到这件事,但也仅仅在1979年我受《中国文学》之命(是我哥推荐的)在上海我哥和我去看巴老时,在路上谈了几句,我们认为杨烨那时换了环境,可能已逐渐恢复正常的精神状态,而开始清醒认识到他们这一代年青人曾被如此愚弄过白白浪费了他们最好的青春时代……到那时他开始反思,才会默默地给自己浇上汽油!

而在他爸爸妈妈坐牢时,他却一边尽他作为大哥的责任,担负着供养小妹(妹妹即杨炽)在北大荒插队,一边默默地受着各种羞辱与嘲笑与诬蔑,四年来没人把他当个要求进步的青年大学生看待,没人理他,这才导致他的精神分裂,而对一切过去理想的"幻灭"却是在77年之后开始的。

我哥就是这种散淡的性格,他如今更是淡然处世,我曾让他转达,因为你没有告诉我你家里电话,而白天上班时我如打长途也尽量少打,因为是全费,同时我是知我哥一样不大写信的。因此无论如何请原谅我没能及时回信,很没礼貌!我相信我哥也懒得转达我的感谢!

……

总之,非常非常抱歉!我原是很希望跟你能有一天聊聊我哥、乃迭、沈从文、巴金、黄裳,等等,我只会聊天……我能记得许多有关我哥的童年趣事,可我哥我姐全忘了(或不想回顾)。

(2001年2月23日)

谢谢你给我那么多的鼓励——从鼓励吃饭,到鼓励写,鼓励回忆这个那个……我的确老有不少腹稿。我最崇拜的人是我哥,虽然我也不是认为他非常完美,也不是他每件事都做得很聪明(他为了保护我,伤害过个别的人),但我这一生的确受他影响最大,我曾经希望你能写我哥,也只有你能写,可惜你没有早认识他,其实他很能"滔滔不绝"……比如说关于 Sarah。我至今还保存一张她同我母亲姐姐和我的照片,本来有好几张,都没了,包括她自杀后的遗容。我还存有当年我写给她的挽诗。

……

在北京哥家,向他告别时,我很想哭,陈寅恪赠吴宓的诗句"暮年一见非容易,应作生离死别看",是这么回事。他到明年一月就是整九十岁的了,而我现在算是85岁!我常想起我们的童年(我曾写过一诗,邵诗人把它在《诗刊》发表了,就是给我哥的),我和我姐姐是"姨太太"生的,而我们的"小少爷"明明和我们同父同母的哥哥却属于"娘"的管辖(我们称自己的母亲叫"姆妈"),受着一种特殊的优厚待遇!幸亏"娘"是个只热心于打麻将的扬州大小姐,那些年我哥还是跟我们在一起玩,虽然玩也不是太平等,都得听他的。

我想也就因此在1934年他去英国之后,我感到非常孤独,直到1938年遇见巴先生的三哥。也因为这个孤独无助的心情,才使我主动找巴金在信上倾诉。那时最向往的是自由!

在鼓楼医院病房最痛苦的时候,一次我女儿代我接通了我哥的电话,我对我哥说:"哥,我想你!"然后大哭,我女儿赶快同我哥通话,你猜我哥对她说什么,他说:"怎么你妈妈还不如我哩!"

这就是说,我哥一生中吞下了多少眼泪,他是非常内向的,我了解他!他和乃迭彼此都作了很了不起的牺牲,彼此包容、迁就,这在外人是不会看出来的。乃迭最后几年非常痛苦,我也是了解的,杨烨之死给了她致命的一击,这本来也可以多写写的。

忽然接到我姐姐电话,使我心神不安。我只能求助于你。昨天下午我姐怪我麻烦你,说太不好意思了,但又很高兴,因为她能在下午从我的电话就知道了我哥的病情暂时不严重(我立即打电话告诉她你见到我哥),她自己在昨天上午也在她的合同医院查出糖尿病、冠心病,她在电话中对我说:"咱们三个人好日子是过去了,我不能不悲观!"

(2004年4月10日)

我的腰病又犯,咳嗽才好一点,我等着健康情况良好时去北京。今年再不去看我哥(了不起的杨宪益!),明年又不知怎样,一切未知。我们兄妹三人都已是"最后一站"了!

(2005年11月15日)

我一直是小病不断,快两个月了,也因此没有胆量去北京,虽然我想我哥,但早已不是小时候那种依恋了。我曾妄想哪天跟你畅谈我哥,不是那样完美的,"人无完人!"他有他的矛盾、弱点,以至个人英雄主义之类,他从小的逆反心理直到长大年老,他应该也不是没有 regrets 的!

(2005年12月19日)

五

举行杨先生遗体告别仪式的当天晚上,吉林卫视"回家"栏目,为寄托他们的哀思,特地重播了四年前拍摄的专题片《杨宪益戴乃迭:惟爱永恒》。

面对镜头,杨先生沉着而从容,慢条斯理不慌不忙地讲述自己与戴乃迭的故事。他的话语不多,但却言简意赅,富有含蕴。

节目结尾部分,采访者问:戴乃迭的骨灰是如何安排的,有墓地吗?

杨先生一边抽烟,一边慢慢说:"都扔了。"

"为什么不留着?"

他指指烟灰缸,反问:"留着干什么?还不是和这烟灰一样。"

这是片子的最后一句话。

一个烟灰缸的特写。然后,镜头移到杨先生脸上。他显得格外平静,又带着若有所思的神情。几丝烟雾,袅袅而上,在他眼前飘过。

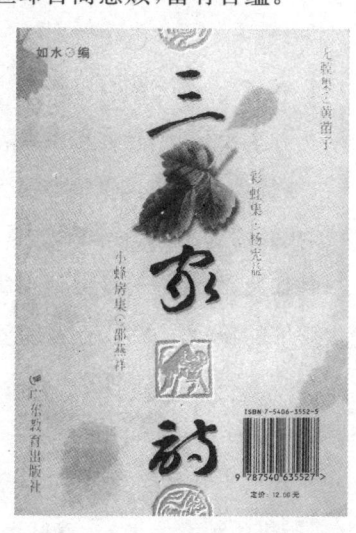

黄苗子、杨宪益、邵燕祥打油诗合集《三家诗》

听说,杨先生的骨灰最终保留了下来。其实,对于他,物质的留或不留,没有区别,也不重要。十年前,戴乃迭去世后杨先生曾赋诗一首,最后两句为:"天若有情天亦老,从来银汉隔双星。"现在,他早就迫不及待地赶去与戴乃迭汇合,两个灵魂将完全融为一体。

从此,银汉不再隔双星。

写于 2009 年 11 月 29 日—12 月 2 日

好一个『文坛新秀』

近十年来，于光远先生常常喜欢自称为"文坛新秀"。一见到我，他就会说："我这个文坛新秀，还是你给逼出来的。"听他这样说，我颇感满足，虽然自知这是他的自谦，是对一个年轻人的厚爱。尽管如此，作为最早催促他出版第一本散文集的人，作为一个有历史癖好的年轻作家，我还是挺看重自己十年来与他的文字之缘，为文坛多了一个他这样的"新秀"，为他的特有的文学姿势而感到高兴。

知道于光远这个名字应该说很早。八十年代我在采访和写作《胡风集团冤案始末》一书过程中，在研究周扬过程中，对"文革"前的中宣部的运作和构成略有了解，这里面当然也就涉及于光远。但对于光远真正产生兴趣和开始直接接触，则是九十年代初在读了他发表在《随笔》上的一组短章之后。

他的短章，虽然不是以文字优美精致取胜，但活泼，简洁，闪烁着思想的火花，体现着写作者心态的自由和精神的独立。在我看来，这恰恰是当时散文创作所需要的一种新鲜空气和别致风格。多年来，谈到散文，文学界所强调的常常是注重起承转合，讲究画龙点睛的所谓匠气、技巧和意境。但是，我却认为，散文不是狭隘意义上的美文，散文更不是单一品种的抒情散文，如一些既定模式的风花雪月秋愁春喜的感叹。散文有着广阔的天地。人感受的一切,人思考的一切,人欲表达的一切,都是散文本来应有的内容。感情、学问、事件、思考……一切都是散文的内容。散文的形式应是丰富多样的,过去的观念已大大束缚着散文的自由。至于把杂文与散文截然分开,把日记、手记、人物特写、书评等等形式与散文隔离开来的习惯,也使散文变得窄小而单薄。

因此,1992年,当华侨出版社找我约稿时,我建议出版一套散文丛书,但我更愿意用"随笔"这一名称来代替散文。这便是1993年问世的"金蔷薇随笔文丛"。这套文丛,分两辑出版,一共二十本。在总序中我曾这样写道:"随笔的天地是无限的。文学家固然是作者主体,但每个领域,都会有杰出的作者。他们的随意创作,会同文学家一起,丰富随笔园地。艺术家、哲学家、经济学家、记者、自然科学家……他们都会以自己独特的姿态,渐渐走入随笔创作的行列。"

写这段话时,我眼前闪动的便有于光远的身影。过去,在人们眼中,他是一位著名的经济学家,一位著名哲学家,一位活跃的社会活动家,而在读了他的一系列随笔文章后,我觉得,他完全有资格戴上"散文家"的桂冠。

我至今仍记得第一次走进史家胡同于家客厅的情景,于光远让我领略了他的健谈,他的跳跃、流畅不息的思路。我谈了我编辑这套丛书的设想,计划安排的作者有汪曾祺、王蒙、林斤澜、冯骥才、刘心武、王安忆等作家,有画家吴冠中,有政治家李锐,有学者孙越生,同时也想请他出山。当听到我说要给他编一本散文集出版时,他瞪大了眼睛,头往后一仰,笑了起来:"我又不是作家,我哪能和他们排在一起?"我反复阐述我对这套丛书的构想和对随笔的看法,他最终被我说服了,同意编一本,这就是后来他的第一本散文集《古稀手记》。

恐怕于光远先生自己也没有料到,自此之后,他一发而不可收,十年来他的随笔越写越多,越写越精彩,书也一本一本问世,成为文学圈外人中收获颇丰的作者。他的作品受到读者的欢迎和好评。这就难怪,他本人也为此感到自豪。"我是个二十一世纪的文坛新秀"。说这话时,他显然有一种成就感在心中。

在我的眼中,于光远先生一直是一个充满活力、充满智慧的人,一个似乎一刻也没有让大脑休息的思考者。他的随笔,便充分体现出他的这一特点。在出版《古稀手记》时,我为他写了这样一段评点文字:"为送呈胡耀邦阅读,他整理出一段段'手记'。他谦称不是文坛中人,风格简洁的文字,却呈现出随笔小品的别一类型。他在风雨中奋斗、

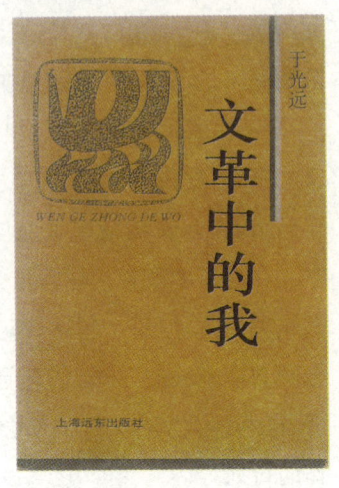

欢呼、沉默、思考,他无意、也无暇做一个作家,但丰富的人生体验和逻辑色彩,使他在随意写下的短章中,完善着他的理性,同时给随笔吹进一股清新的风。"

他这样写到笑:

> 笑有多种多样。有些笑,我不喜欢,也不会。有些笑,我不得已而为之。此处说的笑,指的是看清楚事物的本质和规律,自然而然发出的笑。它是智慧的表现。面对貌似强大而必将退出历史舞台的东西,上面这种作为智慧表现的笑,又是真理必将取得胜利的信念的显露。它当然是一种力量。这样的笑也会给自己带来欢乐,排除烦恼。而欢笑对健康的积极作用,医学早已确认。

(《笑是智慧 笑是力量 笑是健康》)

于光远历来强调精神的自由,他对自由有这样的理解:

"我的劳动是自由生命的体现。因此是生活的乐

趣。"马克思这句话表明他追求的是自由的创造的生活。罗曼·罗兰说:"惟有创造才是快乐,但是没有自由又怎能创造呢?"一个人的内心活动,更是他人无法干预而本质上为完全自由的领域。但也还有人不敢享用这个自由。克服内心活动范围的自由禁锢,是首先可以做到和应该做到的。

(《自由是创造的前提》)

他这种对精神自由的强调,也在写作中充分表现出来。读他的散文,你可以感受到他心态的自由。他没有通常散文写作中的起承转合,也没有什么渲染铺垫,技术性的因素对于他似乎是不必考虑的。他重视的是意识和思路的流动,一切顺其自然,把心中所思所想讲述出来即是。但是,由于他的思路十分活跃流畅,性情中也常有他人少有的顽皮、风趣,这便使得他的文章于顺其自然之中产生奇妙。他写孙女非非的成长记,他写自己的吃喝玩乐,他写经济现象的方方面面……在他那里,似乎没有什么不可以写的,也似乎没有什么不可以用漫不经心的笔调来写的。我还约他写过一本回忆录《文革中的我》,其中对历史的沉重描述,常常是以一连串的令人哭笑不得的"趣"来表现,这便是他与众不同的地方。

在他的诸多散文中,我觉得《我姓……》堪称杰作,颇能表现学者散文的特点和他本人的机智。他由本姓"郁"说到年轻时参加革命时姓过"马",写文章用过"于",一直至今。他穿插一段写到,1937年抗战爆发前在北平,不少青年党员为了保护自己,花两个大洋拜青帮老大,一旦被捕时打出老大的牌子便会化险为夷。他曾照此办理,花了两个大洋,有了"潘"这个姓,最终却没有派上用场。随后,他又说到歌星韦唯本名张菊霞,在李谷一的建议下改名,结果备受观众欢迎和注意。他似乎在漫不经心地聊天,写得从容,平静,情趣横生,但他的笔锋忽然一转,说到当时中国正在发生的关于"姓社姓资"争论的大问题。他在最后一

段这样写道:

> 在这里我认为必须申明,我虽记不得《百家姓》中有没有"资"这个姓,但是我确实知道中国有姓"资"的家族。我就知道中国社会科学院美国研究所的一位所长姓"资"。她姓资同我姓郁完全是相同的原因。如果我的父系祖先姓"资",那么不由我选择,也只有姓资。我也就无法因为自己是地地道道的社会主义者而拒绝"资"这个姓了。

一篇绝对精彩无比的短文。举重若轻,洒脱自如。这样的文章,即便放在众多文学家的作品中也毫不逊色。

在北京举行的纪念于光远学术活动六十周年的讨论会上,环顾周围许多政界、新闻界、学术界的前辈们熟悉的身影,我做了一个关于于光远的文学创作的简短发言。言犹未尽,故再草此短文,把它作为我与于光远先生一段文学交往的纪念,同时写出我对这个"文坛新秀"的认识和感受。

1997年

了犹未了，此生悠悠

熟悉袁鹰先生的人，习惯地喊他"老田"。"袁鹰"是他的笔名，文坛上以散文而著称，一般人也就不知道他的本名——田钟洛。

在我熟悉的人中间，袁鹰恐怕是最慈祥、善良、宽厚的长者。他有是非，有见识，但他为人敦厚，从未见过他让人当面下不了台，哪怕是一些在我看来属于小人或龌龊之辈的人，他也不会拍案而起，仍是彬彬有礼。我猜想他可能从未骂过人，也不会用脏字。

这是一种涵养，一种风度，是岁月磨练出的一种功夫。我永远也做不到，也学不会。

"你应该写本回忆录。"十年前，我向袁鹰建议说。

他说："我想想看。"过些日子，他说他接受我的建议，可以动笔写。前几天，他告诉我，快写完了。在期盼着从他的笔下读旧时风雨。

早读过他所写的不少怀人忆旧的文章。他在许多描写故人的笔墨中，或多或少放进了他个人的人生痕迹。十多年前，读他所写的关于邓拓的报告文学《玉碎》，便深受他心底所充溢的历史沧桑感的触动。邓拓任《人民日报》社长时，袁鹰是报社文艺部的负责人之一，他在《玉碎》中感人地描述了邓拓在"文革"风暴突来时的自杀悲剧，自然而然也写进了他对老领导的认识与理解，还有自己的历史反思。后来，又读到他写《人民日报》同事林淡秋、袁水拍、陈笑雨的文章。其中勾画出的历史与人生命运的复杂性、不可知性,令人读后怅然良久。我深信,他的经历还有着更多更值得写出来的内容。

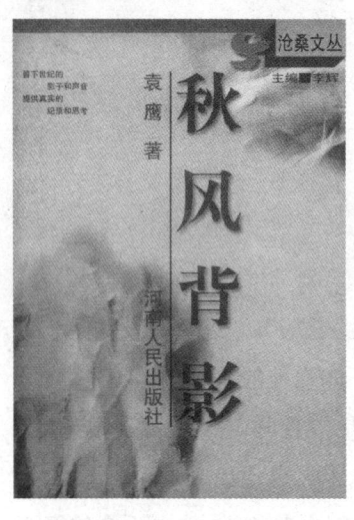

《秋风背影》书影

也许是种巧合,似乎在一开始从事文学创作的时候,年轻的他就为自己晚年的形态勾画了一幅人生素描。十九岁那年他写过一篇散文《泥河》,其句式、风格近似于当时文坛颇为流行的何其芳、丽尼、陆蠡的散文,甚至还带有萧乾《梦之谷》中的抒情韵味。他写道:"也曾独自徘徊在陋巷里,一个人去咀嚼孤独的果子,随意里沉默得有如古昔的黄昏,爬墙虎在高墙上微微地摆动,那些古旧的宅第,就如一些俯仰身世的老年人,在落寞阴暗里显得低徊欲绝了。轻轻地,我听着自己的脚步声!"写下这些文字是在1943年,俨然已六十多年前的遥远了。年轻的他倾听着自己的脚步声,想象着俯仰身世的老人,谁知仿佛转眼间,便是俯仰身世的老人,在那里倾听年轻脚步声的回响了。

看得出,他对这篇《泥河》十分偏爱,故在将自己十六岁到二十岁之间写于抗战期间上海"孤岛"的作品结集出版时,用"泥河"来做书名。他在扉页上题赠我这样一句话:"五十多年前穿开裆裤时的照片。"话很风趣。这些作品的确留下了他当年的身影。他也许觉得最初的文学创作显得幼稚,但在我看来,细读他的这些作品,不难发现,作为一个文人的许多情怀,其实早早地在里面流露出来了。"日子原是一条污浊的泥河",是年轻的他对生活的一种描述。但这样的比喻绝不幼稚和浅薄,相反,却有着极为深沉的人生内涵。对于他,在走过半个多世纪的人生之后,想必仍然认同于这一最初的比喻。或者,用"日子原是一条流淌的泥河"也许更为贴切。

袁鹰把自己晚年的书斋起名为"未了斋",是受一副大雄宝殿的楹联的启发。该楹联为:"世外人法无定法,然后知非法法也;天下事了犹未了,何妨以不了了之。"他说他悟出了其中的禅机。在他看来,"了犹未了"实在蕴涵着朴素的真理。"了"是相对的、暂时的,"未了"才是绝对的、永恒的。对于他,生活与创作从来都"未了"。用他自己的话来说:"对个人来说,最好的选择莫过于安下心来,利用未了的剩余时光,继续做未了的事。"

有这种心态,我想,生命才是有滋有味的。

2001 年

为情而歌

1980年暑假,途经武汉时,我第一次见到了诗人曾卓。复旦大学的恩师贾植芳先生,写信介绍我前去拜望,他们都是胡风的朋友。

曾卓当时住在汉口滨江路首善里,窄小里弄与上海弄堂类似,是当年租界里的民国砖石建筑,印象中似是一片红墙红瓦,他家在三楼屋顶上的一处阁楼。他不到六十,已是满头漂亮银发,因患肺病,人显得憔悴,健谈但声调低缓。初次见面,对他的侃侃而谈与坦率,印象颇深。诗人归来,激情依旧,自信中甚或含有自负。

初次见面,曾卓送给我两本刊物《长江文艺》、《长江丛刊》,上面分别发表有他的组诗,一组名曰"荆棘小辑",一组名曰"心的历程"。这些诗主要写于身处逆境时,其中一首《寂寞的小花》,以"勿忘我"写出一个群体之间相互思念、期盼重逢的情愫。回到上海,我写下一篇诗评《"让春天永远留在你心中"——读曾卓同志的诗作》,交《湖北日报》副刊发表,这是我以个人名义正式发表的第一篇文章。今天再读,文章肤浅得让人脸红,但我却珍爱之。对于我,它具有写作起点的意味,自此之后,我的写作与一个群体的历史不再分开。一个年轻人在大学校园里的懵懵懂懂,却得以结识一个又一个归来者,走进了一个群体的归来、重逢的场景,感受着教材、书本无法提供的细节与生动。

曾卓的诗有不少精彩篇章,六十年代所写的《悬崖边的树》堪称代表作:

> 不知道是什么奇异的风
> 将一棵树吹到了那边——
> 平原的尽头
> 临近深谷的悬崖上
>
> 它倾听远处森林的喧哗
> 和深谷中小溪的歌唱
> 它孤独地站在那里
> 显得寂寞而又倔强
>
> 它的弯曲的身体
> 留下了风的形状
> 它似乎即将倾跌进深谷里
> 却又像是要展翅飞翔……

诗仅十余行,却具有丰富张力。遇磨难而不消沉,经风雨而不易其志,悬崖边的树欲倒却又傲然挺立。一棵人格化的树,浓缩着诗人的全部情感和意志,甚至可以被看做理想化人格的一个象征。

曾卓题赠我的第一本书,即是诗集《悬崖边的树》(四川人民出版社,1981 年版)。他在扉页写道:"李辉留念 曾卓,82,3,2。"遗憾的是,我当时未想到请他多写几句。

曾卓是一位充满激情的诗人。1992 年春天,他参加在广东惠州举行的世界华人诗人诗会。诗会期间,正逢清明节,诗人们在西湖湖心的点翠岛上举办诗歌朗诵会。曾卓在不尽的绵绵细雨中,抚摸白发,朗诵起三十年前身处逆境时写下的情诗《有赠》:

> 我是从感情的沙漠上来的旅客,
> 我饥渴、劳累、困顿。
> 我远远地就看到你窗前的光亮,
> 它在招引我——我的生命的灯。
> ……

久别后重逢的一刹那,淡淡的灯光,轻轻的握手,把全身心的爱升华在对未来的憧憬之中。我是第一次听他朗诵,过去我没有想到,用湖北方言朗诵同样可以产生强烈的感染力。他又一次表现出他的激情,当他以高亢的声调结束朗诵时,我看到一些诗人和观众,为他的诗而落泪。我坐在树影下,从暗处看他,灯光照在他脸上,神情忘我而陶醉。

情诗《有赠》的受赠者就是曾卓的夫人薛如茵。2008年,曾卓去世六年之际,"湖北作家文库"出版《曾卓卷》(长江文艺出版社),曾夫人寄来新书,在扉页题写道:"他离去整六年了,但愿他的歌声永远温暖着我们。如茵,二〇〇八、四月"

她说得好。诗人为情而歌,一直温暖人心。

2011年

用细节填补历史

一

我常爱对朋友说,老人们的记忆可能都有一个宝矿,只要愿意挖掘,他就能在被冷落的寂寞角落里找到发亮的矿藏。光亮闪动,他们的晚年生活也就顿时起舞跳跃,多姿多彩,有滋有味。记忆中那些早已淡忘却又被激活的情景与细节,一旦见诸文字,遂成为整个民间记忆的一部分。因这些记忆在,历史就不再概念化,不再空洞无物,而变得鲜活生动,具体得触手可及了。

二十几年来,出现在人们面前的正是这样一个重要的群体写作现象:一个个老人以各自的方式,进行着挖掘记忆的工作。应该说,从文艺界起步,扩展到学术界、外交界、政界;从声名显赫的社会名流,到各阶层的默默无闻者;从轰动中外的大事内幕,到芸芸众生的民生演变;从亲历者的执笔自述,到与采访者对谈中回首往事……可以说,历史回忆已经成为写作界、出版界多年来的一个热点。

尽管回忆者的初衷和指向各不相同,选择的侧重点也存在差异;尽管回忆者因为各种原因所致,其叙述有意或无意、多或少地存在着虚饰和不准确性;尽管历史回忆的写作仍显得狭窄和单薄,尚有很大空间有待拓展,但不可忽略的是,历史的言说有了更多可能,它已经在改变、并将继续改变人们接受历史教育的方式,为历史研究提供更开阔的思路和更多的角度。

在我所熟悉的着力于挖掘记忆的老人中,张颖女士因其经历的特殊性和写作的孜孜不倦,从而在这一写作现象中占据着一个值得重视的位置。

二

我的印象中,张颖老人是她那一代有同样经历的人当中,较早具有记录历史的冲动和愿望的人。

早在八十年代中期,刚刚年过花甲的张颖,就以笔名发表了关于"文革"期间轰动一时的所谓"红都女皇"事件始末的纪实作品。1972年,时任外交部新闻司副司长的张颖,被安排陪同美国作家维特克采访江青,参与了这一后来吸引全球目光的事件。她自己没有预料到,一连串的机缘巧合,意想不到的风雨变幻,随之而来。历史大变故中个人的命运,也因此发生相应变化。"文革"结束后不久,她感到自己有责任将所闻所见写下来,为历史的那一场风波留下记录。这一作品发表时,虽注明"纪实小说",但基本上是根据她的亲身经历和史料档案而写,不过多了一些气氛渲染和情感词汇而已。

对于她,这一写作是新的尝试,但却是一次重要的转向。数十年在政治漩涡中主动或被动地旋转,晚年生活终于有了一个属于自己的开始。她清醒地意识到,作为历史过来人,她有责任把亲身经历的诸多往事,真实而具体地告诉后人。

刚认识张颖时,她总爱说:"我又不是什么名人,我自己的事有什么好写的。"不错,与许多声名显赫的人物相比,她的确不是名流,然而,又有多少人具有她那样丰富的特殊经历呢?

1937年,十五岁的张颖从广东前往延安,成为鲁艺戏剧系第一届毕业生。1939年,她被选派至重庆的八路军办事处,一去就是六年,其间以《新华日报》文化记者的公开身份,负责周恩来与戏剧界人士的联系,亲历了雾重庆文化界的瞬息万变。在重庆,她与章文晋相爱并结婚,而在国共谈判和美国特使军事调解期间,正是章文晋担任周恩来与马歇尔谈判的英文翻译,因此,他们夫妇一起亲历了从重庆到南京国共停战谈判的全过程。五六十年代,她活跃于戏剧界,担任中国剧协书记处书记和《剧本》主编,又亲历了文化界的一次次风雨,从戏剧界的反右运动到江青培植"样板戏"的前前后后。其后,她调离文化界,走进外交部,在这样一个新的特殊领域,她与丈夫一起,亲历了整个"文革"期间的外交风云。"文革"结束后,章文晋出任中美建交后的第一任大使,她以大使夫人身份同行,见证了中美关系新的发展⋯⋯

半个世纪风雨漩涡,半个世纪起承转合,构成了张颖极不平凡的生活内容。她以特殊身份所亲历的一切,有着许多值得书写、也值得后人重视的故事。

于是,从她的回忆作品中,我们可以了解到诸多历史细节。她描写从延安到重庆时期的日常生活,具体而生动。如何在延安搭乘汽车,与博古、董必武等同行前往重庆;年龄相仿的一群年轻男女们,在重庆曾家岩八路军办事处和周公馆长大、成熟,彼此之间爱情的悲欢离合,如何在政治大背景下铺陈开来。这些回忆,避免了以往常见的空洞和概念化,是在以往的历史叙述中很难读到的。由于是历史现场的目击者,她所描述的四十年代重庆左翼文化界对夏衍话剧《芳草天涯》的批评,六十年代上演话剧《霓虹灯下的哨兵》的曲折过程,江青到排演场直接指导样板戏的修改,都不是泛泛而谈,而是着眼于来龙去脉的勾勒。从上层人物的积极参与和微妙心理,到当事人之间错综复杂的关系,乃至自己身陷其中的是非恩怨,娓娓道来,有声有色。这些戏剧界重大事件的回忆,无疑为二十世纪中国戏剧史乃至政治史,提供了重要的第一手资料,具有不可替代性。

记录亲身体验之事,描绘他人无法目睹之景,这正是张颖的回忆录的价值所在。

三

结识张颖老人，缘于读了她八十年代发表的描写"红都女皇"事件始末的作品。

坦率地说，第一次读她的这篇纪实小说时，我觉得其中的语言和氛围，带有过多情绪化的戏剧效果，不是我所期待的纯粹历史实录性质的作品。但从中国的具体国情出发，涉及上层政治交锋内幕的作品，当时恐怕只能以所谓"纪实小说"的形式方能与读者见面。就这一角度而言，她的写作本身已具有开拓意义。其实，她本人也意识到这一形式在表现历史真实方面的局限，因而在九十年代，她又另起炉灶，按照回忆录的形式重新记述这段历史，即收录在《外交风云亲历记》中的第三部分《"红都女皇"真相——维特克采访江青的前前后后》。

不过，我最初前去拜访张颖，则是为了写王海容的传记而去采访她。在"红都女皇"事件中，时任外交部部长助理的王海容，是一个重要的人物，与张颖有工作上的往来，在张颖的纪实小说中多次出现，且让人感觉两人之间的关系似乎并不融洽。这就更让我感到有接触和采访的必要。

是萧乾先生建议我为王海容女士写一本传记。九十年代初，萧乾先生担任中央文史馆馆长，王海容担任国务院参事室副主任，直接负责联系文史馆的工作，故与萧乾有经常性往来。萧乾对王海容印象不错，说她为人爽快，性格开朗。历来有新闻敏感性的萧乾，不止一次对我说，王海容的身份极为特殊，作为毛泽东的侄孙女，在整个"文革"期间，特别是在林彪事件后，她是少数几个可以经常接近毛泽东的人，了解许多上层政治斗争的内幕。他说，如果能够成功地说服王海容，请她如实回忆往事，写一本她的传记，一定会有分量、有价值。

经萧乾介绍和疏通，多年缄默不语的王海容，终于同意我的写作计划。一年多时间里,我们多次交谈,她还提供了一些重要史料的复印件。从她爷爷的身世与背景,她爷爷与毛泽东的特殊关系,到她本人历次与毛泽东接触的详情……我曾动笔写出了几万字,欲按照撰写萧乾传的方式,从第三人称的角度来写王海容的人生经历。可是,越写下去,越感到其中的难度。我怀疑自己是否有能力把握如此重大的政治题材,更怀疑完全按照传主个人所述,从其个人的角度进行描写,是否能够做到一个传记作家的客观性。要想真实地、比较完整地描写传主所经历的时代,当然需要尽可能地采访与之有关的各方人士,但王海容的经历极为特殊、背景极为复杂,涉及不少政治上层内幕,要采访诸多人士,我很难做到。于是,我渐渐感到,与其由按照传记的形式来写,还不如由传主自己以第一人称方式,直接来撰写回忆录,这样更让人可信,也更具历史价值。而王海容似乎也觉得,当时尚不适合她本人出面回忆这段经历。我终于遗憾地放弃了这样一个很好的选题。至于以后是否还有可能重新拾起来,尚不得知。

未曾想,就是这一契机,我却与张颖老人建立了联系。我所熟悉的不少文化界老人,特别是黄苗子、郁风、丁聪等,早在重庆时期就与张颖认识,这样,我们时常聚会的场合,又多了一位老人。我当然很看重这样的接触,她亲历过的不少场景,恰恰与我的研究课题相关。譬如,我写田汉、郭沫若、夏衍等人物,她的回忆使我意识到,要认识历史环境中一个人的复杂性,何其之难!九十年代,我偶然搜集到中国剧协流失出来的五、六十年代杜高先生等人的一批档案,张颖正是这一时期的剧协领导之一,其中就有她的一份证明材料。她对当年的人与事,依然记忆清晰。从她那里,我获得一些解读这些档案的细节,我整理出版《一纸苍凉——杜高档案原始文本》一书,其实也有她的热心帮助。

八十几岁的张颖,步履轻盈,看上去远比她的年龄年轻。"别看我八十多了,有人说从后面看,像是年轻人哩!"说起这一点,她总是颇为得意。爱锻炼，每周打桥牌，散步一走就是几公里。她真的特别爱旅行，似乎闲不住，一生阅历无数，老了，依然如年轻人一般渴望畅游天地间。她有时不免为之伤感："我很多地方都想去，但人家一听我八十多岁了，就不敢陪我去。其实，我比六七十岁的人强得多！"这就是总是充满活力的张颖！

依然年轻的还有她的思想。一般来说，像她这种经历的人，她对历史的看法，对一些重要政治人物的认识，很容易落入窠臼，叙述也容易趋于雷同与概念化，而且一旦形成，就难以改变。但读她的作品，可以看出其写作思想的演变，愈到后来，笔锋愈加不落俗套，坦诚、大胆、有力。如近两年她写龚澎与乔冠华，如实道来，不虚饰、不溢美、不扭曲，还原历史场景中真实的人物性格，读来令人可信。她写夏衍，从四十年代到八十年代，几十年的个人交往，文坛、政坛的风云变幻，两相交融，同样写得坦诚而真实。尽管在我看来，她似乎本可以写得更多，写得更加放松，更加大胆而有力。

这些年来，我有幸常常是张颖作品的第一个读者，她的信任令我感到温暖。如今，湖北人民出版社将同时出版她的《外交风云亲历记》（增订版）和《文坛风云亲历记》，她嘱我为之作序。老人如此厚爱，自当从命，何况是由我的家乡的出版社出版。故草就此文，请教于读者，并借此感谢老人多年来对我的研究与写作的帮助。

2007 年 11 月 19 日

《摇荡的秋千——是是非非说周扬》编后记

1988年在写完《文坛悲歌——胡风集团冤案始末》之后,我就想接下来写一本关于周扬的书。

一个非常诱人的题目。

在二十世纪中国文化发展过程中,特别是自三十年代开始的左翼文化运动以来的半个世纪时间里,周扬无疑是最为重要的代表性人物之一。他的历史作用,他的个人影响力,他在"文革"前后所表现出来的不同形态,无论从历史角度还是性格角度,都有着值得研究值得描述的丰富内容。

然而,当我开始进入他的世界,便越来越感到这是一个非常棘手的课题。我想,从掌握的史料、现有的思想认识水平诸方面来说,一时恐怕还很难写出他的传来,很难客观、真实、全面地写出他所活跃的时代,和这个时代风云变幻中的他的性格。

我踌躇着。我迟迟未能按计划动笔。但我却又始终没放弃这个题目。

不过,我想有许多事情值得马上去做。首先该做的就是尽可能地广泛收集有关资料,特别是采访与周扬同时代的人。随着时间的推移,一个个老人的相继离去,这种第一手资料的收集整理工作,就愈发显出其重要性、紧迫性。像书中我所采访过的夏衍、名乙、于伶诸先生,便是在近几年先后辞世。

就这样，从九十年代初，我开始了一系列的采访。这便是这本书的由来。

对话访谈的形式，我觉得是走进周扬的生命世界的一个很好方式。接受我采访的对象，或是友人，或是亲属，或是同事，或是部下，或是宿敌，他们几乎都与周扬在不同历史阶段有过或深或浅的交往，有的命运发展甚至也与周扬有着密切关联。他们的回忆和论述，在我面前铺开了色彩斑驳的历史画面。

显然，周扬是一个复杂的存在。在不同的人的眼里，他表现出不同形态。因此，与这样一些人对话，也如同撩开历史的雾幔，不同的角度不同的时刻，呈现在我面前的也就是不同的周扬。也许，所有的不同综合在一起，才形成了一个完整的周扬。

为了使这本书显得更加全面，我选择了王蒙、于光远、李之琏三位先生的文章。他们从不同方面、以不同态度写出了他们所认识的周扬。

我还曾经设想将周扬不同历史时期所写的几篇重要长文也编选进来。但考虑到那些文章篇幅一般都很长，只好作罢。

不过，姚文元在"文革"初期的批判周扬的长文，我觉得是值得编选进来的。因为，他可以帮助读者参照着阅读，从而了解一个特殊历史时期的情形。我想，以"立此存照"为题，就不单纯是一种资料收集，而是另外具有了特殊的历史警示作用。

几年前，我在《读书》上发表了我的第一篇关于周扬的文章《摇荡的秋千》。我只是想写出我思考中的周扬，这一比喻也许不确切，的确也有一些老前辈向我谈到过他们的不同看法，但我还是对这一比喻有所偏爱，便以此作为书名。特说明。

1997年6月25日

笔下春秋写信史

一

还在三年多前,正是夏季,在北京的酷热中翻阅朱正这部书的手稿。他所采取的严谨的注重史料辨析的方法,他在作品中所表现出来的高度冷静,他所记录的历史的分量和所体现的史学家应具有的风骨与功力,让人由衷确信这将是一本真正意义上的信史,是一本早应产生而终于产生的力作,并极有可能传之久远。

于是,在翻阅过程中,我随着作者的笔走过那个似乎已经遥远而陌生的夏季,但在感受沉重的历史的同时,我心中不时掠过欣喜与兴奋。历史无情,而有情人却偏偏义无反顾地拥抱它,将它记录下来,奉献给今天,留给未来。令人高兴的是,现在他的这本力作在修改压缩之后由河南人民出版社郑重推出,更多的读者终于有机会通过这本信史去认识历史,感受作者的胸中春秋。我相信,带给他们的会是同样的欣喜与兴奋。

二

最初知道朱正的名字,是读他写的有关鲁迅的文章。从一开始,他就似乎对史料的正误表现出浓厚的兴趣。在浩如烟海的各种各样的关于鲁迅的回忆文章中,他细致辨析,根据自己的广博知识和认真严谨态度,他一一考证出诸多当事人因为不同原因而出现的史实错误。做这样的工作,不仅仅需要严谨的学风和考据功力,更需要一种不为尊者讳的坦率与勇气。因为能够写出回忆鲁迅文章的作者,大多是重要的历史人物或者某一时期显赫的人物。可是,生性执拗的朱正,偏偏在这一吃力不讨好的领域孜孜以求。读他的那本早在1979年出版的《鲁迅回忆录正误》一书,便颇为他的治学精神所钦佩。譬如,有位当时曾在某地身居高位的人士,在所写的关于鲁迅的回忆文章中,屡屡强调自己如何接受鲁迅的直接领导开展北平左联的工作。但朱正经过详尽的考证之后认为,这一回忆是根本站不住脚的。在他看来,这无非表现出作者一种拉大旗做虎皮的心态,是撰写鲁迅回忆时极其有害的文风。读这样的考证辨析文章,不由得令人由衷感慨朱正身上所体现的一个历史学者堪为珍贵的精神。也许,这也正是湘人时常引以为豪的耿直、执拗。

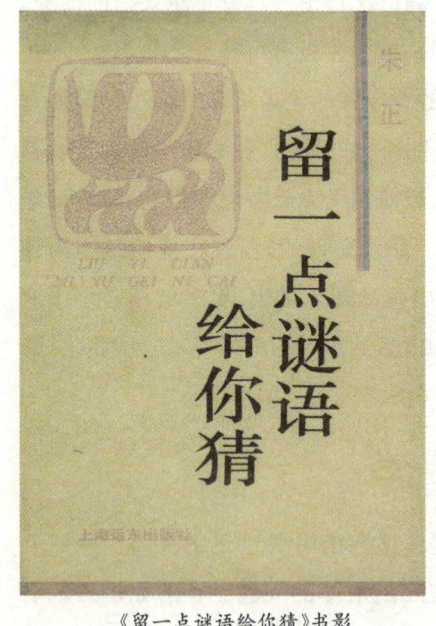

《留一点谜语给你猜》书影

朱正也以杂文家而著称。第一次认识他便是1988年在贵阳召开的杂文家笔会上。后来在主编"火凤凰文库"时,我曾约他编选过一本杂文集《留一点谜语给你猜》放在第一辑中推出。他的杂文并不以幽默和嬉笑怒骂见长,而是擅长一针见血,于简洁朴实文风中透出思想的锐气。同时,他的重史料、重辨析的特点,也形成了他的杂文风格。对于他,旁征博引绝不是某些人为了炫耀学识的那种肤浅之举,更不是强打精神硬做文章,而是为了从中发掘深刻而敏锐的思想,或者从仿佛互不相关的史料中寻找出能够发人深省的蛛丝马迹。他也从来不刻意作文,也不生硬地追求外在的生动。在他来说,在历史与现实的对照、反衬中保持思想的活跃,才是一个有历史责任感的文人最可宝贵的素质。他的许多杂文,正是因此而具有了冷静(甚至有些冷酷)、犀利、厚重的特点,从而在诸多杂文家中显出了他独特的个性。

无论做研究或者写杂文,朱正显然都喜爱做历史的文章,因为历史是现实的镜子,历史能让人的头脑清醒,能让人的目光敏锐,能让人的见解深刻。恰到好处地运用史料,在他已是轻车熟路了,而保持对历史的浓厚兴趣,寻找一个知识分子个人的叙述方式来记录历史,始终是这位曾经承受过历史磨难的文人的生命追求。从他在"文革"结束后生活开始恢复正常之时起,他就非常清楚手中这支笔的分量。作为一个1957年被打成"右派分子"的历史过来人,作为一个曾经日日夜夜从鲁迅那里寻找精神支柱和安慰的知识分子,他始终感受着身上所承担的历史责任。

历史由人创造,毫无疑问,历史也应该由人来记录。从时间跨度来看,朱正记录的仅仅是一个夏季,但这一时间跨度却有着极其丰富的历史容量;从事件过程来看,书中所写仅仅是"从百家争鸣到两家争鸣"的一次运动的始末,但这一事件却影响了一个共和国数十年的历史。因此,我宁愿将他这本书看作一部断代史。因为这本书的问世,朱正俨然已是一位民间史家。以个人之力来独立完成一部史书,在当代中国史书编撰领域,无疑具有振聋发聩、标新立异的先导作用,同时,对民间性的史书编撰,很有可能起到不可限量的推动作用。

三

记得当时朱正最初为书稿起的名字是《反右运动全记录》。

"记录",这正是该书的朴实风格的基础,同时也由此而形成了史书的最主要特质——真实。朱正在该书的"后记"中说:"写作此书,我与其说像个著作家,不如说更像一个节目主持人。我把当年这些人物,不论被认为左派还是右派的,都一个一个请来,让他们走到前台,各自说各自的话。希望这样能够在一定程度上再现当年的场景。"这样做,不仅仅需要对错综复杂的局势演变、人际关系有着全面而清晰的了解和梳理,更需要史家必不可少的胆略与勇气。而朱正出色地做到了这一点。在他的笔下,每个在当时历史舞台上表演过的人,不管自愿或被动、积极或消极、高尚或卑微、清醒或懵懂,等等,都以其本来面目出现。他所做的既不是拔高,也不是贬低,他欲达到的目的,无非是在几十年后,再现那些今天看来仍然令人眼花缭乱、疑惑不解的历史场面。"再现"就是记录是否真实的一个标志,"再现"也是朱正追求的目标。因此,他无意苛求哪一个人,也不把某个人的道德评判放在首位,重要的是如实记录不同的人的言行,让读者在阅读过程中自然而然形成自己的判断,从而对历史演进过程有较为系统而完整的了解。

早在一篇杂文中朱正曾这样说过:"历史学家需不需要想象力?要从驳杂的、凌乱的,甚至互相抵触的一大堆史料中看出史事的真相,就如同要根据发掘出来的一些碎片复制出文物的原型,没有想象力怎么行呢?不过,这里有一条不能逾越的界线。只能让想象力引导你去寻求真实,绝不能让想象之词代替事实。"(《想当然和想象力》)他的这番话,是批评一份人物年表为了拔高历史人物,而想当然地加进所谓的"事实"。我们也不妨将之看做他的史学态度。

阅读《1957年的夏季》不难发现,朱正不仅对"想象力"慎之又慎,即使对议论或感慨也显得十分吝啬。除了在极为紧要的地方作者站出来发表一两句高度概括和震撼人心的议论之外,皇皇四十五万字力作中,几乎完全是不露声色的叙述。他看重的是各种各样的史料。这些史料,并非那类能够有幸获得的解密档案,或者从未发表过的个人记录,而是当年人所周知的见诸报端或者文件的正式材料。但是,史料从来不会因为人所周知而失去它们的本来价值,对此朱正是深信不疑的。他所要做的,正是将所有人们知道的史料进行整理,在似乎令人不知根底不知缘由的纷繁材料中,找出历史的真相,从而也就在更大程度上逼近真实。

有了大量史料的细致归纳和深入分析,一部史书的整体性、系统性才有了一个坚实的基础。朱正这部著作的成功首先在于此。

四

在研究鲁迅过程中所形成的考证辨析功力,无疑使朱正在梳理史料时显得从容不迫,得心应手。

对"右派分子"这一名称的具体形成过程,朱正做了颇为细致的考证。

甚至怎样称呼这一场斗争的对象也几经斟酌。"右派分子"这名目并不是一开始就定下来的。5月14日《中共中央关于报道党外人士对党政各方面工作的批评的指示》中说的是"在群众中暴露右倾分子的面貌","右倾",还不过是一种政治倾向,还不算特别严重;5月16日发出毛泽东起草的《中共中央关于对待当前党外人士批评的指示》中说的是"使右翼分子在人民面前暴露其反动面目",5月20日《中共中央关于加强对当前运动的领导的指示》中说的是"现在的情况是,在上海、北京等运动已经展开的地方,右翼分子的言论颇为猖獗",两个指示用的都是"右翼分子",这个用语就已经是着眼于政治上的归宿,已经很接近于最后的定名"右派分子"了。"右派分子"这个最后确定的标准称呼,是在《事情正在起变化》一文中定下来的。从这个用词变化来推断,《事情正在起变化》一文的最后定稿必在5月20日的指示之后。《毛泽东选集》第五卷在此文题目下面所注出的5月15日,当是写出第一稿的日期,写完之后又经过了修改。如果说此文在5月15日就已写定成为现在人们见到的这样,那么5月16日、20日的指示就不会再采用"右翼分子"这个后来没有再用的称呼了(P88)。

尤显功力和见识的,还在于对毛泽东在1957年春天号召鸣放的两次重要讲话的校勘。

在1957年春天发起鸣放运动过程中,毛泽东2月27日在最高国务会议第十一次(扩大)会议上的讲话和他在3月12日全国宣传工作会议上的讲话,当时对调动和刺激广大知识分子和群众参与大鸣大放起到了关键性作用。那些最初还狐疑彷徨、谨小慎微的人士,正是在听了这两次讲话的录音之后,才丢掉包袱,满腔热忱地投入到党所号召开展的鸣放运动,帮助共产党整风。毛泽东的这两次讲话,后来公开发表以及选收进《毛泽东选集》第五卷时,并不是原始的记录稿,而是经过多次修改的。朱正写道,"文革"初期,一些红卫兵组织出于无限热爱、无线崇拜的心情,曾在《毛泽东思想万岁》、《伟大的文献》一类的书中,搜集和编印了多种毛泽东文录,其中包括这两篇讲话的原始记录稿。但是朱正并不以这些非正式出版物作为叙述历史的依据,而是采取一个他所说的"简捷的途径"来了解当时毛泽东最初的意见。这就是将当时《人民日报》发表的社论与《毛泽东选集》第五卷发表的定稿进行对照。说是"简捷",其实这尤其需要认真的态度和严谨的学风。

出于还历史本来面貌的目的,朱正不惜用很大篇幅来不厌其烦地将社论与发表本进行校勘,找出相应的字句,由此而推断最初讲话的内容,甚至包括语气。在对照之后,朱正认为,1957年4月间《人民日报》发表的一组社论(共六篇),显然是为了向公众广为宣传新方针推动鸣放而发表的,"它们都是以毛泽东的两篇讲话的原始记录稿为立论的依据,有些句子和段落甚至是直接从记录稿摘抄下来"(P23)。"可以认为,这些社论是为了向广大公众转达毛的讲话内容而写的,相当准确地介绍了讲话的内容。因此,从这

些社论中,也就多少可以推知毛泽东的两篇讲话正式公布之前作了些怎样的修改了。"(P32)

对于一个史家,校勘当然不是目的,而是尽量以这样的治学方法来使自己对历史的描述更为准确,更为真实。正因为有了细致的校勘,朱正在书中发表的一些分析和论述,才显得格外富有逻辑性,富有说服力。他这样写道:"没有人会愚蠢到认为'发表本'同'四月社论'的所有差异都是毛泽东对讲话记录稿的修改。至少,为了适应社论这种文体的要求而作的技术处理就有多处。但是,如果明白这讲话正式发表前所以要修改整理的目的,就是要将动员人们解除顾虑积极投入鸣放的文件,改为反击右派分子猖狂进攻的文件,就不难看出一些修改的痕迹。例如,'四月社论'中原来有一些鼓励鸣放、肯定鸣放的意思,在'发表本'中没有了。可以设想这是整理记录稿时删去的。"

类似的史料梳理方法,构成了朱正这本史书的最为突出的特色。描述历史当然需要那种洋洋洒洒纵论古今的文采飞扬的史论之作,但在目前的中国,在我看来尤其需要这种材料翔实、叙述朴实、风骨卓然的著作。有了这样的著作,人们对历史的认识才有可能立足于一个坚实可信的基础,才不至于被人为的迷雾所困扰。

五

对于当代中国,1957年夏季的历史,无疑是一场影响久远的悲剧。但在悲剧中出演的每个人未必都能认识到各自的角色,也很难说清谁是胜利者谁是失败者。甚至,当历史走到今天,有的人恐怕既不愿意戴上胜利者的桂冠,也不愿意套上失败者的帽子。他们宁愿这段历史没有发生,或者将它淡忘。

邵燕祥在为这本书写的序中提到,据说毛泽东晚年曾向身边工作人员说过:历史是由胜利者书写的。不过邵燕祥也认为,反右派斗争是一次没有胜利者的斗争。不管是发动者还是受害者,实际上都是失败者。

朱正是历史过来人。他曾经是受害者、失败者,但他却不是弱者,更不是沉沦者。他终于用他的史笔再次体现了自己的价值,证明了历史无情、在历史面前人人平等的永恒真理。因此,从书写历史的角度看,我们也可以说,写出了《1957年的夏季》的朱正,如今有充分的资格戴上胜利者的桂冠。从某种意义上说,正直、诚实的史家,才有资格成为历史的记录者、叙述者,也才有可能成为真正的胜利者。

这是朱正之幸,也是中国史学之幸。

1998年7月21—23日